用機遇
談成功的機率

年輕人最致命的並非不願努力，是不知道自己輸在哪裡！

精準追求 × 適性場域 × 圓滑社交

「我聽到一陣你聽不到的聲音，這個聲音說，我不能停留。
我看見一雙你看不見的手，總在呼喚我前進。」

改變無數青年命運的時代心聲，抓住生命的機遇之帆，
歐里森・馬登最鼓舞人心的勵志讀物，經典再現！

目錄

目錄

第一章
人與機會

每個降生到世界上的人，無不懷揣著屬於自己的使命。

　　── 帕西瓦爾·羅倫斯·羅威爾（Percival Lawrence Lowell）

世界上處於停滯狀態的事情，需要有人去將他們運轉起來。

　　── 加菲爾

等待機會時，要保持警覺；抓住機會時，要有圓滑及勇氣；

將機會利用到極致，要有力量與堅韌 ──

這些軍事的才華能讓我們取得最大化的成功。

　　── 奧斯丁·菲爾普斯

「我會找到屬於自己的道路，否則我會創造一條。」

　　每一天，我們都有一個獨一無二的機會讓自己變得更好，這個機會在昨天從來沒有出現，在明天也不會再度重現。

　　── W·H·貝爾萊格

「你足夠認真嗎？抓住這個時刻。

你能做什麼，你的夢想是什麼，從現在就開始吧！」

　　「如果我們成功了，世人又會怎麼說？」在霍雷肖·納爾遜（Horatio Nelson）征戰尼羅河戰役前詳細地講述戰略計畫的時候，巴里興奮地問道。

　　「世界上沒有如果，」納爾遜回答，「我們必然要取得成功，這是毋庸置疑的。誰能活著向世人講述這個偉大的勝利故事，則是另一個問題了。」納爾遜手下的上尉們起身回到各自戰艦時，他接著說：「明天這個時候，我要麼已經獲得了貴族身分，要麼就永遠躺在西敏寺裡了。」他敏銳

的目光與勇敢的精神能從別人眼裡可能的失敗中看到光榮勝利的機會。

「我們是否有機會穿過這條道路？」拿破崙曾這樣問一位派去探索是否有穿過聖‧貝納德山的路的工程師。「也許吧！」工程師以猶豫的口氣回答說，「僅存在理論上的可能性」，「既然這樣，那就出發吧！」身材矮小的拿破崙果斷地發出軍令，絲毫沒有注意到眼前看似難以逾越的困難。英國與奧地利軍隊都嘲笑拿破崙想翻越阿爾卑斯山脈的念頭，因為「車輪輜重是從未翻越過，也不存在任何翻越的可能」。拿破崙就是這樣率領著60,000多的軍隊，攜帶著沉重的武器、以噸計算的彈藥與火炮及其他戰爭武器，浩浩蕩蕩翻越了阿爾卑斯山脈。因為他的部將馬塞納正在義大利的熱那亞遭受圍困，士兵忍受著飢餓，而之前取勝的奧地利軍隊對尼斯發動多輪猛攻，拿破崙絕對不是那種在部將面臨危險棄之不顧的將領。

當這些「不可能」的任務完成之後，有人就覺得我們應該早就這樣做了，其他人則將這些任務稱之為「不可能」來逃避這些巨大的障礙。很多將領都擁有必要的軍備、武器與能征善戰的士兵，但他們缺乏的正是拿破崙的那種果敢與勇氣，他們未能在困難面前抬起頭，勇敢直面困難，不敢勇於把握機會，成就自己。

格蘭特在新奧爾良戰役中從馬背上摔落，身受重傷。但在他收到要立即到查塔努加市去指揮軍隊的命令後，他意識到駐守在該市的聯盟軍正在遭受南方盟軍的圍困，若不立即救援，淪陷只是時間問題。敵軍已經占據了查塔努加的各個山頭，而且聯軍的補給線也被扯斷。格蘭特雖然身受重傷，但他還是立即命令軍隊前往查塔努加救援。

他們沿著密西西比河一條支流穿過了俄亥俄州，再騎馬穿過了荒野地帶，最後靠著 4 個人的攙扶，格蘭特來到了查塔努加市，戰況立即出現了

扭轉。一位扭轉局勢的將領到來了，聯軍立即感覺到了格蘭特的威力。他騎上馬背，下令進軍前，雖然敵人在一步步逼近，但周圍的山丘還是很快就被聯軍給占據了。

　　難道這些成功都是機會的結果？還是這位受傷將軍不可戰勝的決心所取得的呢？

　　當賀雷修斯率領兩個同伴在岸邊穩住了 90,000 的圖斯卡納人，直到穿過梯貝爾的大橋被徹底摧毀，這難道不是他們的功勞嗎？當里昂尼達在塞莫皮萊阻擋強大的澤克齊斯人時，當提密斯托在希臘海岸摧毀波斯軍隊的戰艦時，這難道不是他們的功勞嗎？當尤利烏斯・凱撒（Iulius Caesar）發現追兵步步緊逼，奪過尖矛與圓盾，重組軍隊後勇敢作戰，最終將失敗變成勝利，這難道是事情自然的發展所致嗎？在溫克爾里德勇敢面對奧地利軍隊的長矛，最後為自由開闢了一條道路，這難道不是勇敢嗎？拿破崙征戰多年，未嘗敗仗，這難道是運氣嗎？威靈頓將軍在世界各地征戰，從未被征服過，這是幸運嗎？即便是在不同的戰場，他們都能讓即將潰敗的戰局扭轉過來，最後取得輝煌的勝利，這難道不是他們卓越軍事才華的體現嗎？當馬修・培里（Matthew Perry）離開那艘已經失去作戰能力的羅倫斯號戰艦，划著小船前往尼亞格拉號，重整旗鼓，最後讓英軍戰艦的大炮啞火，這難道不是勇氣嗎？在聯軍的撤退變成一場潰敗時，夏麗丹及時從溫徹斯特趕過來，最終反敗為勝，這難道是命中注定？當沙爾曼的軍隊被敵軍步步緊逼，命令士兵要堅守城堡，因為他們的將軍就要到來了，這難道不是堅韌嗎？

　　在歷史的長河，關於抓住機遇，成就輝煌業績的人的例子俯拾皆是，而缺乏果敢精神的人則只能站在讚美這些人的行列裡。果斷的決定與全身心的行動讓世界臣服在他們腳下。

是的，這個世界只有一個拿破崙。但從另一角度來說，現在阻擋美國年輕人前進的「阿爾卑斯山」，並不比當年那位矮小的科西嘉人翻越時要更高與更危險一些。

　　不要等待千古難遇的機會，而要牢牢抓住普通的機會，成就自我。

　　西元 1838 年 9 月 6 日早晨，在英格蘭與蘇格蘭之間的長石燈塔下，一位年輕女子被在狂風暴雨情況下遭遇海難的人們發出的哀叫聲吵醒了。怒吼的風聲呼呼地刮，她的父母聽不到哭聲，但拿望遠鏡一看，原來有 9 個人正緊緊抓住失事船隻的絞盤機，而船舷則撞在 100 公尺之外的岩石上。「我們無能為力。」燈塔的管理者威廉·達令說。「不，我們必須要去救他們。」他的女兒大聲說。她的父母都眼含熱淚希望她不要去，最後她的父母說：「格蕾絲，很好，我被你說服了，雖然我知道這不是最好的選擇。」格蕾絲於是駕駛小船，像一根羽毛漂浮在狂風的海浪裡出發了。小船隨著海浪到處搖晃，但是眼前的這一幕慘景讓她堅定了救援的決心，讓她軟弱的肌肉變成了堅不可摧的鋼鐵。她身上的這股力量不知從何處來，這位英勇的女孩划著槳，最終將 9 名落水的船員救上岸。「上帝保佑你，你是一位美麗的英國少女！」一位可憐的落水者說道。她在那一天的英勇行為要比英國之前所有國王的壯舉都更加偉大與光榮。

　　有一間大企業受邀參加在法列羅夫人宮殿舉行的晚宴。在晚宴正式開始之前，糖果商已經在桌上擺放好了一個巨大的裝飾品，但結果發現有一個部分做的不好。

　　「如果你讓我試試，我想我能將它做好。」一位在廚房工作的男孩說。

　　「你！」廚房總管驚訝對這位洗碗碟的男孩說。「你叫什麼名字呢？」

　　「我叫安東尼奧·卡諾瓦（Antonio Canova），是皮薩諾的石刻工人的

孫子。」面無表情的男孩回答說。

「我的天啊！你會做什麼呢？」那位助手說。「我能在桌子中間做一些東西，如果你讓我嘗試的話。」

這位助手已經沒有其他辦法了，於是他讓安東尼奧去做，看看他到底能做出什麼來。安東尼奧要來了一些黃油，馬上塑造成一個體格龐大的睡獅形象，在旁嘖嘖讚嘆的助手將睡獅的雕像擺在桌上。

晚宴開始了，出席的嘉賓都是著名的商人、威尼斯的王公貴族之類的人物。其中也有一些是資深的藝術評論者。當他們的目光落在那頭用黃油做的獅子時，他們忘記了來這裡的目的，驚嘆於到底是哪個天才做出來的。他們長時間仔細地欣賞著這頭獅子，就問法列羅夫人這到底是哪位雕刻天才用這樣臨時的材料做出來的。法列羅自己也不知道，於是他就問他的助手。於是，安東尼奧就來到了眾人面前。

當這些尊貴的來客得知這頭「獅子」是這位洗碗碟的男孩在很短時間內做成的，主人宣布他願意為安東尼奧出錢，讓他在最好的老師那裡學習最好的藝術，他也說到做到了。但是，安東尼奧依然那樣低調，沒有揮霍自己的好運氣。他依然是那位簡樸、認真與忠實的男孩，在皮薩諾的工廠裡努力成為一名出色的石刻專家。一些人可能不知道為什麼安東尼奧沒有利用第一次好的機會，但是所有人都知道他的名字卡諾瓦，歷史上最偉大的雕刻家之一。

軟弱之人等待著機會，強者創造機會。

「最傑出的人，」E・H・查品說，「並不是等待機會的人，而是抓住機會的人，這些人牢牢把握機會，統治機會，讓機會成為他們的僕人。」

也許，你這一輩都沒有遇到「貴人相助」，但如果你勇於行動，就肯

定能抓住機會，發揮自己的特長。

　　缺乏機會，這是軟弱與猶豫不定之人經常使用的藉口。機會！到處都是機會，每個人一生中都有很多機會。學校的每一堂課都是一個機會，每次考試都是人生的一次機會，每一個病人都是醫生的一次機會，報紙的上每一篇文章都是撰稿者的機會，每一個客人都是商家的一次機會，每一次布道演說都是牧師的機會，每一次商業交易都是商人的機會。我們有機會成為富於禮貌的人，有機會成為具有氣概的人，有機會成為誠實的人，有機會與別人交朋友。每一個能證明你自信的行為都是你的機會，每一個能讓你獲得力量與榮耀的責任都是無價的。生存是不斷努力所贏得的特權，我們應該像一個真正的男人去面對這種特權。發揮你的專長，那麼成功的機會就會大增。如果像弗雷德‧道格拉斯這樣一位連身體都不屬於自己的人能成為演說者、編輯與政治家，那麼即便是最貧窮的白人孩子，在擁有機會方面都要比道格拉斯多吧！

　　只有懶惰的人才會時刻抱怨自己沒有時間與機會，而偉大的勞動者是絕對不會這樣做的。一些年輕人若是能好好把握看似不是機會的機會，而不是隨意浪費，那麼他們能收穫良多。我們要像蜜蜂那樣，從每朵花蕊汲取蜂蜜。我們遇到的每個人，每天遇到的情況，都能為我們提供有用的知識或是增添個人力量。

　　「無論是誰，運氣至少都會眷顧一次他的命運。」某位主教說，「但在她發現那人還沒有準備好利用機會的時候，她就彷彿從大門進入，再從窗戶爬出去那樣走了。」

　　柯內留斯‧范德比爾特從汽船看到了機會，並下定決心要在汽船導航方面創下一番天地。他做出了讓他所有朋友都感到驚訝的決定，放棄了日

漸興隆的生意，幫人駕駛第一艘汽船，年薪只有 1,000 美元。當時，李文斯頓與富爾頓擁有在紐約航道指引汽船的唯一權利，但范德比爾特認為這是違背憲法的，一直進行抗爭，直到最後這樣的做法被廢除。很快，他成為了一艘汽船的主人。在政府為運送到歐洲的快遞給予大額的補助金時，他主動要求免費為政府提供這樣的服務，並且承諾給予更好的服務。他的請求獲得了批准，所以很快就建立起了龐大的商船與客船。

後來，他預見到美國的鐵路事業會有廣闊的發展空間，就全身心投入到鐵路事業上，為今天龐大的范德比爾特集團提供了基礎。

年輕的菲力浦・阿馬爾加入了 49 人的旅行車隊，穿過了「美國的大沙漠」。他的全部家當都在由驢子拉著的大篷車上。勤奮工作與在礦場裡省吃儉用讓他獲得了成功的資本。6 年後，他到密爾沃基的農場與倉庫工作。9 年後，他賺到了 500 美元。但他從格蘭特的「進軍里士滿」的軍令中看到了機會。西元 1864 年一個早晨，他敲響了普朗克頓的大門，這位與他合作的牛肉商。「我馬上要搭乘下一班火車前往紐約，」他說，「立刻將牛肉賣出去。格蘭特與沙爾曼即將擊潰叛軍。牛肉的價格很快就會下跌到 12 美元一桶。」這是他的機會。他來到紐約，以 40 美元一桶的價格銷售了大批牛肉，非常搶手。精明的華爾街投機商嘲笑這位年輕的西部人，跟他說牛肉價格會漲到每桶 60 美元，因為戰爭還沒遠沒有結束。但是，阿馬爾還是繼續大肆售賣牛肉，與此同時格蘭特也在繼續進軍。里士滿被攻陷了，牛肉價格馬上又回落到 12 美元一桶，阿馬爾賺了 2,000,000 美元。

洛克斐勒從石油看到了機會。他洞察到這個國家人口眾多，但電燈卻很少，石油儲備很充足，但對石油的提煉卻是十分粗糙，這導致石油的產品品質無法提升，甚至在使用時都很不安全。這是洛克斐勒的機會。他與薩繆爾・安德魯斯 —— 這位與他一起在機械店裡做搬運工人的同事 ——

進行合作，在西元 1870 年創立了「still」石油公司，利用他合夥人改進後的技術，他們的石油品質得到了提升，迅速發家致富。後來，他們接納了第三位合夥人弗拉格勒，但安德魯斯很快對此感到不滿。「你想要什麼？」洛克斐勒問道。安德魯斯在一張紙上漫不經心地寫下了「1,000,000 美元。」不到 24 小時，洛克斐勒將 1,000,000 的支票遞給他，說：「這 1,000,000 是很廉價的。」在 20 多年的時間裡，之前價值不到 1,000 美元的煉油廠已經發展成標準石油信託公司，資產高達 90,000,000 美元，股票號碼為 170，市值高達 150,000,000 美元。

這些例子說明了我們可以抓住機會去賺錢。但幸運的是，在新時代裡，我們發現很多電學專家、工程師、學者、藝術家、作家與詩人都在做一些比賺錢更為高尚的事情。財富並不是他們為之奮鬥的目的，而是牢牢抓住機會；財富並非他們人生的高潮，而只是奮鬥過程中的附屬物而已。

伊莉莎白·弗萊女士，這位教友派信徒，在英格蘭的監獄系統看到了機會。西元 1813 年隆冬，300～400 多半裸的女人蜷縮在倫敦紐門監獄的一間牢房等待審判。這些犯人沒有床可睡，也沒有被子蓋。這裡有老婦人、年輕女人與小女孩，都睡在骯髒的地板上。沒人似乎管她們的死活，政府只是保證她們不會餓死就行了。弗萊到紐門監獄探視的時候，安慰這些躁動的犯人，跟監獄管理人員說她希望為年輕女人與女孩建立一所學校，並想從女犯人中挑選女教師。監獄管理人員對此感到震驚，但最後還是挑選了一位因為偷竊手錶而被捉的女生擔任教師。三個月後，這些曾被稱為「不可救藥的野獸」變成了友善與無害的人。後來，政府通過立法將這種改革變成制度，英國的很多優秀女性都投身到教育這些犯人的改造上。80 年後，弗萊的計畫已經在文明的世界普遍推行了。

英格蘭一個男孩在路上被車撞到了，鮮血從動脈噴湧而出。路人都不

知道該怎麼辦，一個名叫埃斯特里・庫珀的男孩立即掏出手帕，用力壓著傷口，阻止繼續流血。他因為救了這個男孩一命而受到了別人的讚揚，這鼓勵他成為了當今最為著名的醫生。

「對年輕的醫生來說，」馬修・阿諾德（Matthew Arnold）說，「他在長時間的等待後，肯定有機會第一次參與重要的手術，這可能是因為著名的醫生出差了，時間相當緊迫，病人的生死就懸在他的頭上。他有能力處理這樣的危機嗎？他能填補那位手術醫生的位置，出色完成工作嗎？如果他能，他就是這個世界所需要的人才。他的機會就在眼前，等待著他去把握。所以說，很多時候，機會就在我們面前，就看我們有沒有能力去把握。在機會面前，他是坦誠自己的無知與無能，或是勇敢獲得名聲與財富呢？這一切都取決於他。」

你為偉大的機會準備好了嗎？

「一天，霍桑與朗費羅一起就餐，」詹姆斯・托馬斯・菲爾茲（James Thomas Fields）說，「同時還帶來了一位來自塞倫的朋友。晚飯後，這位朋友說：『我一直想說服霍桑根據阿卡迪亞的傳奇寫一個故事，這個傳奇故事當時非常流行 —— 這是講述一個女孩的傳奇，這個女孩後來與阿卡迪亞失散了，她一直等待著自己的伴侶，在等待與找尋他的過程中度過了一生，最後卻發現年老的阿卡迪亞死在醫院裡。』朗費羅不明白這樣的故事為什麼沒有打動霍桑，於是他就對霍桑說：『如果你決定不用這些素材創作故事，你可以讓我來創作詩歌嗎？』霍桑同意了，並且承諾在朗費羅在創作詩歌完之前絕對不使用這些素材。朗費羅抓住這個機會，創作了〈伊凡吉林〉。」

睜開雙眼就能發現到處都是機會，雙耳靜聽就能發現在絕望中希望獲

得幫助的吶喊，敞開心扉就不會缺少真正富於價值的事物，伸出雙手就有機會去做高尚的行為。

每個人都注意到，要是一個物體浸泡在一個裝滿水的容器，水就會溢出來。雖然之前沒人能計算出一個人的體積，但阿基米德卻觀察到了這個事實，發現這是測量物體體積的簡單方法，不管被測物體的形狀是多麼不規則。

每個人都知道懸掛的物體一般都處於靜止的狀態，而一旦移動後，就會來回晃動，直到空氣的阻力使其靜止。但沒人認為這樣的現象有任何現實的價值。但是，一個名叫伽利略的男孩在看到比薩主教座堂裡一盞燈不經意間晃動時，就看到了這種晃動所具有的規律性，這就是鐘擺的原則。後來，即便是監獄的鐵窗也不能讓他停止對科學的追求，他用監獄裡的稻草做實驗，研究了等直徑的氣管與竹竿相對力量方面的知識。

數個世紀以來，天文學家對土星環都很熟悉，並認為這只是行星形成規律方面的一個例外。但是拉普拉斯卻並不這樣看，他認為土星環的存在顯示了行星在構成方面統一的原則。經過默默的努力，他終於證明了自己是對的，為人類了解上帝的旨意書寫了寶貴的篇章。

歐洲的每一位水手都對大西洋對面的世界充滿了好奇，但只有哥倫布勇往直前，歷經千辛萬苦，發現了未知的新大陸。

數不清的蘋果從蘋果樹上掉下來，不知無意中掉到多少個行人的頭上，但都沒有讓他們思考過什麼。但牛頓是第一個發現讓蘋果掉到地上的法則，正是讓行星按自身軌道運行與防止宇宙中各種物質毫無秩序運行所造成的混亂的法則。

遠古以來，閃電就亮瞎了人的雙眼，雷聲在人的耳朵發出嗡嗡聲響。

很多人都試圖保存閃電時的電能，直到富蘭克林的出現，才將原先讓人感到可怕與震驚的閃電收集起來，透過一個簡單的實驗，證明了閃電不過是大自然一種無可阻擋與不可控制的能量，在空氣與水中都是普遍存在的。

與很多人一樣，這些人之所以被視為偉人，完全是因為他們最大化地利用了普通的機會。閱讀任何有關成功人士的故事，注意其中所包含的道德意義，就會明白所羅門在數千年前所說的「看到一個勤奮的人了嗎？他能在國王面前無所畏懼！」這句格言可由富蘭克林的例子得到生動的說明，因為他曾與 5 位國王見面，並與其中兩位國王一起就餐。

懂得如何把握機會並提升機會的人就好比播下了一顆種子，不僅給自己，也給別人一個成就事業的機會。每個在過往踏實工作的人都能將自身的知識與舒適傳播到更多人身上。

當今世界有更多的途徑，更多的道路，更為寬廣的事業面向著各行各業的人們，面向著充滿智慧、能量充沛的機械師，面向著接受過教育的年輕人，面向辦公室職員與普通員工。這些員工擁有比以往時代更好的機遇去成就更大的事業。不久前，他們只能從事 3 ～ 4 種工作，而現在他們已經有 50 種職業可以自由選擇了。之前的商界只有一種職位，而現在也已經分支為 100 多個不同職位了。

「它叫什麼名字啊？」一位到畫室參觀的人看到很多尊神像，突然看到一尊頭髮遮著臉、腳上有翅膀的神像，就疑惑地問。「是機會。」雕刻家回答說。「為什麼要遮住它的臉？」「因為人們在遇到它的時候，很少能真正知道是它。」「那為什麼它的雙腳又有翅膀呢？」「因為它會很快消失，一旦消失就永遠不會回來了。」

「機會就像前額的頭髮，」一位拉丁作家說，「在機會的背後，它是禿

頭的。如果你抓住機會的前額，那麼就可能抓住它，如果你一旦錯過了，即便是朱庇特也無能為力。」

要是我們不能把握，最好的機會又有什麼用呢？

「這是我的命。」一位船長說，「來到『美國中部』號這樣一艘時運不佳的汽船。夜晚來臨，海浪高高地翻滾。但在我向一艘汽船發出預警的時候，詢問他們是否需要幫助時，赫恩登船長大聲說『我們現在的情況很糟糕。』『那你為什麼不直接將乘客送上岸呢？』我說。『在天亮前，你能繼續守在我們身旁嗎？』赫恩登船長問道。『我盡量吧！』我說，『但你現在最好將乘客送上岸。』『守著我們直到天亮！』赫恩登船長再次咆哮。」

「我盡量守在他身旁。但是夜晚的大海海浪咆哮，我無法守住自己的位置，再也看不到那艘汽船了。一個半小時後，赫恩登船長說：『守著我們直到天亮』。他的汽船及船上的救生船都沉入大海了。船長、船員及大部分乘客都沉入大海中去了。」

赫恩登船長在機會錯過後，才明白之前錯過的機會是多麼重要，但在最後時刻到來的時候，他的自責又有什麼作用呢？有多少生命因為他抱著錯誤的希望及猶豫不決而失去！很多人就像他一樣軟弱、懶散，毫無目的地前進，即便在最快樂的時刻都看不到生活的意義，直到最後他們明白那個古老的道理：要是沒水的話，磨坊是無法轉動的。

這些人在做事情的時候，要麼遲一點，要麼早一點。「他們同時有三隻手，」約翰·B·高斯說，「一隻右手，一隻左手，背後還有一隻手。」在他們還是男孩時，就上課就經常遲到，在履行家庭職責時總是不夠準時。他們就是漸漸養成這樣的習慣。當責任需要他們去承擔的時候，他們覺得要是昨天能夠學到點什麼東西，明天就能有所作為了。他們記得自己

有很多賺大錢的機會，也知道除了現在之外，很多時候可以這樣做。他們看到在未來如何提升自己與幫助別人的機會，但卻看不到當下的任何機會，所以無法把握住機會。

喬‧斯托克是一列普通旅客列車的刹車工，非常受鐵路員工的歡迎。顧客都很喜歡他，因為他總是樂於助人，隨時準備回答顧客提出的問題。但他沒有完全意識到自己職責的重要性。他「隨性」地看待這個世界，偶爾會出現漫不經心的情況。如果有人對此給予他批評，他就會以燦爛的微笑作為回應，幽默地跟自己的同伴說，他們過分誇大了事情的危險性，他會說：「多謝你，我很好，不要擔心。」

一天晚上，天空刮起了很大的暴風雪，他所在的火車出現了晚點的情況。喬抱怨暴風雪帶給自己額外的工作量，就偶爾拿起方瓶喝口熱水，覺得身體舒適了許多。但列車員與工程師都保持著警惕，顯得很不安。

在兩個車站之間，這列火車出現了急停，引擎蓋出現了問題，而下一列的火車幾分鐘後就駛上同一條軌道了。列車員立即跑到後備箱，命令喬立即放出紅燈。喬笑著說：「不要急，等我穿上外套再說。」

列車員語氣嚴肅地說：「喬，快點，沒時間了，那火車快到了！」

「知道了！」喬微笑著說。列車員馬上又趕回到引擎出現問題的地方。

但是喬並沒有立即行動，他停下來慢慢地穿上外套，然後又喝一口水，驅趕寒氣。然後他慢悠悠地提起油燈，吹著口哨，悠閒地沿著鐵軌走過去。

還沒有走 10 步，他就聽到了前方列車噴著煙呼呼地駛過來。他馬上繞著曲線跑，但已經來不及了。在那個可怕的時刻，前進的火車看到停在鐵軌上的火車，最後造成了乘客嚴重的傷亡，火車引擎完全毀掉。

後來，人們在找喬的時候，才發現他已經失蹤了。人們在第二天發現他躲在一個穀倉裡，精神已經失常，對著想像中的火車搖著油燈，大聲哭喊著「哦，我做到了！」

他被帶回家，後來被送到了精神病院。沒有比看到他始終呻吟著「我做到了！我做到了！」更讓人覺得可悲的情景了。這位不幸的剎車手，他的犯罪造成了那麼多人的死亡。

「哦！我應該做到的」或「哦。我沒做到！」則是很多人為自己失去機會發出的悲嘆，為自己無法挽回機會，無法修正過去的錯誤發出的感慨。

「有一些時刻，」迪恩・阿爾福德說，「要比數年的時光更為重要。我們無法放棄這麼重要的時光。無論在時間或是空間上，都沒有比這些時刻更為重要的了。迷糊犯暈的 5 分鐘可能就決定了一輩子的命運。在所有這些重要的時刻，誰能知道什麼時候會降臨到我們身上呢？」

「我們稱之為轉捩點的東西，」阿諾德說，「不過是質變的過程，對過往的訓練進行一次總結。要是我們沒有準備好的話，再好的機會也是毫無用處的。」

但現在的問題是，我們總是在找尋著千古一遇的機會，希望抓住這樣的機會去獲得財富、名聲與實現價值。我們受到愛默生稱之為當今「膚淺的美國主義」價值觀的影響，我們想著可以在未經學徒階段的艱辛就能獲得大師的技術，想著可以在不學習的情況獲得知識，想著在缺乏誠信的基礎上獲得財富。

年輕的男女們，為什麼你整天坐在那裡無所事事呢？難道這片土地的所有位置在你出生前已經全被占據了嗎？難道這個地球停止生長了嗎？難道所有的職位都已經人滿為患了嗎？難道這個國家的所有資源都被開發了

嗎？難道大自然的所有密碼都被解開了嗎？難道你就真的無法利用零碎的時間去抓住機會，為提升自己與服務別人盡一份力嗎？難道現代生活的生存壓力太大了，讓你只能安於平庸的生活嗎？在這個充滿進取的時代，你是否收到一份生命的饋贈，讓你可從過去的人生閱歷汲取前進的動力，而不是像動物那樣毫無人生目標地生活呢？

生活在這個時代，生在這個國家，知識與機會都是前所未有的。你怎能縮著雙手，坐在那裡等待著上帝給予你幫助，因為祂已經給你提供了所需的各種功能與力量了。即便是「上帝子民」猶太人前進的道路被紅海所阻擋，在他們的首領尋求主的幫助時，主說：「你們跟我說有什麼用？跟以色列的孩子們說，你們要繼續前進！」

這個世界到處都是需要完成的工作。人性的複雜讓人覺得好聽的話語或是微不足道的幫助似乎能讓一些人避免陷入災難，或是為他們的成功掃清道路。要是我們能認真堅持地努力，就一定能做到最好。世人很多高尚的榜樣鼓舞著我們勇敢前進，每個時刻都是賜予我們全新機會的始點。

不要等待屬於自己的機會。創造機會，就好像那位名叫弗格森的牧羊男孩在放牧時利用一串珠子計算著星體的距離。創造機會，就像喬治·史蒂文生（George Stephenson）那樣用一支粉筆在航髒的煤車上學習數學公式。創造機會，像拿破崙那樣在面對數百個「不可能」情況下依然反敗為勝。創造機會，無論是戰爭時代還是和平年代，都要像一位領袖那樣去把握住成功的機會。對懶惰之人來說，黃金的機會也是毫無用處的，而勤奮之人則能好好利用最為普通的機會。

「人性有一股浪潮，

一旦迎上海浪，就會通往財富。

一旦錯過，他們的航海人生
必然陷入擱淺與痛苦的境地。
我們必須要迎潮而上，
否則就失去時機。」

「機會不會來兩次，在財富向你微笑時，
牢牢抓住，讓責任引領你前進。
不要逃避，不要害怕鬼魅般的恐懼。
不要停頓，雖然路上充滿美景
而要朝著目標勇往直前。」

第二章
需要這樣的人

「需要這樣的人：

不需要絕頂聰明與智慧的人，

不需要目光銳利，信念堅強的人，

不需要富可敵國的人，

不需要能大度面對權力的人，

甚至不需要妙筆生花的人，

我們需要的，是一個真正的人。」

「世人都在呼喊，拯救我們的人到底在哪呢？我們需要一個人！不要到遙不可及的地方找尋這樣一個人。他就在你的手中。這個人 —— 就是你，就是我，就是我們每個人！怎樣才能成為真正的人呢？如果我們不知道其中的途徑，沒有比這更難的了；如果我們知道如何做到，那就沒有比這更為容易的了。」

—— 大仲馬

第歐根尼大白天提著油燈在希臘的古城找尋一個絕對誠實的人，但始終無果。他曾在集市上大聲哭喊：「哦，真正的人，聽我說話吧！」當人群聚在他身邊，準備聽他說話時，他以輕蔑的口氣說：「我找的是真正的人，而不是侏儒。」

在每個領域，每個職位，每個事業上，世界始終都有一個永久的廣告 ——「需要真正的人！」

需要真正的人，他不會在人群中失去個性，他有勇氣堅持自己的信念。即便在全世界都說「是」的時候，他依然勇氣說「不」。

需要真正的人，雖然他為著一個遠大的目標奮鬥，但絕對不允許自己的功能被矮化、扭曲或是傷及自身的品格。他絕對不會自身的某種能力過

分膨脹，而導致其他能力被削弱的情況出現。

需要真正的人，他的人生超越對事業的追求，認為單純將工作視為養家糊口的行為是低級的。需要真正的人，他能在工作中看到自我發展、教育、修養、自律與品格的鍛鍊。

每個教區都還需要很多牧師，很多牧師在講臺上毫無作為。而教會也在苦苦尋覓能夠填補這些職位的人，但始終無法如願。這個例子充滿說明至少在牧師這個行業裡，當代充滿了機會，亟需許多優秀的人才。

需要一個勇敢的人，需要一個品格中沒有任何懦弱成分的人。

需要一個心智平衡的人，不被自身的一些缺點所制約，不被這些缺點影響發揮才華與能量的人。

需要一個全面發展、而不是單向發展的人；需要一個不將所有精力都局限於人生狹隘的方面，然後在能力的枯萎中死去的人；需要一個視野寬廣，不對事物有任何偏見的人；需要一個能將理論融入到常識中去的人；需要一個不讓大學教育影響自己在現實中運用知識的人；需要一個有真才實學的人，需要一個將良好名聲視為無價之寶的人。

不需要一個發展受到阻礙的禁慾者，需要一個充滿能力與熱情的人，讓他的熱情點燃強大的意志，成為柔軟良心的僕人。需要一個懂得熱愛所有美好事物 —— 不論是大自然還是藝術 —— 一個憎恨所有醜惡事物與尊重他人的人。

這個世界需要一個接受全面教育的人，需要一個神經最為強韌的人，心靈獲得最為充分鍛鍊的人，需要一個洞察力敏銳、視野寬廣的人，需要一個手腳麻利、雙眼銳利、對事情敏感的人，需要一個心靈善良、大度與真誠的人。

這個世界都在找尋這樣的人。雖然數百萬人正在找尋工作，而在每個領域要想找到這樣的人卻是極為困難的。我們到處都能看到這樣的廣告：需要一個真正的人。

盧梭在他關於教育方面的著名作品中提到：「根據人的本性，在其他條件相等的情況下，他們的共同點其實是人性方面的差異。每個懂得如何履行職責的人在做與自己專長相關的工作上都不會很差。對我來說，我的學生日後去參軍、成為講師或是律師，這些都關係不大。大自然賜予我們每個人一定的天賦，讓我們可以從事相關的社會工作。如何生活，這才是我要教會他們的。當我教會了他這方面的知識，他將不僅僅是一名士兵、律師或是神職人員，他首先是一個真正的人。財富可能讓他隨意地從一個職位變換到另一個職位，但他總能找到屬於自己的位置。」

在一次大型浸信會教友集會上，一位身材矮小的牧師站在講臺上，說他感謝上帝，讓自己成為了一名浸信會成員。臺下的聽眾聽不清他說的話，就說：「大聲點！」「站高點！」有人這樣喊道。「我不能再站高點！」這位牧師回答說，「成為一名浸信會成員已經是我所能達到的最高點了！」但是，肯定有比成為浸信會成員更高的目標，那就是成為一個真正的人。

正如愛默生所說的，塔里蘭德提出的問題依然是我們所主要關心的。比如，他富有嗎？他做事有始有終嗎？他為人善良嗎？他身上有那樣的能力嗎？他有足夠的執行力嗎？他有創新能力嗎？但是，最重要的是，他是一個真正的人嗎？他能堅守原則嗎？他一定要是一個好人。這就是塔里蘭德及所有具有常識的人都想詢問的。

在加菲爾還是個小孩的時候，有人問他以後想做什麼。他回答說：「首先，我想成為一個真正的男人。如果我做不到這點的話，我就無法做到其

他任何事情。」

蒙田曾說，我們的工作絕非單純磨練我們的靈魂，也不是單純鍛鍊我們的身體，而是將我們錘鍊成為一個真正的人。

當今的世界最需要具有良好教養的人。要能忍受當今高度文明化世界所帶來的壓力，日後的男女必須要有健康的身體與充沛的精力。

還有比洋溢著健康活力精神的男子氣概更讓人覺得無比榮耀的嗎？

看到數以千計的學生每年從高等學府畢業，他們本應成為身材結實、獨立自主、自力更生的人，最後卻只是「溫室裡的小花」，而不是「參天大樹」，這實在讓人感到悲哀。這些大學生沒有培養獨立思考的能力，而只是記住書本上的知識，不懂得活學活用；他們沒有健壯、健康的身體，顯得羸弱，無法獨立生活。「那麼多充滿希望的年輕人，卻不是一個真正成熟的人。」

品格與身體息息相關，在不經意間影響著身體的狀況。性情易怒、身體孱弱的人是很難擁有良好的精力與品格的力量，因為這些力量只存在一個身體健康、性情樂觀的人身上。人類的心情對於圓滿都是有一種固有的渴望，都希望我們能處於最高的標準。我們對於可以避免的缺點都有一種與生俱來的鄙視感。因為，大自然要求我們始終保持最佳狀態。

當我們站在海岸邊，望著潮水湧上海岸，一些沖的比較深，一些沖的比較淺，有時一個海浪沖到最高的位置，而後浪卻始終無法達到這樣的高度。所以，在人類領域中，也會出現一個領頭羊式的人物，他在眾人中脫穎而出，展現了自然的理想並沒有消失，顯示一般人也是可以將自身的最高標準呈現給這個世界。

阿佩利斯在希臘找尋多年，一直想要研究女性最美的方面，他研究了

女性的眼睛、前額、鼻子還有她們的優雅與美感，最後為這個世界留下了一副描摹完美女性的著名畫作。他絕不會吸收那些弱點與愚蠢的東西，而是吸收充滿力量與美德的特質。他要成為一個充滿最高能量的人，他首先要成為自我中心、心智平衡的人，能夠進行完美的自我控制。他對事物的敏感度不能因為違背自然法則而遭受破壞，他的整個品格必須要保持高度的敏感，對大自然所散發出的最細微的影響給予反應。

所有教育與自律的首要一點，都是要培養真正的人。真正堅硬的木材只能來自成長充分與堅硬的樹木。這樣的木材能做成桅杆，能做成鋼琴或是精細的雕刻。但這首先必須要是優質的木材才行。時間與耐心將小樹苗變成了堅硬的大樹。所以，透過自律、教育與閱歷，幼小的孩子也能成為心智堅強的男人。

如果年輕人在事業的初始階段，就能在心中立下一個堅定的決心，即他所說的每句話都是真話，他所做的每個承諾都能兌現，他與別人的約定都能得到實現，並且能保持準時。如果他能將自身職業視為無價的寶庫，感覺世界的目光都聚集在他身上，他就絕對不會偏離真理與正義。如果他能從一開始就堅持這樣的立場，就能像喬治·皮博迪（George Peabody）那樣獲得每個認識他的人無限的信用與信任。

相比於有意識的正直、面對指責聲問心無愧、胸懷從不因為做錯事而感到恐懼、心中光明磊落、沒有一絲汙點的人來說，宮殿與良乘算的了什麼？跨越一個大洲的名聲與頭銜算得了什麼？富可敵國又算得了什麼？從不違背良心去做壞事，做事從來敢作敢當，問心無愧，即便是天使作證，也無所畏懼，挺直腰杆，不為誘惑所迷惑，不貪圖任何不屬於自己的東西，不被欲望與自私所控制，始終謹守無形的正直法則──這就是真正男人的體現。

人是宇宙中最偉大的生物。時間的長河都在努力塑造一個最為完美的人的模型。但是，最為圓滿與完美的人類模型還在進化過程中，最好的我們必將在未來中得到呈現。

「一個國家是由什麼組成呢？

不是高築的城垛，也不是耗盡心力的築堤，

不是厚厚的城牆，也不是壕溝，

不是城市聳立的尖頂，也不是炮塔，

不是河岸，也不是戒備森嚴的站塔。

那裡，人們淡然面對風暴與浩渺的大海，

即便是低窪處都能聞到自豪的芳香。

不，人，只有高尚的人，

擁有野蠻人所沒有的力量，

無論是在森林、草叢或是獸穴，

都能與自然搏鬥，不像野獸那般無所適從。

人知道自己的責任，

知道正義，知道勇敢，

知道如何抵禦長時間的打擊，

在掙脫枷鎖時，摧毀一切專制。」

—— 威廉‧瓊斯（William Jones）

賜給我們一個人，這個時代所需要的人。

他擁有堅強的心智，寬廣的胸懷，真實的信念與樂於助人的雙手。

高位的誘惑不能讓他迷失，

高位的權力不能讓他顛倒，

他有自己的信念與意志，

他有永不死去的榮耀。

面對一群狂熱的煽動者時，

他可以毫不眨眼，以輕蔑的口氣反駁一切奉承的話語。

這些人就像太陽，能透過時間的迷霧，

履行著公共的職責，進行著個人的思考。

── 阿農

第三章
缺乏機會的男孩

最黑的土壤生長著最美麗的花朵，最挺拔與堅固的樹木一般生長在岩石細縫朝天聳立。

—— 喬賽亞・吉爾伯特・霍蘭德（Josiah Gilbert Holland）

貧窮是可怕的，有時甚至會扼殺我們的靈魂。正是北風讓北歐人變成海盜，正是南方舒適自然的風讓南方人沉浸在荷塘夜月的美夢之中。

—— 維達

並非每一次災難都是詛咒，早年的逆境是人生之福。越過障礙不僅教會我們知識，更讓我們更加從容面對日後的困難。

—— 夏普

今天這個時代，從最寬廣的層面來說，工商界巨擘們基本上都是從貧苦家庭奮鬥起來的。

—— 塞弗・洛

這句話普遍適用：
較低的起點是年輕人往上爬的梯子。

—— 莎士比亞

「我是廷臣的孩子！」一個小孩在丹麥的一個孩子聚會上這樣說。「我父親是朝廷的馬夫，這是一個很高的職位。那些名字以『sen』結尾的人，」她接著說，「一定是沒有什麼成就的。我們必須要雙手叉腰，讓手肘表達我們的態度，讓這些地位低下的人與我們保持一定的距離。」

「但我的父親有錢買 100 美元的糖果，並會分給小孩子們，」富商皮德森的女兒憤怒地說，「你父親能做到嗎？」

「恩，」一位編輯的女兒插話說，「我父親能讓你的父親及所有人的父親都上新聞報紙。各行各業的人都很尊重他。我父親說了，他能在報紙上隨心所欲地進行報導。」

「哦，要是我能成為他們中的一員就好了！」一個從門縫裂隙中探出頭看到這一幕的小男孩心想，但他不得不要為廚師負責轉動烤肉的鐵板。他無法成為這些小孩中的一員，他的父母根本一分錢都沒有，而且他的名字是以『sen』結尾的。

多年以後，當年聚在一起炫耀的小孩都長大了，這些人到一座輝煌的房子去參觀，房子裡擺設著各種美麗與珍貴的物品。他們在這裡遇到了這座房子的主人，就是那位曾經透過門縫裂隙，以羨慕的眼光看著他們的窮小子，他是著名雕刻家托瓦德森。

這個故事是根據丹麥一名貧窮補鞋匠的兒子的故事改編過來的，他的姓名無法阻擋他廣為人知，他就是安徒生。

「父親，我不懼怕任何飢餓，」雙耳失聰的男孩基多懇求父親讓他離開貧窮的家庭，為接受教育而奮鬥。「我們現在身處在富足的世界，我知道如何去抵禦飢餓。霍屯督人每天只吃樹脂就能生存很長一段時間，他們在飢餓的時候就會用繩索勒緊身體。難道我做不到嗎？樹籬上有黑莓與堅果，田野上到處都是大頭菜，而戶外的乾草堆則是最舒適的床鋪了。」

這個可憐的失聰男孩有一位酗酒的父親，他覺得自己的兒子也只能成為貧苦的補鞋匠，但是他的兒子卻成為了當代最偉大的神學專家之一。他的第一本書就是在貧民習藝所裡寫的。

在凱特‧菲爾德（Kate Field）所講的「華盛頓」故事裡，克里昂是一名奴隸，但他同時是藝術天才的「奴隸」，美感是他的上帝，他能全神貫注

地崇拜任何形式的美感。後來在抵抗波斯入侵時，實行了一條法律，那就是只有自由人才能從事藝術，否則就要遭受死刑的懲罰。當這條法則實行的時候，他正與一群人希望能得到菲迪亞斯（Phidias）—— 這位當時最為著名、甚至還得到伯里克里斯讚揚的雕刻家 —— 的引薦。

那現在該怎麼辦呢？在面對著大理石，克里昂將他的智慧、心靈、靈魂與生命都投入進去了，他日復一日地曲著雙膝，祈禱能有全新的靈感與技能。他心懷感激與驕傲的情感，相信阿波羅會回應他的祈禱，指引他的雙手去塑造能充滿活力的東西。但是，現在一切的神似乎都已經將他遺棄了。

克利翁的姐姐，與他弟弟一起感到深深的打擊。「哦，阿芙洛狄特，」她祈禱，「永生的阿芙洛狄特，至高無上的宙斯的孩子，我的女王，我的神，我的支柱，我每天都為你供奉著祭品。現在，做我的朋友吧！做我弟弟的朋友吧！」

然後，她對弟弟說：「哦，克里昂，快到我們房子的地下室吧！那裡很暗，我會為你提供光線與食物。繼續你的工作，神會與我們為伍的。」

克里昂來到了地下室，有他姐姐負責保護與照料。無論白天或是黑夜，他都繼續著光榮而又危險的工作。

此時，所有的希臘人都受邀到雅典參觀一場藝術展覽。這場展覽在阿格拉舉行，伯里克里斯也出席，他身邊有阿斯帕西亞、菲迪亞斯、蘇格拉底、索福克里斯及其他有名望的人。

當時著名大師的作品都在那裡，但一組畫作要比其他的更具美感 —— 即便是阿波羅也會為之側目 —— 吸引著世人的目光，讓其他競爭對手感到心誠悅服，沒有任何的嫉妒心理。

「這一組畫作的作者是誰？」誰都不知道是誰。傳令官重複了問題，但沒人回答。「是一個神祕之人！這可以是一個奴隸的作品嗎？」在人群躁動的人群中，一位衣服搭配不當、頭髮凌亂、面容姣好的女子說，她雙眼透出堅毅，雙唇緊閉，被逮到了阿格拉。「這個女人，」傳令官說，「這個女人知道誰是雕刻家。我們可以肯定，但她不告訴我們他的名字。」

克利翁遭到審問，但始終保持沉默。她知道這樣做將要遭受的懲罰，但她始終緊閉雙唇。「既然這樣的話，」伯里克里斯說，「法律是必須要執行的。我是法律的執行者，帶這位女子到地牢。」

在伯里克里斯說完這句話後，一位留著長髮，雙眼透出藝術天才閃光的人走上前，大聲地說：「哦，伯里克里斯，寬恕這位女子吧！她是我的姐姐。我就是這些畫作的創作者。那組畫是我畫的，出自我這樣一位奴隸的手上。」

憤怒的人群馬上打斷他的話，大聲喊：「打到地牢！打到地牢！打到地牢！」「只要我還活著，就不可能！」伯里克里斯起來說。「看看那組畫作吧！阿波羅決定讓希臘擁有比不公平法律更為崇高的東西。法律的最高目的就是應該尋美感。如果雅典人能夠尊重人的記憶與情感，那麼他們對藝術的熱愛將會讓他們獲得永生。絕對不能將他打到地牢，將這位年輕人帶到我身邊。」

就在眾人的目光下，阿斯帕西亞將橄欖環戴在克里昂頭上，用手撫摸克里昂的額頭，在眾多的專家面前，她輕輕親吻了克里昂那位善良與忠誠的姐姐。

希臘人為伊索 —— 這位奴隸出身的人 —— 豎起了雕像。人們可以知道榮耀的大門對每個人都是敞開的。在希臘，財富與永恆是人們在藝術、

文學與戰爭中確保自己位置的必經方式。從沒有哪個國家像希臘這樣全心盡力地鼓勵藝術的發展。

「我出生貧苦。」副總統亨利・威爾遜（Henry Wilson）說，「從一出生就生活在匱乏的環境裡。我知道當母親沒有麵包，你問她拿麵包吃時的那種痛苦無奈的心情。我 10 歲就離開了家，當了 11 年的學徒，每年只能上一個月的學。經過 11 年艱苦的努力，我只得到了一頭公牛與 6 隻羊，這給我帶來了 84 美元。我從沒有將 1 分錢花在享樂上，從我出生時起就認真對待每 1 分錢。我知道要走一段疲憊的旅程，向我的兄弟要錢，這是一件多麼痛苦的事情。在我過了 21 歲生日的一個月後，我來到了森林，幫人帶隊，砍伐樹木。每天天未亮我就起來了，一直工作到太陽下山，一個月的薪水竟然有可觀的 6 美元！那時候每 1 美元看上去就像是今天天空上的月亮那麼大。」

威爾遜發誓絕對不能失去任何一個自我學習與自我前進的機會。真正懂得閒暇時間重要性的人是極少的。他像抓住金子一樣牢牢掌握任何閒暇時間，不能放任時間無緣無故地流逝，必須要最大化地利用這些時間。他在 21 歲之前就已經閱讀了 1,000 本書，這對一位出生在農場的男孩來說，這是一個多麼勵志的故事啊！當他離開農場，曾走路到麻薩諸塞州 50 公里外的納提克學習補鞋技術，路過波士頓的時候，看到邦克山的紀念碑及其他歷史名跡。整趟旅程花了他 1.06 美元。一年後，他成為了納提克辯論俱樂部的領袖。8 年後，他在麻薩諸塞州的立法會上發表了著名的反對奴隸制演說。12 年後，他與容光煥發的查爾斯・索姆奈（Charles Sumner）一起站在國會上。對他來說，每個場合都是一個重要的場合。他能利用人生的每個機會轉化為成功的機會。

「不要穿著怪裡怪氣的衣服在大街上亂走。我給你一個建議吧！霍勒

斯，穿好一點，注意一下形象。」霍勒斯・格里利（Horace Greeley）低頭看著自己穿著的衣服，似乎之前從來沒有發現自己穿的這麼的邋遢，然後回答說：「斯特雷特先生，你也知道，我的父親剛來到一個新的地方，我想盡全力去幫助他。」在 7 月的時間裡，他只花了 6 美元的生活費，並從給法官 J・M・斯特雷特幫助撰稿方面獲得了 135 美元的收入。他自己留下了 15 美元，剩下的全部給了父親，他與父親剛剛從佛蒙特幫到了西部的賓夕法尼亞州，他幾乎每晚都睡在露天環境下，以防止野狼偷吃羊。當時，他差不多快 21 歲了，人長得高大，身體健碩，一頭短髮，臉上顯得很蒼白，聲音很粗獷，但他下決心要到紐約去創一番。他將衣服打包好，用一根棍子掛在肩膀上，步行 30 公里穿過樹叢到達水牛城，在乘航道船到阿爾巴尼，最後乘坐駁船到哈德遜河，終於到達了紐約，那時太陽剛剛升起，時間是西元 1831 年 8 月 18 日。

他在一個展覽地方找到一個落腳的地方，每週的開銷是 2.5 美元。他 300 多公里的路程也只不過花了他 5 美元而已。到達紐約後的幾天，霍勒斯都在街上走來走去，進出很多大樓，問人是否需要「幫忙」，但「不需要」總是別人的回答。他那古怪的模樣讓很多人認為他是逃出來的學徒。某個星期六，他在所住的地方聽到了「西部印刷辦公室」需要印刷工人。他第二天早上 5 點就來到了那人的門前，在 7 點鐘的時候就立即詢問領班，表示希望去做。領班對於他這樣一位來自農村的生手是否能列印多國語言的文字感到懷疑，但是他說：「給他一個機會吧！看看他能否勝任！」當企業的老闆進來後，他對這位新來的員工表達了質疑，要求他做完這一天的工作就要立即離開。那天晚上，霍勒斯證明了的工作是做的最為出色的。

10 年後，他成為一間小型出版社的合夥人，他創辦了「紐約客」雜

誌，這本美國歷史上最為暢銷的週刊，但這本雜誌卻並不盈利。當威廉‧亨利‧哈里森（William Henry Harrison）在西元 1840 年被提名為總統候選人時，格里利開始創辦《小木屋》雜誌，當時的發行量達到了 90,000 份，但是一份報紙只能賣 0.01 美元，他也沒賺什麼錢。他接下來的「冒險」是創辦了《紐約先鋒報》，價格定為 1 美分。他借來 1,000 美元，首次刊發 500 份。一開始連想要全部賣出去都是很困難的事情，他只有 600 名訂閱讀者，6 個星期後，訂閱人數就達到了 11,000 人。後來，人們對這份報紙的需求量越老越大，達到了印刷機器一天工作的極限。這份報紙的編輯在犯錯後，懂得立即改正，絕不掩飾錯誤。

詹姆斯‧戈登‧本內特在西元 1825 年創辦了《紐約信使報》失敗了，在 1832 年創辦了《環球報》失敗了，後來又創辦了《賓夕法尼亞報》又失敗了。當時的人們只知道他是出版界比較聰明的撰稿人而已，但他在 14 年的時間裡透過辛勤的工作與嚴格的節約，存下了數百美元。1835 年，他邀請霍勒斯‧格里利與他一起創辦一份全新的日報，名字是《紐約先驅報》，格里利拒絕了，但推薦了兩名年輕的印刷工，他們與本內特形成合夥關係。《紐約先驅報》在 1835 年 5 月 6 日發行，但他們的現金只夠支撐 10 天了。本內特在華爾街租用了一個面積很小的地下室，由兩個木桶加上一塊木板就變成了一張桌子與一張椅子，他們在地下室裡完成了除了印刷之外的所有工作，開始了創辦真正受歡迎日報的歷程。其實，當時他們對此還並不熟悉，因為之前從事日報這方面工作的基本都是政黨機構。但是，年輕的本內特一步步地朝著理想前進，透過日報傳遞最近的消息，以簡明的風格拓展了人們的視野，最後報紙聲名鵲起，報導世界各地所發生的事情，讓人們迅速了解各地的情況。他們在事關大眾關心的話題上為了迅速獲得準確可靠的消息，耗費了大量的人力物力。這是極其艱難的工

作，但是他們從一開始的百老匯的一個角落起家，到最後總部設在安娜大街，證明了這份報紙的成功。

走進喬治·威廉·柴爾斯（George William Childs）在費城的私人辦公室，首先吸引你注意的是他掛在牆上的名言，這句話也點出了這位出身貧窮、「毫無機會」的男孩之所以取得成功的原因：Nihil sine labore，意思是「沒有工作，一事無成」。他早年就有一個夢想，就是要擁有《費城報》及印刷該報的總部。但當時像他這樣一個週薪只有 2 美元的貧窮男孩來說，怎麼可能擁有這樣一份偉大的報紙呢？但是，他有堅定的決心與不可動搖的毅力。他在書店當職員積存了數百美元，他開始投身出版行業。他在出版行業所做的一些工作讓他聲名鵲起，比如「凱恩北極探險日記」大受讀者歡迎。他對如何取悅大眾讀者有著敏感的洞察力，而他也從未停止過奮鬥。

雖然後來的《費城報》每天都處於虧損狀態，他的朋友都建議他不要去收購該報，但他依然故我。西元 1864 年，他兒時的夢想實現了，收購了《費城報》。他將訂閱價格翻倍，降低廣告率，讓所有人大吃一驚的是，報紙取得了輝煌的成功，一年的盈利額達到了 400,000 美元。即便在費城的其他報社都在降低員工的薪水，他卻沒有這樣做。

150 年前，在里昂舉行的一場宴會上，大家談到了一幅畫所代表的神學意義及希臘的歷史。主持人在看到大家討論的氣氛逐漸熱烈起來，就轉身面向一位侍者，請他解釋一下那幅畫。讓在場所有人都感到震驚的是，這位侍者竟能以清晰簡潔的語言描述出這幅畫，清晰的觀點與有力的證據平息了大家的這場爭論。

「先生，請問你在哪個大學學習呢？」其中一位客人以極其尊重的語

氣問道。「我在很多學校學習過，先生，」年輕的侍者回答說，「但我學習時間最長與學的最多的學校就是逆境學校。」他從貧窮的處境中學到收穫頗多，即便他當時只是一位貧窮的侍者，但很快整個歐洲就出現了這位最偉大天才的名聲，他就是讓‧雅克‧盧梭。

史賓塞（Herbert Spencer）因為缺乏家窮，買不起紙張，只能赤腳走路，艾利海灘柔滑的海灘成為了練字學習的好地方。他就是在沙灘上不斷完善斯賓塞體的文學創作原則，這一圖解式的創作方式。

威廉‧柯波特在農場裡做了 8 年的農民，過著面朝黃土背朝天的日子。後來，他跑到了倫敦，花了 8 ～ 9 個月的時間抄寫法律方面的書籍，然後投筆從戎。在他第一年的軍旅生涯裡，他經常到位於查德曼的流動圖書館借書，開始學習知識。

「在我還是一等兵時，我依然堅持學習語法知識，學習一天的語法知識需要花費 6 便士！我所住的地方或是我的那張守衛床就是我學習的座位，我的背包就是我的書櫃，我的膝蓋上枕著一塊木板，這就是我寫字的地方。我就是在這樣的條件下堅持學習了一年。我沒有錢去買蠟燭或是燈油。冬天的時候，我沒有光源，只能靠生火來看書，但也只能是輪到我值班的時候才能這樣做。為了買一枝筆或是一張紙，我必須要捨棄一些食物，所以時常處於半飢餓狀態。我幾乎沒有哪些時間是真正屬於自己的，在幾十個沒有思想的人說話、談笑、唱歌、吹口哨或是大喊大叫的時候，我必須要去閱讀或是寫字，因為這也是屬於他們自由活動的時間。不要小看我時常為買筆、買墨水或是紙張花費的 1/4 便士。1/4 便士啊！那時對我來說可以說是一筆大錢啊！我與過去一樣高，身體依然健康，常常鍛鍊身體。我們每個人一週只能省下 2 便士。我依然記得，在買了所有必需品後，我只剩下半便士了。那天是星期五，我原本還想著第二天早上去買一

條燻鯖魚，但在晚上翻口袋一看，想著應該還有半便士，結果錢掉了。我將頭深埋在床單與毯子裡，想起當年只能將骨頭裡的肉剔出來與苦瓜一起炒的苦日子，不禁像個小孩那樣失聲痛哭。」

但柯波特化貧窮與艱難的環境為自己索取知識與成功的動力。他說：「如果我能夠克服這樣的困難，難道這個世上的年輕人還有可以為自己的碌碌無為找藉口嗎？」

亨弗萊·達維也沒有什麼學習科學知識的機會，但他確實一個有真本事的人，他憑藉著使用過的平底鍋、茶壺與瓶子，在自己所工作的藥店上的閣樓進行科學實驗與學習，最後取得了成功。

「很多農民的兒子，」特洛·韋德說，「在農務的閒暇時間裡，找到了提升心智的最好機會，這是我個人的最大感受。晚上，我點燃白天準備好的柴火，在甘蔗地旁的房子認真看書，我度過許多個難忘而愉悅的夜晚。我記得自己就是以這樣的方式讀完了法國大革命的歷史，並對歷史事件及這場國家悲劇中發生的恐怖事件及主要人物有了深刻的了解，這比我日後閱讀的書籍都更加深刻。我還記得雙腳只是從爛布包裹一下，就走了一公里，最後借來了一本凱耶斯的書，當時甭提多高興了。」

「父親，我明天可以放個假嗎？」希歐多爾·派克在 8 月的一個下午這樣問父親。這位貧窮的萊星頓技工以驚訝的眼神看著自己最年幼的兒子，因為當時是農忙時節，但他從兒子誠懇的臉上看到了兒子肯定是有自己想做的事情，於是就同意了。第二天早上，希歐多爾天亮之前就起來了，步行了 5 公里泥巴路，來到了哈佛大學，親自申請了大學入學考試。從他 8 歲起，就無法像其他學生那樣正常上學，每年冬天只能上三個月課，在他平常忙其他工作的時候，就不斷地重複這三個月所學到的知識。他極為珍

視閒暇時間，將這些時間都充分用於閱讀有用的書籍。有一本書是他當時無法借來的，但他覺得自己必須要有這樣一本書，於是在一個夏日的早晨，他在黎明前，就採摘了草莓果，拿到波士頓去售賣，賣到的錢拿來買他那本覬覦已久的拉丁文字典。

在希歐多爾晚上回來告訴父親自己成功通過了考試時，父親說：「我的兒子，好樣的！但是，希歐多爾，我沒錢讓你上學！」「我知道，父親，」希歐多爾說，「我不會待在那裡的，我會在家利用閒暇時間學習的，為最後的考試做好準備，到時候我就能拿到學位證書了。」他做到了。後來，他到學校教書，賺錢到哈佛大學讀了兩年，最後以優異的成績畢業。多年後，他成為了西沃德、查斯、索姆奈、加里森、賀拉斯·曼（Horace Mann）與溫德爾·菲力浦斯等人的良師諍友，他所具有的善意影響力讓每個國民都能感受到。在他回憶早年在萊星頓的岩石與灌木叢工作與奮鬥的時光，他總會欣然一笑，內心充滿愉悅。

「我一生中最自豪的時刻，」艾利胡·巴里特說，「就是我第一次完全明白了荷馬所寫的《伊里亞德》前面 15 個句子的意思。」艾利胡·巴里特的父親在他 16 歲的時候就去世了，他到康涅狄格州新英格蘭一個村子一間鐵匠鋪裡做學徒。他每天都要工作 10 ～ 12 個小時，但在鼓風時，他在心中解決著數學難題。在沃爾塞斯特 —— 這個他 10 年後可以自由享用書籍的地方 —— 保存著他當年的日記。日記中有這樣的記載：6 月 18 日，星期一，今天頭痛，看了 40 頁庫威爾寫的《地球理論》，看了 64 頁的法文，工作了 11 個小時。6 月 19 日，星期二，今天看了 60 行希伯來文，30 行丹麥語，10 行波西米亞語，9 行波蘭語，記住了 15 顆星星的名稱，工作了 10 個小時、6 月 20 日，看了 25 行希伯來文，8 行敘利亞語，工作了 11 個小時。他一生掌握了 18 門語言與 32 種不同方言。他成為了那名

「博學的鐵匠」，為服務人類作出了高尚的工作。愛德華・艾瑞特（Edward Everett）在談到這位年少時沒有機會的男孩時說：「這能讓那些頭腦正常、有機會接受教育卻又一事無成的人羞愧的無地自容。」

克里斯汀・尼爾森（Kristine Nielsen）成長於遙遠的瑞典小村莊，她這樣的人本應沒有任何機會，她平時只能赤腳走路，但她憑藉動聽的歌聲與女性魅力贏得了全世界的讚揚。

「讓我對你面臨的逆境說句話吧！」塔爾梅奇對年輕人說，「現在，你與最終取得成功的人處在同一層面上。記住你說過的話，30 年後再回頭想一下，就會發現這個國家的百萬富翁、著名演說家、傑出的詩人、商業巨擘、慈善家、教會與國家的權勢人物 —— 現在都處在和你一樣階段，絕對不比你有任何優勢，都是處在相對的逆境中。」

「沒有裝備？沒有金錢做資本？年輕人，跑一趟圖書館，找幾本書看看，看一下上帝賜予你的雙手、雙腳、雙眼、雙耳所具有的神奇功能吧！然後叫醫生帶你去解剖室看看人體的組成部分，絕對不要說自己沒有任何前進的資本這樣褻瀆的話語。沒有裝備？怎麼可能？即便是最窮的人都有上帝賜給他健康的身體，這是每個人都完全平等的。」

報童並不是取得成功或成為各行各業傑出人物最有希望的人。很多年輕人在步入社會時，他們所獲的機會肯定要比每天只能在街上賣報的報童更多。但是，正是一位在泛旅鐵路做報童的人克服了重重艱辛，最後在這片土地實現了工業的創新。湯瑪斯・A・愛迪生當時只有 15 歲，就已經開始從事化學方面的研究，並設置了一個小的臨時實驗室。某天，當他在進行某個化學實驗，火車突然轉彎，裝著硫酸的瓶子打破了，立即散發出怪異的味道與一系列劇烈的化學反應。列車員對他已經忍了很久了，這次終

於忍無可忍，要求這位年輕人不要在火車上做實驗，在爭執的過程中，愛迪生被列車員打了一記響亮的耳光。

愛迪生歷經了一次又一次富於傳奇色彩的遭遇 —— 但他總能有辦法加以控制 —— 直到他年紀輕輕就坐上了世界科學的王座。最近有人問他成功的祕訣，他說自己從不喝酒，除了狂熱對待工作之外，對待任何事情都是相當有節制的。

丹尼爾・曼寧一開始擔任克利夫蘭總統的首席競選經理，後來擔任財政部長，他就是從賣報開始的人生的職業生涯，雖然當時的世界似乎都在與他作對。特洛・伍德也是如此，大衛・B・希爾也是如此。紐約似乎對充滿上進心的報童十分待見。

兩名從未接受過教育與不懂世故的年輕人在波士頓一間廉價寄宿飯店裡相遇，他們決定反對這個國家根深蒂固的制度根源，雖然這項制度是眾多的學者、政治家、教會人士、富人、貴族都聯合支持的。他們似乎是在做一件極為幼稚的事情！他們與一個國家的偏見與習慣的情感作鬥爭有什麼勝算的機會呢？但這兩個年輕人心中被高尚的目標所激勵，全身心投入到這項運動中去。其中一人是本傑明・倫迪（Benjamin Lundy），他一開始在俄亥俄州創辦了一份名叫「宇宙下的自由的天才」的報紙，並且從印刷廠將這些報紙扛在肩上，每月走 10 公里路去派發。他曾步行 200 公里路到田納西州，為擴大報紙的發行量而努力，因為他絕對不是那種容易放棄的人。

在威廉・羅伊德・加里森的幫助下，他開始在巴爾提摩更加認真地工作。看到成群奴隸被關在大街上的囚籠裡，透過黑奴船運到這裡，遠離他們原先的家鄉與土地，到達南部的港口，還有奴隸市場上各種叫賣聲帶給

他撕心裂肺的感覺，這讓加里森永遠無法忘記。這兩位年輕人的母親都是窮人，沒錢將他們送上學，雖然他們的母親從小就教育他們要反抗壓迫，一定要投身到為受壓迫的人獲得自由而奮鬥的事業中去。

加里森在他出版的第一份報紙上就要求立即釋放黑奴，並稱這種奴隸制度讓整個民族為之憤怒。他遭到逮捕，被投入監獄。約翰·G·惠蒂爾，來自北方品德高尚的朋友被他的行為所感染，但他也實在太窮了，沒錢將他保釋出來，於是他給亨利·克萊（Henry Clay）寫信，懇求他能為加里森出保釋金，讓加里森獲得自由。加里森在監獄待了49天，終於獲得自由。溫德爾·菲力浦斯曾這樣評價加里森：「在他24歲那年，他因個人言論而遭到逮捕，他以充滿活力的青春去對抗一個國家。」

加里森在波士頓沒有金錢、沒有朋友，沒有影響力，住在樓上的一個小房間裡，但他就是在這裡創辦了《解放者》報紙。在這份報紙的創刊版面上，他這樣表達著一位毫無機會的貧窮年輕人的宣言：「我要像真理一樣嚴厲，像正義一樣毫不妥協。我一定要認真，絕對不含糊其辭，絕對不找藉口，絕對不後退一步，世人一定能聽到我的聲音！」在世人都反對他時，這是一種多麼無畏的勇氣啊！

南卡羅萊納州議員羅伯特·Y·海恩寫信給波士頓市長奧提斯，說有人送給他一份《解放者》報的複本，希望奧提斯能確認一下該報的出版人。奧提斯回信說自己知道這是一位貧窮的年輕人在「一個被人遺忘的角落裡印刷著毫無意義的東西，他的助手是一名黑奴，支持他的人也只是有色人種，成不了什麼大氣候。」

但是，這位年輕人在「被遺忘的角落」裡吃飯、睡覺與印刷報紙，讓世人不得不去思考這個問題。即便他後來遭到了壓制，但依然無畏。南卡

羅萊納州的防備委員會懸賞 1,500 美元捉拿任何流通《解放者》報的人。有幾個州的州長甚至為這份報紙編輯的人頭懸賞金錢。喬治亞州的立法機構懸賞 5,000 美元捉拿加里森。

加里森與他的助手無論到哪裡，都受到排斥。一位名叫勒夫喬伊的牧師在伊利諾州為此做宣傳，為出版自由做辯護時被暴徒殺害。在美國素有「自由的搖籃」的麻薩諸塞州的富人、權勢之人與受過教育的人卻都如此反對「廢奴主義者」的做法。當時在場的一位富於前途的律師被邀請到講臺上，說自己希望那位被殺害的牧師的演說再也不要在法納爾山出現了。「當我聽到那位先生放下自己的原則，就將殺害勒夫喬伊牧師的凶手與奧提斯、漢庫克與昆西與亞當斯放在一起。」溫德爾·菲力浦斯指著牆上的畫像時說，「我認為牆上的昆西與亞當斯的嘴唇會發出嚴厲的指責，責備美國人的背叛，稱這是對死者的褻瀆。因為他們所表達出的情感，在這片土地上因為清教徒的祈禱與愛國者的鮮血而變的神聖，所以，這片大陸上的人們應該反對這位律師說的話，並用口水將他淹沒。」

整個國家陷入了反對奴隸制的狂熱氣氛。

北方的廢奴先驅者與南方的蓄奴者之間進行了長期激烈的鬥爭，這種鬥爭甚至蔓延到西部的加利福尼亞州。這樣的鬥爭在內戰中達到了最高潮。內戰結束後，為廢奴進行了英勇與不懈奮鬥的加里森受到林肯總統的邀請來到了白宮，看到星條旗在蘇姆特城堡上再次飄揚。一位獲得自由的奴隸致歡迎詞，他的兩個不再是奴隸的女兒將一個美麗的花環戴在加里森的頭上。

大約在相同時期，另一位為反對壓迫而進行鬥爭的人物──理查德·科布登（Richard Cobden）在倫敦去世。

科布登的父親去世時，留下了 9 個孤苦伶仃的孩子，而且家裡沒有了任何積蓄。他靠幫鄰居放羊勉強維持生計，但在 10 歲前根本沒有上學的機會。他被送到了一間寄宿學校，但在這裡卻備受虐待，經常吃不飽，處於半飢餓狀態，而且三個月只准給家裡寫一封信。他 15 歲那年，來到叔叔位於倫敦的商店當職員。他每天很早起來學習法文，晚上在同伴睡覺後他依然堅持學習。他很快就被臨時派到外面出差了。

在反對不公平的「玉米法」時，他找到約翰·布萊特給予幫助。當時的「玉米法」的實質就是從窮人手中奪取麵包，交給富人。但他發現布萊特處在巨大的悲痛之中，因為他的妻子躺在病床上，奄奄一息。

「此時，英國數以千計的家庭，」理查德·科布登說，「這些家庭的妻子、母親與孩子都在因飢餓而死亡。在你的悲傷情緒過去之後，我建議你跟我一起，不斷抗爭，直到『玉米法』被廢除。」科布登再也不能忍受窮人的麵包被扣留在海關，因為政府要向地主與農民徵稅的做法，所以他全身心投入到這項改革之中。「這絕對不是一個屬於某個黨派的問題，」他說，「每個黨派的人都應該團結起來，這是一個食品問題 —— 這是一個數百萬受薪階級與貴族之間進行鬥爭的問題。」他們組成了「反對玉米法聯盟」，在愛爾蘭饑民的幫助下，飢餓激發出來的力量最終穿透了層層的障礙。該法在西元 1846 年被廢除。布萊特說：「英國每個窮人家庭現在之所以能吃到更大、品質更好與更便宜的麵包，很大程度上與理查德·科布登的努力分不開。」

約翰·布萊特也是出身貧窮受薪階級的家庭。在那個年代，接受高等教育的大門對他來說是緊閉的。但這位信奉教友派的年輕人有著一顆堅定的心，他對英國及愛爾蘭數百萬貧苦農民因為玉米法而挨餓充滿憐憫。在愛爾蘭在一年就死去了 2,000,000 人的可怕大饑荒時期，約翰·布萊特的

行為要比英國所有的貴族都更加強大。整個貴族階層在他難以撼動的邏輯推理面前顫抖，他流暢的口才與威嚴的氣質讓貴族們膽怯。在為受薪階級工作更短時間，獲得更廉價的麵包而做出的貢獻，他僅次於科布登。

邁克爾・法拉第年少時曾生活在倫敦的一個馬棚，在大街上叫賣報紙，每份報紙只能賺 1 便士。

他曾在裝訂商與書商當了 7 年的學徒。在裝訂大英帝國百科全書時，他看到有關電學方面的內容。從此，他廢寢忘食地閱讀相關的資料。他晚上依然留在商店裡閱讀相關書籍，白天再將自己讀過的內容裝訂起來。他自費買了一個玻璃小瓶，一個用過的平底鍋，還有幾樣簡單的物品，就準備自己的實驗了。

一位顧客對這個男孩很感興趣，就帶他去聽亨弗里・達維爵士關於化學的演說。法拉第鼓起勇氣向這位著名科學家寫信，並將自己在聽演講時所做的筆錄也寄了過去。沒過多久，法拉第某天晚上即將關門休息時，漢弗里・戴維爵士（Sir Humphry Davy）的馬車停在他的寒舍外，達維爵士的僕人遞給他一封邀請函，希望他第二天早上能去拜訪亨弗里・達維爵士。法拉第在讀到邀請函時，簡直不敢相信自己的眼睛。

第二天早上，他如約前來，見到了實驗所需要清潔儀器，看見大衛爵士在實驗室裡忙來忙去，提著安全燈在對危險的爆炸物進行試驗，臉上帶著玻璃面罩。法拉第也進行了研究與實驗工作。沒過多久，這位之前在世界上沒有任何機會的窮小子受邀到著名的科學團體發表演說。後來，他獲得了伍爾維奇皇家學院的教授職位，成為當時科學界最年輕的科學家，被廷德爾教授稱為「世界有史以來最偉大的實驗科學家」，

漢弗里・戴維在年老時曾被一個朋友問道：「你覺得自己一生中最大

的發現是什麼？」

「邁克爾·法拉第。」爵士回答說。

「之前做過的事情肯定能再做一次。」班傑明·迪斯雷利（Benjamin Disraeli），這位毫無機會的男孩後來成為了比更士菲伯爵（The Rt Hon. Earl of Beaconsfield），再後來成為了英國首相。「我不是奴隸，我不是俘虜，憑藉自身的精力，我能克服任何困難。」猶太血統在他的血管裡流淌，即便他所面對的世界都與他為敵，但他始終牢記約瑟夫在 4,000 多年前成為埃及首領的榜樣，當時甚至連基督耶穌都還沒有降生呢。他經過努力，從底層階層爬到了中產階級，然後在爬到上流社會，直到他處在英國政治與社會權力的巔峰。在面對議員們的嘲笑、諷刺與訕笑，他只是簡單說了一句：「你們遲早有一天會認真聽我的話。」這一天到來了。那個之前毫無機會、卻有著堅定意志的人掌舵了英國 1/4 世紀。

亨利·克萊，這位在「皮鞭下的磨坊工」，就是寡婦母親 7 個小孩中的一個，只能被送到是一所極其普通的鄉村小學，他在那只學會了基本的讀寫，但他利用所有閒暇時間，在沒有老師的情況下自學。多年後，他成為了一名自學成才的人。他在穀倉旁練習演說，只有羊群與馬匹當他的聽眾，他後來成為了美國歷史上最偉大的演說家與政治家之一。

看看開普勒是如何與貧窮及逆境做鬥爭的吧！政府命令在公共場合焚燒他的書，他的圖書館被耶穌會信徒封存，而他則被大眾所驅逐。他花了 17 年的時間冷靜地對行星運行開展演算，他發現地球是沿著橢圓的軌道運行的，以太陽為運行的焦點，連結地球中心與太陽中心的線是處在相同空間與相同平面上的。位於太陽之上的行星的運行空間與它們同太陽的平均距離成正比。這個毫無機會的男孩成為世界歷史上最偉大的天文學家

之一。

「在我發現自己是黑人時，」大仲馬說，「我就下定決心要像白人那樣活，不能因為自身的膚色而貶低自己。」

對詹姆斯·夏普勒斯來說，成功的機會是多麼渺茫啊！但他卻成為英國著名的鐵匠藝術家。他出生貧窮家庭，但他人窮志不窮，每天凌晨 3 點鐘起床，抄寫他沒錢買的書。在工作一天賺到 1 先令後，他步行 9 公里到曼徹斯特購買自己喜歡的藝術家的作品。他會主動要求做鐵匠鋪最沉重的工作，因為這需要熔爐有更長的加熱時間，他就能利用這段閒暇時間，靠在煙囪旁，看自己喜歡的書。他極為珍視閒暇時間，似乎覺得如果不好好利用的話，那麼這些時間就再也沒有了。他將 5 年的閒暇時間都用於創作一本名叫《熔爐》的書。現在，這本書幾乎成為了每個家庭的必備書。

在伽利略的父母強迫他到醫學院就讀時，他在物理界或天文學獲得名聲的機會有多大呢？但是，在威尼斯人都入睡的時候，他一個人來到聖馬可大教堂的高樓上，發現了木星的衛星及金星的相位。當他被迫要在大眾面前否定自己認為地球圍繞著太陽轉動的「邪門歪道」時，所有這些恐怖的行徑都不能讓這位當時已經年過 70 的虛弱老人說出反對自己的話，他只是喃喃自語：「但是，地球的確是繞著太陽轉的啊！」在他被投入監獄後，他對科學的熱情依然那麼強烈。他用監獄裡的稻草做實驗，證明了空心的軟管要比同等體積的竹竿更加結實。即便後來他雙目失明，也沒有完全停止工作。

當默默無聞、貧窮的赫謝爾發表了關於發現天竺葵星的運行軌道及運行速率的速率，還有土星環及其衛星的報告時，英國皇家學院感到相當驚訝。這個毫無機會的男孩就是利用雙簧管做望遠鏡，卻發現了當時設備最

好都無法發現的星體。因為，他一定要至少打磨 200 次，才會對反射鏡感到滿意。

喬治·史蒂文生的父母非常貧窮，他與其他 7 個兄弟姐妹住在一個房間裡。喬治不得不要為鄰居放羊，但他一有時間就拿起泥巴做火車引擎的模型，用鐵杉的棍子當煙管。在他 17 歲那年，他燒毀了一架引擎，他的父親把火給滅了。他不識字，也不會寫字，但引擎是他的老師，而他也是一位忠誠的學生。在其他人都在遊手好閒地光顧酒吧時，他花時間拆卸機器，清洗乾淨，認真研究每個部件，然後對引擎進行研究。最後，他因成功改造了引擎而聞名於世，而那些終日無所事事的人卻將他的成功說是運氣。

夏洛特·庫奇曼沒有美貌與曼妙的身材，但她決心要成為優秀的女演員，即便當時有羅莎琳德與凱薩琳這些著名女演員。後來，女主演因故無法演出，庫奇曼立即抓住了機會。那天晚上，她憑藉有血有肉的表演打動了觀眾，讓觀眾忘記了原先那些只懂得微笑的女演員。雖然她之前過著貧窮、沒有朋友與默默無聞的生活，但在演出大幕落下時，她已經成就了自己的名聲。多年後，當醫生說她患了一種嚴重的、不可治癒的疾病時，她臉色沒有絲毫變化，而是安靜地說：「我已經學會了如何與麻煩共處。」

生活在南部小木屋的一位貧窮黑人婦女有三個孩子，但她只有一條褲子可以給他們三人穿。她很想讓孩子接受教育，就輪流送他們到學校上課。學校的一位老師是來自北部的女性，她注意到了一個孩子每天只來一次，而且都是穿著相同的褲子。但這位貧窮的母親想盡辦法讓孩子接受教育，後來，其中一個孩子成為南部一所大學的教授，其中一個孩子成為醫生，還有一個孩子成為牧師。對找「自己沒有機會」這樣的藉口而浪費生命的人來說，這是多麼深刻的教訓啊！

山姆・庫納德，這位蘇格蘭格拉斯哥的木工，經常會想出一些鬼點子，然後用折合式刀具做出不少古怪的發明，但一直沒有什麼名氣，也沒有賺到什麼錢，直到勞勃・伯恩斯（Robert Burns）與麥克艾弗找到他，詢問他如何才能更好製造船隻，方便傳送國外的郵件。山姆用木頭做出了一艘汽船的模型，他們根據這個模型做了一艘船，成為了庫納德航線的第一艘船，後來這個汽船模型也幾乎成為了所有大型汽船公司造船的標準。

　　《新約》與拼寫課本是柯內留斯・范德比爾特在學校讀書時僅有的課本，但他學會了如何閱讀、寫字與一點點算術知識。他希望買一艘船，但身上沒有錢。為了打消他航海的念頭，母親跟他說，如果他能在一月的 27 天內完成 10 公頃堅硬、布滿石頭的田野的犁地、鬆土，種植玉米的工作，她就能滿足他的願望。范德比爾特在 27 天前就圓滿地完成了工作。在他 17 歲生日的那天，他買了一艘船。但在他駕船回家時，船隻失事，在他到達淺水灘時沉沒了。

　　但是，柯內留斯・范德比爾特並不是容易放棄的人。他立即重新準備，三年後他積蓄了 30,000 美元，準備再試一次。他很快就在港口獲得了最大的一單生意。在西元 1812 年的戰爭期間，他獲得了幫助政府運送軍事物資到沿海城市的契約。他利用晚上的時間完成了這個任務，這樣白天的話，他就能開著渡船接送乘客往返於紐約與布魯克林兩地。

　　這個男孩將自己白天賺到的錢及晚上賺到的錢的一半交給父母，在他 35 歲的時候，他有了 30,000 美元的積蓄。在他晚年去世時，為自己的 13 個子女留下了美國歷史上最大一筆財富。

　　埃爾登爵士在少年時，可能就是屬於那種被人稱為「毫無機會」的人，因為他家太窮了，根本無力供他上學或是買什麼書看。但是，他絕對

不會向命運之神屈服的，他有強大的毅力與堅定的決心，一定要在這個世界上有所作為。他每天早上 4 點鐘就起床，抄寫他借過來的法律課本，其中包括頁數極多的《利特爾頓的古柯鹼》。他對學習極其渴望，有時他甚至會學習到大腦不自覺停止思考為止。此時，他會將一條溼毛巾拴在額頭上，讓他保持清醒繼續學習。他在第一年的執業中只賺到 9 先令，但他並沒有因此而放棄。

當他離開議院時，遊說者拍著他的肩膀說：「年輕人，你的麵包與奶油怕是要沒了。」但是這位「沒有機會」的人最後擔任英國大法官，成為那個時代最為傑出的律師之一。

斯蒂芬·傑拉德從小就沒有「機會」。在他 10 歲那年，他離開在法國的家，來到了美國，做起了船上侍者。他的遠大理想是不惜一切代價都要取得成功。無論是多麼艱難或是別人不願意做的工作，他都會去做。他就像邁達斯一樣，能將他所接觸的任何事物都變成金子。後來，他成為了費城最為富有的商人之一。雖然他對金錢過度的熱愛不值得提倡，但他對所做的事情的用心細緻，在國家需要時表現出的奉獻精神以及在致命的黃熱病來襲時冒著生命危險挽救他人性命的品格，都是值得我們學習的。

約翰·沃納梅克（John Wanamaker）每天要步行 2 公里路到費城，在書店的工作週薪只有 1 美元 25 分。他後來在一間服裝店裡工作，薪水也不過是 1.5 美元，比之前多了 25 美分而已。他就是從這麼低的位置起步，經過一步步的努力，成為著美國當代最為傳奇的商人。西元 1889 年，他被哈里森總統委任為郵政部長，他在這個職位上展現了極強的執行力。

世人的偏見與性別歧視並沒有阻擋黑人女孩艾德摩尼亞·路易士為追求雕刻家的榮耀與名聲而奮鬥。

弗雷德‧道格拉斯的人生從一開始就顯得更加悲催，更加沒有機會，因為他甚至連身體都不屬於自己。他在出生前就被父母賣給奴隸主以償還債務。要想達到最貧窮的白人小子所處的起跑線，就好比他要以美國總統為自己的目標一樣。他只見過幾次自己的母親，而且都是在晚上。他母親步行 6 公里路來看他，與他相處一個小時，然後趕在天亮前又回去。他沒有學習的機會，因為沒人教他。莊園的規則禁止奴隸學習與寫字。但是，他能在奴隸主沒有絲毫察覺的情況下，從紙屑及醫學年鑑上學到了 26 個字母，這為他日後的人生注入了無限的潛能。他讓數以千計的白人男孩感到無地自容。他在 21 歲時逃離了莊園，前往北部。他在紐約與貝爾福德做過碼頭裝卸工人。後來，他在南塔吉特島發表了一場反對奴隸制的演說，給在場的聽眾留下了深刻的印象，從此成為了麻薩諸塞州反對奴隸團體的代言人。他不遺餘力地發表反對奴隸制的演說，從一個地方到另一個地方，所以白天根本沒有時間，只能利用晚上的時間用心學習。他到歐洲進行演說，贏得了很多英國人的友誼，這些人為他籌集了 750 美金，讓他贖回了自由。回到美國後，他在紐約的羅徹斯特（Rochester）編輯了一份報紙，後來又到華盛頓創辦了《新時代》報紙。多年以後，他成為了哥倫比亞特區的典禮官。

亨利‧E‧迪克斯，這位著名的演員，在舞臺是從扮演羊群的一隻後腿這樣的龍套角色開始演戲生涯的。

正是那位在小木屋出生的男孩，在沒有接受教育，沒有任何書籍、沒有老師或是一般人所能擁有的機會時，卻憑藉常識與智慧贏得世人的尊敬。內戰爆發後，時任總統的他宣布解放 4,000,000 黑奴。

審視這位身材魁梧、面容瘦削的年輕人，他砍樹來建造舒適的木屋，木屋沒有地板，沒有窗戶。他利用晚上時間，靠著火堆自學算術與語法。

為了想知道布萊克斯通所注釋的內容，他步行 22 公里路借了這本書，讀完了 100 頁就歸還。亞伯拉罕．林肯從小就沒有什麼機會，也絕不是靠什麼運氣，他的好運完全源於他永不懈怠的堅持與追求正義的心。

在俄亥俄州的叢林裡也有一間小木屋，一位貧窮的寡婦守護著只有 18 個月的嬰兒，心想著自己是否能力抵禦飢餓的狼群傷害自己的孩子。後來，這個孩子漸漸長大，幾年後就有力氣砍樹與到森林伐木幫助自己的母親。他利用閒暇時間學習借過來的書，因為他沒有錢買這些書。在他 16 歲那年，他高興地接受了一份沿著航道驅趕驢子的工作。沒過多久，他就有機會為大學掃地板與敲鐘，一邊工作一邊在那裡學習。

他在喬加神學院第一個學期只花費了他 17 美元。當他第二個學期回來時，口袋裡只有 6 美分。第二天，他將這些錢放進了教會的捐款箱內。他在一個木匠家裡寄宿，包括洗衣費、燃油與柴火費，一週的費用是 1.06 美元，但他可以在晚上及週末的其他閒置時間去工作。他利用週末刨平了 50 塊木板，賺取了 1.02 美元。在學期結束後，他付清了所有費用，口袋裡還剩下 3 美元。當年冬天，他在學校裡任教，繼續替木匠刨木。第二年春天，他已經有了 48 美元的積蓄，他重返學校讀書，一週的住宿費也只花了 0.31 美元。

他很快就到威廉姆斯學院就讀了，兩年後以優異的成績畢業。在 26 歲那年，他進入了州議會，在 33 歲時進入了眾議院，在錫蘭姆學院敲鐘的 27 年後，詹姆士．艾布拉姆．加菲爾成為了美國總統。對美國年輕人來說，他的例子是極為勵志的，這要比阿斯特、范德比爾特與高爾德等富商的例子更加激發人心。

世界上最偉大的英雄與傑出人物從小鬥士生活在茅茨之屋，他們忍

受著命運的不公，憑藉自立的精神與上帝賜予的力量，最終闖出了一番天地。

「寒磣的小木屋似乎是你們國家所有偉人的出生地啊！」一位閱讀過不少美國名人傳記的英國作家這樣感嘆。

你的每隻手都代表著一個機會與一個不可動搖的目標。任何人，不管出生多麼貧窮，都不需要感到絕望。在美國這片土地上，任何人只要有足夠的能力與精力去把握機會，就肯定有麵包吃，就肯定能取得成功。不管這個男孩是出生在小木屋還是出生在豪華住所，這些都沒有關係。只要他擁有堅定的目標，勇往直前，那麼任何人與任何魔鬼都不可能阻擋他前進的腳步。

第四章
鄉村的男孩

拿破崙的戰爭抹去了法國民族的春天。時至今天，普通法國人的身高都要比拿破崙統治法國前矮半寸。

　　今天，美國的鄉村男孩也在時刻進行著類似的「犧牲」，他們從農村來到城市，為城市的發展做出貢獻，卻犧牲了自己最為純淨的血液、思想、強健的體魄及心靈韌度。鄉村的優秀人才時刻向城市湧入，卻被城市散發的柔弱氣質所影響，直到他們的男子氣概、活力與強壯的體質在 2 ～ 3 代人間完全消失不見。我們的城市文明時刻處在一種衰落的狀態，要不是經常有來自鄉村年輕人的持續湧入，帶來全新的活力，城市人早已因為渾濁的空氣而導致血液不純，從而變得柔弱不堪。被汙染的空氣很快會影響健康，讓身體出現退化，直到影響城市居民的體質與道德健康。

　　當代一位著名人物曾說過，現代文明最讓人感到不幸的發展階段是，很多人離開農場，離開鄉村，來到對他們有著難以言喻的吸引力的城市。他們豐富的想像力似乎將城市幻化成充滿無限可能與樂趣的地方。對他們來說，鄉村似乎過分單調與沉悶了，而城市則等同於機會、力量與娛樂。只有在他們品嘗到了城市生活的空虛，才會想著如何去擺脫。只有在他感受到了城市的虛偽與空洞後，才會意識到鄉村生活的價值，學會如何理解鄉村帶來的不良影響及其機會。

　　對一個人來說，最大的恩惠就是出生在農場，並在鄉村長大。鄉村的孩子一般都有自力更生的能力與堅強的意志品格。鄉村的孩子必須要時刻想著如何發揮自身優勢，強迫自己去思考，喚醒他的才智與創造力，他們要比城市的孩子擁有更為全面的判斷力與冷靜的頭腦。他們的肌肉要更加結實，他的身體要更加健壯，他們的大腦細胞要處在最佳狀態。

　　鄉村的花崗岩山，高山、山谷、小溪，成長的莊稼每時每刻帶來的奇

蹟，都在給他的身體注入無限的潛能，讓他的血液融入更多的鐵質，讓他的品格更加堅強。這讓他在與城市的孩子相比，顯得就像一尊巨人一樣。

這個世界有所作為的人一般都是充滿活力、精力旺盛、身體健康的人，他們有著無窮的力量與發達的肌肉，這些人一般都是在鄉村長大的。如果力量不是源於土壤，那也幾乎是源於與此相關的物質。強大的品格與土壤、山丘、高山、山谷、純淨的空氣及陽光有著緊密的連繫。在農村長大的孩子與城市長大的孩子相比，在身體力量、大腦活力、身體耐力與持久力方面都更勝一籌。

從鄉村出來的年輕人一般都有更好的成功基礎，擁有更強大的勇氣與道德活力。他不會因為受到城市外在膚淺的影響而變得柔弱。我們在很大程度上會成為環境的複製品，這也是有原因的。我們都時刻受到所處環境所散發的影響。出生於城市的孩子從小除了看到各種人的臉與形態之外，根本沒有機會看到任何自然的事物。他們從早到晚面對的事物都是不自然的，或多或少都有人為加工的痕跡；他們很難看到上帝賜予事物的自然力量、韌度與厚度，而這些是鄉村孩子每天都能感悟到的。當人們平常只能看到非自然的事物時，他又怎麼可能擁有堅強的品格呢？大城市的摩天大樓、商業街區與瀝青路面並不是能激發我們品格的物質。

正如對柱子與橫梁的雕刻到達一個極端的情況，這種過度的雕刻就會讓柱子與橫梁出現軟化，從而威脅整座建築的安全。所以，很多來自鄉村的孩子在來到城市後，通常都被過度地「雕刻」了，犧牲了他們的力量、活力。

換言之，身體活力、力量與身心的動力在與土壤最為接近的人身上，得到了最大的體現。一旦某人的生活方式變得不自然，處在非自然的狀

態，他就開始逐漸退化，變得柔弱。

　　城市許多被我們稱為上流社會的人物，通常處在一種提前退化的階段。他們的身體肌肉可能看上去結實，但卻十分柔軟；他們的皮膚看上去很光滑，但並不健康；他們的思想可能更為順從，但缺乏活力。大城市人的生活朝著一個退化的趨勢發展，城市人很難過上真正自然的生活。對人類來說，過分遠離土壤的生活，是很難過上自然的生活。正是大自然母親與鄉村生活賜給我們活力、動力、勇氣及其他讓我們成為真正男女的氣質。我們從鄉村能獲得堅強、持久的特質，而城市的非自然生活則讓我們不斷弱化，漸漸失去活力。

　　另一方面，鄉村的年輕人其實生活在一個每時每刻都充滿奇蹟的地方。他們只要一睜開眼，就能看到拉斐爾與米開朗基羅一生都無法描繪的神奇美景，而且這些震撼人心的美景每時每刻都在發生變化。

　　每片葉子與每朵花都在時刻上演著奇蹟。看見大自然的「實驗室」進行著各種「化學」變化 —— 玫瑰與野花散發出芬芳，這個世界點綴著各種美好的事物 —— 這難道不讓我們覺得神奇嗎？但是，城市的孩子就沒有這樣的機會親臨大自然這座神奇的「花園」，無法體驗到規模如此巨大且一刻不停創造的神跡。

　　城市的年輕人有太多讓他們分心的事情了，繁複多樣的事物讓他們變得膚淺。他們缺乏深度，他們心靈的注意力總是被其他物體吸引過去，他們的思考缺乏持續性與應用性，他們的閱讀顯得相對膚淺。他們習慣迅速瀏覽多份報紙、多本雜誌或是各種期刊，但卻對看到的內容沒有認真的思考。他們晚上的時間相比於鄉村孩子來說，更是顯得支離破碎。鄉村孩子在晚餐後一般都沒有什麼消遣活動，就會就某個議題進行全面的閱讀。鄉

村孩子可能沒有城市孩子讀那麼多書，但他們的讀書一般都能取得更好的效果。

鄉村缺乏大型圖書館，沒有什麼書籍與各種期刊，這也是很多鄉村孩子最大化地利用優秀書籍與報紙的原因。他們通常會反覆閱讀一本書或是一份報紙，而城市的孩子則身處在新聞報紙與圖書館的「海洋」中，隨時都可以看到很多書，所以反而不會那麼用心。即便他們閱讀最優秀的文學著作，也不會去思考其中所具有的內涵。

事實上，城市生活有各式各樣的誘惑與讓人分心的事情，有很多娛樂的事情，除非一個年輕人擁有極強的自制力，否則就很難抵制這些誘惑，就會選擇那條阻力最小的道路了。對城市的孩子來說，要想對抗各式各樣的誘惑與娛樂活動實在是太難的，在他與朋友都玩的開心時，讓他獨自抵制這種誘惑，以便更好地提升自己，這未免太難了。

城市生活的這種讓人神經時刻興奮、轉移注意力與充滿誘惑的狀況，讓我們擁有一個偉大的目標與無法動搖的人生目標變得極為困難。但是，我們經常可以鄉村孩子身上有這樣的特質。城市的孩子之所以沒什麼足夠的儲備能量及動力，是因為他們沒有在鄉村過上與土地為伍的簡單生活。

有一點可以肯定，鄉村的孩子懂得鍛鍊身體肌肉，他們的健康要比城市孩子更好。他會有更多的鍛鍊，有更多時間去思考與反思，也不像城市的孩子那麼矯揉，行為舉止更為自然。相比於城市孩子，他的洞察力可能沒有那麼強，做事動作可能沒那麼快，思想過程可能比較緩慢，說話可能沒有那麼圓滑，但他的心智更為平衡，因為鄉村生活必須做各種工作，從而鍛鍊了相應的心理特質。

農場工作的負累，男孩子討厭的零碎事務，我們憎恨的岩石，這些都

是教育我們的東西，激發我們力量，讓我們獲得實用的知識。農場就像一個大型的體育館，一座巨大的體力訓練場，大自然的「幼稚園」，激發著年輕人身上自力更生的特質與創造力。在他們沒錢買玩具的時候，必須要懂得如何找樂子。他們必須要學會駕駛機械與修理機械及其他農場器具。他們的天才與創造力時刻得到鍛鍊。如果四輪馬車或是犁壞了，就必須立即修理，通常都是在沒有適當的工具時完成的。這樣的訓練會鍛鍊他們本能的勇氣，讓他們擁有更強的成功特質，成為一個更加全面的人。

　　這些在鄉村經過自力更生的鍛鍊，身體與心理素養都經過磨練的年輕人，一旦來到城市就極受歡迎，取得不俗的成績，這難道有什麼好奇怪的嗎？這樣的年輕人在面對緊急情況或是危機時，總能保持冷靜的頭腦，這難道有什麼好奇怪的嗎？讓一位活力充沛、自強不息的鄉村男孩與一位臉色發白、缺乏活力的城市孩子站在一起，高下立判。鄉村的孩子幾乎總能各行各業的領軍人物，成為銀行首長，成為商業巨擘，這難道有什麼好奇怪的嗎？正是出生於鄉村孩子身上所具有的一種特殊的、難以言喻的特質，身體活力與心靈能量讓他們成為各行各業的菁英。

　　在城市的孩子中，我們看不到他們在處理現實的一些問題時所具備的優異特質。鄉村男孩呼吸著純淨的氧氣，透過肌肉的運動不斷吸入帶給他們靈感的空氣，所以，他們的肺部功能要比城市的孩子更強。這種室外運動能讓鄉村孩子的體質更強。犁地、鋤地、刈草，任何與農場有關的活都在鍛鍊他的活力與力量。他們的肌肉變得更加結實，他們的身體更加強壯，他的大腦細胞也同樣變得更為強大。他時刻在儲備這能量，為身體與大腦儲存足夠的力量，日後可能在影響國家命運或是引領國家這艘航船避免「觸礁」時發揮關鍵作用。他們在鄉村時所累積的能量能在日後給予他們很大的幫助，讓他有可能成為著名的銀行家、政治家、律師及商人。

自力更生與堅強的毅力是鄉村孩子最普通的特徵，因為他們時刻處在必須要依靠自己的狀態，環境強迫他們必須要為自己去思考，喚醒了他們的鬥志，讓他們變得獨立自主，內心變得強大。現在，我們發現在技術學校學習正確使用工具能鍛鍊大腦，將原先的弱點轉化成優點，並將潛能激發出來。在農場成長的孩子處在世界上最佳的「技術學校」裡，因為他必須規劃一些事情，創造一些事情，時刻必須用到工具。這也是為什麼鄉村孩子通常要比城市的孩子擁有更為全面的判斷力及更為冷靜頭腦的原因之一。

　　人性總是喜歡誇大我們無法得到的東西的價值。很多人存錢多年只是為了到歐洲的藝術殿堂欣賞一下，看看大師們的傑作。但是，他們從未認真留意過大自然鬼斧神工的造化之作，在山川、日落、花朵與植物這些事物中，就在他們家門前的地方，就能欣賞到。

　　大自然每時每刻都在我們面前上演著奇蹟，帶給我們激動人心的食物，讓色彩變化的奇蹟在我們身邊時刻呈現！我們每天都能見到這樣的景象，所以就覺得很平常，也就不會有什麼感覺了。試想一下，羅斯金在看到山川景象時，這些景物在他大腦裡所產生的印象與審美情趣尚未得到開發的普通人相比，肯定會有天淵之別。

　　我們身處在自然的神祕曠野與美感之中。小草、花朵與水果每天都在我們眼前上演著奇蹟。比如，大自然施展神奇的力量，讓水果成熟，這就是一例。大自然懂得如何將陽光收集起來，將水果的果汁以恰似一個罐子那樣裝起來，大小剛好，沒有任何浪費，沒有任何遺漏或是揮發，沒有工廠發出的喧囂聲，沒有打鐵時發出的錘擊聲！大自然在一座安靜的「實驗室」裡上演著奇蹟，誰也聽不到她的聲音，但我們能看到這種神奇的力量及其美感。

在農場長大的孩子無論身處哪個位置，都能感受到大自然在累積著質變，在進行著神奇的演進，在展現著無窮的智慧！玉米、小麥、水果與蔬菜的這種巨大的成長力量是從哪裡來的呢？土壤似乎沒有失去什麼損失，但是它卻能讓萬物都茁壯成長！生命！生命，每個人手中的生命都源於大自然。無論他踩在哪裡，都能感受到一種難以言喻的神奇力量，這種力量就他覺得不可思議。樹木、小溪、高山、山丘、溪谷、日落、農場裡成長的動物，這些神祕的東西都會引起他的思考，讓他感嘆大自然極富想像力的創造。

還有，鄉村生活充滿芳香的自由是多麼讓人羨慕，與城市的擁擠及壓抑形成了鮮明的對比！鄉村的一切事物似乎都會引起男孩的思考，喚醒他沉睡的潛能與尚未挖掘出的能力。這樣的生活是多麼健康！相比於在城市成長的孩子，他的行為是多麼自然與真誠。城市的孩子習慣於將晚上當成白天，過著沒有目標與毫無意義的生活。

城市的一大誘惑在於愛將夜晚變成白天，這樣的行為本身就是有害健康，摧毀活力與品格的。

在城市的年輕人將寶貴的精力浪費在夜晚放縱與尋歡作樂時，鄉村的年輕人正在儲存能量與活力。他透過順應自然規律的睡眠來補充身體能量，遠離城市的不良影響及讓人變得軟弱的刺激活動。鄉村的年輕人不會以財富或社會地位這樣錯誤的標準去衡量別人，他不會有驕傲自大的想法。大自然這個「幼稚園」教會他做人要真誠、簡樸與誠實。

從前，我們認為沒有任何天賦或是特殊能力的人只能從事低階工作，而能力出眾的年輕人就會到都市學習或工作，闖出一番天地。但是，我們現在逐漸明白一點，很多人之所以做不好低階工作，完全是因為他們將其

視為沉悶的工作或是能力不強的人謀生的一種途徑。現在，還有不少人認為從事低階工作是一種讓人墮落的行為，只適合那些沒有能力去從事更加高級的職業的人。但是，當代科學的曙光已經讓我們明白了事實絕非如此，農業存在著我們難以想像的潛能。我們開始意識到，要想最大化地利用土壤的肥力，是必須接受高等教育與極為嚴謹的訓練，一定要有科學精神的人才能做到。我們現在已經將農業視為與天文學一樣重要的科學。缺乏科學知識的人在農場工作之所以勉強糊口，是因為他們不知道如何將科學的知識運用到農務中去。

人們正在迅速認可農業科學的重要性，越來越將農業視為一門高尚的科學，從事農業方面工作的人也變得受人尊敬。想像一下，當你與造物主一起工作，從土壤中獲得最為豐盛的產物時，那意味著什麼？與神性的創造力法則一起通力合作，改變花朵的形狀、美感與方向，按照我們的口味去改善水果與蔬菜的口感，這是一種怎樣的光榮啊！

試想一下，要是我們能像路德‧伯班克（Luther Burbank）那樣，在蔬菜的「王國」裡如一個魔術師那樣，改變它們的顏色、味道、芳香與形式，那會是怎樣一種感覺啊！要是我們懂得相關的專業知識，擁有一顆與大自然創造性力量共同前進的心，就有可能做到這點。伯班克曾說，人們遲早能隨心所欲地對各種蔬菜進行改造，能隨意地改變蔬菜的顏色與水果的口味。所有種類的水果、蔬菜及花朵的體積都可以改變，只要我們擁有足夠的知識，並能以睿智與憐憫的心態去做，就能做到。

最偉大人物的一生說明了一點，太多的優勢其實是一種劣勢。

要是林肯出生在紐約，並在哈佛大學接受教育，他會變成怎樣的人？如果他從小生活的環境就有很多圖書館，隨時都可以看，那麼他就只能從

這些書籍獲得一些皮毛的知識。他還會對知識有那麼強烈的渴望，驅使他步行 10 公里去借布萊克斯通的《評論集》，並在回家的路上就看了 100 頁的動力嗎？

這個貧窮的男孩從未有機會見過什麼書，偏僻的森林裡到底有什麼東西激發了他的野心，讓他自學成才呢？他從哪裡產生了這種強烈的求知渴望，想要知道這個國家的歷史呢？他是從哪裡找到閱讀的熱情，正如女生痴迷於愛情小說的呢？他想要成為世界上有所成就的念頭是如何冒出來的呢？無私奉獻國家的念頭又是何時生髮的呢？要是他的父親是富人與接受過良好的教育，而不是那位不會讀書與寫字、並且做事毫無主見的窮人，那麼林肯幾乎不可能成為這個世界上最有影響力的人物。

要是他沒有感覺到自己「必須」要自立，必須要逼迫自己前進，那他怎麼可能有持續的動力不斷前進，不斷自我發展與自我實現呢？若是他從小生活在富裕家庭，他的品格與出生在貧窮家庭的他相比肯定要柔弱許多。

在人類歷史上，還有比林肯這樣在貧寒的家庭出生與成長，最後卻成為如此顯赫的人物嗎？想像一下，今天的年輕人對知識的渴望能讓他步行 4.5 公里到一間凋敝的鄉村學校上學的情景吧！今天在城市長大的年輕人，每天上學甚至都不願意走幾個街區的距離，會有像林肯那樣克服一切困難的決心與勇氣嗎？

第五章
機會，你在哪裡呢？

每個人的一生，都會有「巔峰時刻」，

可能是一天，一晚，一個早上或是一個中午，

可能是運貨的時候，可能是恰到好處的時刻，

可能雲層裂開了一道細縫，喜氣的陽光照射下來的時候。

當命運隨著這種時刻轉移，

在一瞬間，在不晚與不早之間，

準備抓住轉瞬即逝的恩惠，

等待不期而至的光線。

知道如何等待之人，是幸福的。

知道如何在人生寬闊的甲板與船首上，

守望、忙碌與等待，

抓住關乎命運的一瞬，

把握住機會伸出的雙手，

等待命運之神的來臨。

—— 瑪麗·A·唐善德

對不能利用機會的人來說，機會又有什麼用呢？未能孵化與無法食用的雞蛋變得毫無意義。

—— 喬治·艾略特（George Eliot）

人生成功的祕密，在於在機會到來時，抓住它。

—— 迪斯雷利

「年輕人再也沒有什麼好機會了。」一位年輕的法學專業學生向丹尼爾·韋伯斯特（Daniel Webster）抱怨。「最高處總是有空間的。」這位著名政治家與法學家回答。

在美國這片土地上，成千上萬出生貧窮家庭的人成為富有的商人，報童進入了國會，出生最卑微的人可以坐在最高的位置上，誰敢說自己沒有機會呢？對懂得把握機會的人來說，這個世界到處都是機會與前進的道路。班揚是在讓人絕望的地牢裡創作出《天路歷程》，他隨時都有被釋放的機會，但他卻忘記了這樣做。無論是最軟弱與最強大的人，都未能憑藉自身優勢去對我們有益的事情。我們實在是過分依賴外在的幫助了。

「我們總是向最高的地方找尋，近在咫尺的東西。」

巴爾第摩的某位女士在一場舞會丟失了一個珍貴的鑽鐲，就認為有人從寬大外衣偷竊了她的鑽鐲。多年以後，她在打掃皮博迪學院的階梯時，思考著怎樣賺錢買食物。她用刀切開那件破舊的爛外衣，想拿這些布料做兜帽。此時，她在外衣的內襯裡發現了鑽鐲。在她處在貧窮的時候，她都有這顆價值 3,500 美元的鑽鐲，但她卻從不知道。

很多自認為一無所有的人其實有很多機會，要是我們能看到這些機會，看到自己的潛能，看到那顆鑽鐲的價值，那肯定會轉變觀念。在大城市，94%的人都是先在家裡或是附近的地方找到第一筆財富或是滿足日常的生活需求。對年輕人來說，看不到他們現有的機會，卻想著在遠處找尋更好的機會，這真是讓人遺憾。巴西的一些牧羊人組團到加州掘金，一路上拿著透明的石頭玩西洋棋。在他們抵達舊金山，就丟掉了這些石頭，後來他們才知道這些都是鑽石。他們立即返回巴西，卻發現之前那個盛產鑽石的地方已經被其他人購買，再賣給政府了。

內華達州金礦與銀礦儲備最豐富的礦場被他的所有者以 42 美元的價格賣出去了，因為他要這筆錢到其他礦場找尋金礦，想著這樣就可以致富。阿加西教授曾對哈佛大學的學生講了一個關於農民的故事。這個農民

有著一塊面積數百畝的農場，農場裡到處木材與岩石，他就想著賣掉這個農場，去做更有「錢景」的事情。他決定投身煤油行業，研究煤炭及煤油的儲量，並對此進行了長時間的實驗。他以 200 美元的價格賣掉了農場，到 100 公里外的地方從事全新的工作。沒過多久，購買了這個農場的人就發現這片農場下面蘊藏著豐富的煤油，但之前那位農民卻因無知從未發現。

在英杜斯小河旁邊有一座小村莊，美麗的鄉村景色連綿數里，一直延伸到大海。這裡住著一位名叫阿里‧哈法德的波斯人。他有一位美麗的妻子與幾個健康的孩子。他擁有面積寬廣的農場，那裡栽種著莊稼，也有一個美麗的花園，花園裡種著果實，還有數百畝的森林。他有很多金錢，他心想的一切東西幾乎都實現了。

一天晚上，一位佛教僧人拜訪他。僧人坐在火爐邊，向他解釋這個世界是由什麼構成的，說是東方人相信太陽照在地上的第一縷光芒聚集在鑽石裡，並且說，像他手指那麼大的鑽石的價值要比大型的銅礦、銀礦或是金礦都更加值錢，只要有幾顆鑽石，他就能買下整個省。要是有一個鑽石礦，他就能買下整個王國。

阿里‧哈法德靜靜地聆聽著，再也不認為自己富裕的了。因為他內心的欲望被激發起來了，越發對自己的現狀感到不滿，在他看來，自己所擁有的財富簡直不值一提。第二天一大早，他叫醒那位攪亂他原本快樂的僧人，詢問他到哪裡可以找尋鑽石。

「你要鑽石做什麼呢？」對此感到莫名其妙的僧人問道。

「我想富有到足以讓我的孩子坐上國王的寶座。」

「你要做的，就是到外面不斷找尋。」僧人回答說。

「但是，我要去哪裡找尋呢？」這位極度渴望的農民問道。

「到任何地方，東南西北都要去。」

「要是我找到了，那我怎麼分辨呢？」

「在你發現兩座高山下有一條流淌著的小河，河底下有白色的沙子。你在那些白色的沙子下面就能找到鑽石。」僧人回答說。

這位被欲望驅使而感到不滿的人賣掉了自己的農場，讓自己的家人與鄰居住在一起，拿著錢就出發了，想要找尋覬覦已久的寶藏。他翻過阿拉伯的高山，穿過巴勒斯坦與埃及，在外面遊蕩了好幾年，但都沒有找到鑽石。他身上的錢花光了，面臨著飢餓的問題。他為自己的愚蠢與窘迫感到羞恥。自覺可憐的他跳入大海，讓海水淹死自己。

買了他農場的人是一位知足常樂的人，他總是最大限度地利用自己所處的環境，並不相信那一套要到其他地方找尋鑽石的道理。某天，當他的駱駝在河裡喝水的時候，他發現小溪白色的沙子下有一些閃光的東西。他撿起一顆類似於鵝卵石的東西，對它散發出來的光芒感到震驚，就帶回了家，放在火爐邊上的架子上。那位之前讓阿里‧哈法德內心泛起欲望的老僧人決定拜訪這座農場的新主人。在他一走進這間房子，他的雙眼就看到那顆石頭發出的光芒。

「這是一顆鑽石啊！這是一顆鑽石啊！」僧人興奮地喊道。「阿里‧哈法德回來了嗎？」

「沒有，」農場主說。「這也不是一顆鑽石，而只是石頭而已。」

他們來到花園，用手指在白沙下搗鼓了一下，發現其他鑽石要比之前那一顆更為耀眼奪目。

因此，著名的格爾康達鑽石層就這樣被發現了。要是阿里‧哈法德

知足地待在家，在自己的花園裡挖掘，而不是到外面一心想著找尋財富——最後的結果就不會是貧窮、艱難與飢餓與死亡——他會成為世界上最富有的人，因為整個農場到處都是最昂貴的鑽石。

你肯定有屬於自己的位置與事業，努力找尋這樣的位置，並在這個位置上作出貢獻吧！有機會讀到這些字眼的年輕男女，你們成功的機會肯定要比加菲爾、威爾遜、富蘭克林、林肯、哈里特、比徹、斯托伊、弗蘭西斯‧威拉德及其他成千上萬的人要多啊！但要想取得成功，你必須要隨時做好準備，在機會來臨時牢牢抓住。記住，世界上有四樣東西是永遠都不可能被追回的：說出的話，射出的箭，過去的時間與錯失的機會。

文明有一個悖論，就是當我們利用更多的機會時，接下來就能創造出更多的機會。對做到最好的人來說，機會的大門在為他們敞開。雖然現在現在各個行業的標準已經被提升的很高，競爭也比之前更加激烈，像過去那樣輕易就能作出輝煌的業績顯得不大可能，但我們依然有成功的機會。「這個世界不再是用泥土做成的了，」愛默生說，「而是由工人雙手捶打的鋼鐵造成的，他們必須要持續不斷地敲擊，才能為自己這個世界找到位置。」

成千上萬人都從其他人所忽視的瑣事中找到財富。正如蜜蜂能從一朵花朵汲取蜂蜜，而蜘蛛則只能汲取毒素。所以，一些人能從最為簡單與普通的事物中找尋機會。如某些人從皮革碎屑、棉花屑、礦渣、鐵屑等事物只看到失敗與貧窮，但一些人卻看到了財富。普通家具、廚房用具、衣服或是食品方面的東西——任何有助於人類健康與舒適的食物，都能讓我們獲得財富。

機會？我們身邊到處都是機會。大自然的力量要我們利用這些機會為

人類服務，正如存在數萬年的閃電一直在吸引著我們的注意力，希望我們能利用電力，負累中獲得解脫，發揮上帝賜予我們的潛能。世界每處地方都有一種潛能等待著善於觀察的人去挖掘。

首先，我們要知道世人需要什麼，然後努力去滿足這種需求。一種讓煙霧吹向相反方位的發明可能很有創意，但對人類卻沒有大的用處。華盛頓的專利局有很多充滿創意的機械裝置，但對發明者與這個世界都沒有半點作用。不知有多少家庭因為父親整天執著於毫無用處的發明，而陷入了貧窮與匱乏之中。Ａ·Ｔ·斯圖瓦特小時候在口袋只有 1.5 美元時，花了 87 美分買了棉花與棉線，想要賣出去卻沒人買。從此，他就定下一條規矩，絕對不買任何大眾不需要的東西，走上了富足之路。

一位善於觀察的人的鞋子出現了小孔，但他沒錢買一雙新鞋，就對自己說：「我將做一個金屬的鑲邊鉤狀物，然後用鉚釘固定住皮革。」當時，他實在是太窮了，窮到只能借鐮刀去割掉租來房子門前的草。後來，他成為了一名富人。

紐澤西州紐華克一位善於觀察的理髮師覺得自己可以改善理髮的工具，後來發明了大剪刀，結果成為富人。緬因州一位在牧草地工作的人不得不要為殘疾的妻子洗衣服，他之前從未意識到洗衣服是怎樣一回事。在洗衣的過程中，他發現現有的方法太慢了，而且很耗體力，就發明了洗衣機，成為了富人。一位罹患牙痛的人覺得肯定有某種方法可以阻止牙痛，後來他發明了金鑲牙。

這個世界許多偉大事情都並非只有能力極強的人才能做到。愛立信一開始是在浴室裡轉螺絲釘的。軋棉機一開始是在木屋中製造的。約翰·哈里森（John Harrison），這位海上精密計時器的發明者，是在一個老舊的穀

倉開始工作的。美國第一艘汽船的一些部件是在費城一間教堂的小禮拜室裡由約翰·費奇（John Fitch）這個人做成的。磨粉機是由名不見經傳的麥克柯米科發明的。第一個旱塢的模型是在閣樓做成的。威爾斯科特大學的創辦者威爾斯科特透過在馬棚裡做玩具賺到第一筆錢。法科在女兒的幫忙下，在起居室製造雨傘，直到他們有錢租下一個門面。愛迪生一開始在泛旅鐵路的行李車上搭建裡一個臨時實驗室，當時他只是一名報童。

米開朗基羅在佛羅倫斯一條大街的垃圾堆裡發現了一塊被人丟棄的卡拉拉大理石。這塊大理石被某位手法不嫻熟的工人雕刻、切割弄壞後，最後扔在這裡。顯然，有很多藝術家都注意到這是一塊優質的大理石，但對這塊大理石被糟蹋感到遺憾。但是，米開朗基羅依然從這塊被糟蹋的大理石中看到了天使的雛形。他用鑿子與木槌雕刻出了義大利最為著名的雕像——年輕的大衛。

派翠克·亨利（Patrick Henry）年輕時曾被稱為一個懶人，一事無成的農民，後來經商也失敗了。但是他總夢想著去做一些更為偉大的事情，從沒想過自己能在維吉尼亞州的玉米地、菸草地及馬背上成為什麼英雄。他學習了 6 個星期的法律，然後就掛起了律師招牌。很多人都覺得他必然會失敗，但他在接手的第一樁案子卻展現了極強的演說天賦，這讓他第一次覺得自己可以成為維吉尼亞州的英雄。在《印花稅法案》通過後，亨利當選為維吉尼亞州下院議員。他引入了反對英國對美國殖民地徵收過重稅收的法案。他成為了美國歷史上最為著名的演說家之一。在他關於這個法案發表的早期演說裡，他說過這樣的話，彰顯出自己的力量與勇氣：「凱撒有布魯特斯，查理一世有克倫威爾，喬治三世應該從這些例子中獲得教訓。如果這也算叛國的話，那就讓我們最大程度地叛國吧！」

著名自然科學家法拉第出生於一個鐵匠家庭，他在年輕時寫信給亨

弗里・達維，表達自己想在皇家學院任教的念頭。達維就此事詢問朋友的意見：「這是那位名叫法拉第的人寫來的信，他聽過我的講座，希望我能幫他在皇家學院謀一份差事。我該怎麼辦呢？」「怎麼辦？叫他去洗瓶子吧！如果他真的有什麼水準，肯定會立即去做的。如果他不願做的話，那他就是一事無成。」但是，這位曾在藥鋪的閣樓上用破爛平底鍋與玻璃瓶做實驗的年輕人從洗瓶子中看到了機會，他後來成為了伍爾維奇皇家學院的教授。廷德爾曾對這位毫無機會的年輕人給予這樣的評價：「他是世界上迄今為止最為傑出的實驗科學家。」法拉第成為了他那個時代最為傑出的科學家。

據說，某位藝術家長久以來想要找尋一塊檀香木，因為他想在這塊木頭上雕刻聖母瑪利亞的畫像。找尋了許久依然一無所獲，這讓他感到絕望，不得不放棄這樣一個夢想。某天，他做了一個夢，在夢中的自己用一塊即將被火燒掉的橡樹木頭雕刻出了聖母瑪利亞。他遵從了夢境的暗喻，找到一塊普通的木頭雕刻傑作。很多人都在等待著人生中那塊「檀香木」而失去了機會，其實，機會就像「可以燃燒的木頭」那樣在我們周圍，只是我們沒有發現。有些人終其一生碌碌無為，看不到做任何事情的機會，而一些人則能在同樣的環境利用好機會，最後取得了成功。

機會？到處都是機會。「美國這個國家就是機會的代名詞。我們國家的歷史就像代表人類的神聖天意。」特別對年輕男女來說，從來沒有像現在擁有如此多的機會，如此多敞開的大門，如此多的領域等待著探索。新時代的曙光已經照在他們臉上了。數年前，不對外人開放的數以百計的工作職位與專業位置都在邀請他們進入。

不可能每個人都像牛頓、法拉第、愛迪生、湯姆森這些人做出那麼傑出的發明，也不可能每個人都像米開朗基羅或拉斐爾那樣創作出舉世矚目

的傑作。但我們可以透過抓住人生的普通機會，讓自己變得偉大一些，讓人生更燦爛一些。對格蕾絲·達令這樣生活在荒無人煙的燈塔下，只有年邁的父母作伴的年輕女孩來說，成名的機會有多大呢？但就在她的哥哥姐姐都外出城市找尋機會，想要贏得財富與名聲時，她卻成為了比皇宮貴族們更為著名的人物。這位貧窮的女孩並不需要到倫敦去看各種名流，相反這些名流紛紛跑來燈塔看望這位女孩。她就在家門口找到了讓王子們都羨慕的名聲，而且這樣的名聲不會在歷史中消失。她沒有到遙遠的地方找尋名聲與財富，而是在此時此地以最好的狀態履行自己的職責。

　　如果你想要富有，研究一下自己，發現自身的不足，你就會發現數百萬人正面臨著相同的不足。最穩妥的生意就是做滿足大眾基本需求的生意。人們必須要穿衣服，要有房子住，要吃飯，要過得舒適，還想要各種娛樂活動，想要接受教育與文化方面的陶冶。要是哪個人能滿足人們的這些需求，透過改善人們獲得這些東西的途徑，為人們享受舒適提供便利，或是以其他途徑滿足了人們對健康的需求，那他肯定就能創造財富。

「黃金機會從來不會有兩次，

抓住這個時刻。

當財富向你微笑時，做好你的本分。」

為什麼要為遠方渺不可及的東西

而翹首盼望，不時嘆息呢？

眼前有如此美麗的景物，

正在淺唱低吟呢。

—— 哈里特·溫斯洛（Harriet Winslow）

第六章
閒暇時間所具有的潛能

永恆本身並不能讓我們重溫失去了時光。

—— 古詩

時光逝去了，等待著向我們逆襲。

—— 牛津大學日晷上的銘言

我浪費時間，現在時間也將我浪費。

—— 莎士比亞

在我跟你說珍惜時間能讓你在來生獲得超過你最狂野想像的好處時，請相信我。浪費時間會讓你像一尊充滿智慧與道德的雕像在最黑暗的角落裡閒蕩。

—— 威廉‧格萊斯頓（William Gladstone）

時間逝去了！在日出與日落之間，兩個黃金小時，每個小時包含 60 個銀子般的分鐘。任何事情都於事無補，因為時間永遠逝去了。

—— 賀拉斯‧曼

「那本書多少錢？」一位在富蘭克林創辦的書店閒逛了一個小時的人最後問道。「1 美元。」職員回答。「1 美元？」那人重複說，「難道不能便宜點？」「1 美元已經是最低了。」職員回答。

這位潛在的購買者又端詳了許久，最後問：「富蘭克林先生在嗎？」「在，」職員說，「但他在印刷間裡很忙。」「這樣的話，我想見見他。」那人的語氣透出堅持。他見到了富蘭克林，立即問：「富蘭克林先生，這本書的最低價是多少啊？」「1.25 美元。」富蘭克林爽快地回答。「1.25 美元！怎麼可能，剛才你職員跟我說只要 1 美元。」「是的，」富蘭克林說，「要

是我的話，會立即出錢買那本書，不需要打斷我的工作。」

那人覺得有點不解，但還是想儘快結束這場對話，就問：「既然這樣，那你就爽快點吧！告訴我這本書的最低價格吧！」「1.5 美元。」富蘭克林回答說。「1.5 美元！怎麼會？你剛才不是說了 1.25 美元嗎？」「是的，」富蘭克林冷靜地說，「之前，要是我以之前那個價格買這本書就好了，那就不是現在這個價格了。」

此人默默無語地放下錢，買下了這本書，離開了商店。他從大師身上學到了有關時間價值的寶貴一課，因為時間能變成財富與智慧。

到處都是浪費時間的人。

在費城的美國鑄幣廠的地板上鋪著一層木製的格子網，在清理地板時就拿起這層格子網，那些金屑就能被收集起來，據說這樣一年能節省數千美元。每位成功人士都有這樣一種「網」來捕捉「生活的零碎時間，抓住一天或一小時的零碎時間」，而多數人正是將這些零碎時間浪費掉了。將零碎時間集合起來加以利用，將平日的半個小時，不期而至的假期、兩件事情間的「閒置時間」或是在等人間隙的時間利用好，就能取得讓那些不懂得這個成功祕密的人感到震撼的成就。

「我所取得的成就，或是我希望要取得的成就，」艾利胡‧布里特說，「一直都是靠長時間的努力與堅持，就像螞蟻慢慢壘砌蟻堆那樣，一點點累積，一點點增添，最後而成的。要是我有什麼夢想激發著我，那麼最為高遠與最為溫暖的夢想也比不上我們的希望。對我們國家的年輕人來說，希望我的例子能讓他們明白那些被稱之為『時刻』的碎片時間所具有的無盡價值。」

「我一直在想，內德是如何掌握所有這些知識的，」內德的哥哥在聽到

布林克在議會發表的演說時陷入了沉思,「但我記得,在我們到出外面玩的時候,他總是在學習。」

日子就像一個偽裝的朋友對待我們,似乎透過一雙無形的手帶給我們無價的禮物。但如果我們不好好利用,那麼時間就會安靜地流逝,再也不會回來了。每個全新的早晨都會帶給我們全新的禮物,若我們在昨天或是前天都沒有抓住機會,我們就很難利用好今天的時光,直到最後利用時間的機會被消耗光了。有人曾睿智地說:「失去的財富可透過勤奮與節約來重獲,失去的知識可透過學習來彌補,失去的健康可以透過節制與藥物得到恢復,但是失去的時光卻是永遠失去了。」

「哦,離吃飯還有 5 ～ 10 分鐘,所以現在這一點時間也做不了什麼。」這是很多家庭成員說的最普遍的一句話。但是,窮人出身、毫無機會的孩子正是憑藉抓住這些零碎的「5 分鐘」,將別人隨意拋棄的時間收集起來,才成就了大事。若是你浪費的時間能夠用於自我提升,那麼你的成功就指日可待了。

馬里安·哈爾蘭取得了讓世人震撼的成就。她就是利用閒暇時間來創作小說與撰寫新聞評論的。其實,只有在孩子上床睡覺後,她才有些許閒暇時間,當然平時她也努力利用每一點零碎時間。雖然取得了非凡的成就,但她的生活所遭受的打斷足以讓大多數婦女感到沮喪,不會在忙完了家事後有想去做其他事情的念頭。她能讓閒暇時間變成讓她獲得榮耀的資本,能做到這點的女性並不多。哈里特·伊麗莎白·比徹·斯托 (Harriet Elizabeth Beecher Stowe) 也是在家事的間隙,創作出了《湯姆叔叔的小屋》這本傑作。比徹每天在等待晚餐時閱讀弗魯德的《英格蘭》。朗費羅每天利用煮咖啡的 10 分鐘翻譯《地獄》這本書,堅持數年後,終於將這本書翻譯完了。

休‧米勒身為一名泥瓦匠勤奮地工作，依然擠出時間去學習科學方面的書籍，總結自己在工作中壘砌石塊所得出的結論。

德‧簡麗思女士陪伴日後的法國女王時，在等待即將過來上課的王子們的閒置時間裡，創作了數卷精彩絕倫的作品。勞勃‧伯恩斯在農田工作時創作了大部分詩歌作品。《失落園》的作者是一位老師，曾擔任過英國護國公的祕書，他就是在繁忙公務的間隙中創作作品的。約翰‧史都華‧密爾（John Stuart Mill）在東印度公司當職員時創作了最為優秀的作品。伽利略在當醫生時，利用閒暇時間觀察宇宙，做出了最為傑出的發現。

如果像格萊斯頓這樣的天才每天都要在口袋裡放一本小書，生怕自己突然有時間而白白浪費，那我們這些能力平平之人有什麼理由不好好珍惜寶貴的時間呢？格萊斯頓的人生與那些白白浪費整個月或是整年的年輕男女相比，不啻是極大的諷刺。很多偉人都極為重視閒暇時間，而羨慕他們偉大成就的人則將這些時間白白浪費了。在但丁所處的那個時代，義大利的每個圖書館都坐滿了機械師、醫生、政治家、法官與士兵。

邁克爾‧法拉第在幫人裝訂書本之外，將全部的閒暇時間都用於科學研究。他在給朋友寫的信中曾表示：「我所擁有的，只有時間了。我能以很低的價格購買很多紳士的閒暇小時 —— 不，應該是很多天。」

哦！堅持不懈的勤奮讓人有上演奇蹟的力量。

亞歷山大‧馮‧洪博特每天都要忙於工作，但他還是利用晚上與早上別人睡覺的時間去進行科學研究。

每天從瑣碎的時間裡抽出 1 個小時，有效地加以運用，就能讓資質一般的人掌握相關的科學知識。每天抽出 1 個小時，若能堅持十年的話，就會讓原本無知的人成為富於學識的人。每天抽出 1 個小時可以看兩份日報

與兩本週刊，還能看十幾本好書。每天抽出 1 個小時，年輕男女就能精讀 20 頁的書——一年就是 7,000 多頁，大概相當於 18 大卷了。一天抽出 1 小時會讓你擺脫原先單純過活的狀態，過上充滿意義與快樂的生活。一天 1 小時能讓原先默默無聞的人成為著名人士，能讓原本一無是處的人成為人類進步的推動者。試想一下，若是我們每天能抽出 2 個小時，4 個小時或是 6 個小時的話，那會取得怎樣的成就？但是，很多年輕男女卻在毫無益處的消遣中浪費了這些時間。

每個年輕人都應該在閒暇時間有自己的興趣愛好，有一些能讓他感到快樂的事情可做。這可能是與他工作相關的事情或是其他方面的，但他必須要全身心地投入進去。

若某人能明智地進行選擇，那麼在學習、研究與工作之外的興趣愛好就能拓展我們的品格，改變我們的家庭生活。

布林克說：「據我觀察，這人太懶散了，缺乏足夠的自制力。他無法完全掌握自己的時間，似乎他不是自己的主人一樣。無論他做什麼事，都不應該這樣子。」

一些人懂得抓緊他人肆意浪費的瑣碎時間接受良好的教育，正如一些人透過勤儉節約積存下一筆財富，而沒此習慣的人就會毫不在意。對年輕人來說，他們怎麼可能會忙到一天抽不出 1 個小時用於自我提升呢？查爾斯・C・弗羅斯特（Charles C. Frost），這位佛蒙特州著名的製鞋匠每天抽出 1 個小時用於學習，後來成為了美國最著名的數學家，並在其他科學領域有所建樹。約翰・亨特跟拿破崙一樣，每天只睡 4 個小時。歐文教授耗費 10 年時間在解剖室對超過 24,000 個標本進行整理與分類，在很大程度上歸功於他的勤奮。對他這樣一個從木匠做起的人來說，這是了不起的

成就！

　　約翰‧Q‧亞當斯在被人毫無緣由占用時間後，強烈地表示反對。一位義大利學者在自己家門口寫著這樣的字「誰要是打擾我，誰就要幫我完成工作。」湯瑪斯‧卡萊爾（Thomas Carlyle）、阿佛烈‧丁尼生（Alfred Tennyson）、約翰‧白朗寧（John Browning）與狄更斯都曾表示過反對街頭上的風琴師影響他們的工作。

　　歷史上很多最偉大的人都是在工作之外的時間裡贏得聲譽的，而絕大多數人卻將這些時間白白浪費了。斯賓塞在擔任英王派駐到愛爾蘭的「巡撫」的祕書時，利用閒暇時間創作作品。約翰‧盧波克爵士的名聲是因為他對史前歷史的研究，他利用在銀行下班後的時間去進行研究。騷塞幾乎從不浪費一分鐘，一生寫下了 100 多卷。霍桑的筆記本說明了他從不讓閃過腦海的思想因為所處環境的關係而溜走。富蘭克林是一位永不疲倦的人，他曾從吃飯與睡眠擠出時間投入到學習中去。在他還小的時候，他就對父親在家吃飯時特別注重規矩感到不耐煩，他跟父親說自己可以不向木桶問好，這樣就能節約時間了。他在船上的時候寫下了一些傑出的作品，比如《航海指南》與《嗆人的煙囪》。

　　拉斐爾一生只活了 37 歲，但他的人生成就對那些總是以「沒時間」為藉口的人來說是一個多麼的教訓啊！

　　偉大之人一般都是珍惜時間之人。西塞羅曾說：「其他人花時間去看娛樂表演與節目，獲得了身體與心靈的放鬆，但我還是要將時間投入到哲學的研究。」培根爵士的名聲在於他當英國大法官時利用閒暇時間所創作的傑作。歌德在與國王進行對話時，突然說不好意思，跑到隔壁的房間，寫下閃過他腦海有關《浮士德》的內容，生怕這些內容一去不返。亨弗

里‧達維爵士利用閒暇時間在藥鋪上的閣樓進行實驗。教皇經常在忙完了一天的工作後，半夜起來寫下自己的想法。格羅特在履行銀行家的職責之外，利用閒暇時間寫下了傑出的《希臘的歷史》。

喬治‧史蒂文生抓住每個時刻，彷彿這些都是金子。他就是利用閒暇時間做好工作的。在他當工程師的時候，利用夜班學習算術。莫札特從不讓時間白白溜走，一定要從時間裡榨取進步才肯甘休。他每天都要工作很長時間才休息，有時候甚至連續工作 1 天 2 夜。他在病榻前創作了〈安眠曲〉。

凱撒曾說：「即便帳篷外進行著最為慘烈的戰爭，但我在帳篷內總能找到時間，讓我可以去想很多事情。」他曾遭遇過海難，最後游到了岸上，在這個過程中，他始終守護著他在船上所寫的「評論」文稿。

曼森‧古德利用坐馬車到倫敦探訪病人的時間翻譯了盧克萊修的作品。達爾文是透過將平日閃過腦際的想法寫在碎紙屑上，完成了大部分的作品。瓦特在製造精確的樂器時，學到了化學與數學方面的知識。亨利‧柯爾克‧懷特利用到律師辦公室來回的這段路程掌握了希臘語。伯恩尼‧哈勒在當巡迴法院的律師出差時，利用閒暇時間寫下了《沉思錄》。

當下的時間就是我們成就事業的「原料」。不要為過去的人生感到哀傷，也不要痴痴幻想於未來，而要抓住當下的時間，從一分一秒中獲得最大的價值。法內倫曾說，上帝在一段時間裡只給我們一個時刻，在祂收回這個時刻後，就不會給第二個時刻啦。

布勞漢姆爵士從來都不會讓時間白白溜走。他是一個做事很有條理的人，似乎總有很多閒暇時間可以去做事，而很多人則似乎沒有那麼多的時間去取得那麼巨大的成就。他在政治、法律、科學及文學等領域都取得了

不俗的成就。

詹森博士曾利用一週 7 個晚上完成了《拉瑟拉斯》的創作，只想能為母親的葬禮存夠金錢。

林肯在測量土地時，利用閒暇時間學習法律知識，在商店當職員時，自學了許多門課程。薩默維爾女士在鄰居說八卦、無所事事的時候，學會了園藝與天文學方面的知識，並創作幾本書。在她 80 歲的時候，出版了《分子與顯微鏡下的科學》。

失去 1 個小時帶來最糟糕的結果，不在於失去的時間，而在於我們所浪費的能量。懶散讓我們的神經生鏽，讓肌肉變得脆弱。工作讓人做事有規律，而懶散則讓人一事無成。

昆西總統在為第二天做好計畫前，絕對不上床睡覺。

達爾頓的勤勉是他對生活充滿熱情的泉源所在。他一生記錄了 200,000 份的氣象報告。

在製衣廠裡，一根劣質的棉線可能會破壞整個編織過程，這個失誤可能追溯到那個不小心的女孩身上，這種損失可能在她的薪酬裡扣。但用劣質的線去編織人生這張「大網」，我們又該怎樣補償呢？我們不能讓飛梭在沒有線的情況下工作，紡織線的品質與飛梭的運動決定著命運的這張「大網」。成品的衣服如果是粗製濫造的話，不僅浪費時間，也浪費機會，讓工人的名聲遭受了永久的損害；但衣服的成品也可以做出優良的品質，透出美感，讓人想要購買。我們無法從飛梭或編織在衣服上將劣等的紡織線抽出來，這永遠見證著我們的愚蠢。

當一個年輕人正忙著去做有意義的工作時，沒人會擔心他。但是，他中午是在哪裡吃的午餐？當他在晚上離開寄宿的地方後，去了哪裡呢？他

在吃完晚餐後去做什麼呢？他是如何利用週末時間及假期的呢？每個人利用閒暇時間的方式彰顯了他的品格。絕大多數步入歧途的年輕人都是因為他們在晚飯後做了一些傷害身心的事情。而能獲得榮耀與名聲年輕人則將晚上的時間投入到學習、工作或是與能提高他們品格的人進行交流。對年輕人來說，每個晚上都是一次危機的考驗。惠蒂爾下面這句詩有著深意：

這一天決定著我們的命運，命運之網是我們編織的。

這一天，我們能選擇神聖或是罪惡。

時間就是金錢。我們在對待時間時不能吝嗇，但也絕不能像花掉 1 美元那樣浪費 1 個小時。浪費時間意味著浪費能量，浪費活力，消磨品格。浪費時間意味著機會永遠不會再回來了。要隨時警惕被自己消磨的時間，因為你的未來取決於你如何利用時間。

愛德華・艾瑞特說：「每個人都能透過培養智趣，如老鷹那樣以銳利的雙眼去面對每個能提升能力的機會，憑藉珍惜時間，抵禦誘惑與感官的刺激，讓自己過上富於意義、快樂與榮耀的生活。」

第七章
貧窮男女如何上大學

「我能上大學讀書嗎？」這是當下很多美國貧窮的年輕男女都會提到的問題。對他們來說，上大學就意味著多年的犧牲與奮鬥。

誠然，對懷揣著要在這個世界有所成就的夢想的年輕人來說，靠自己的艱苦努力上大學，這的確是比較艱難的一件事。但歷史已經向我們證明了，推動人類這匹「馬車」前進的人一般都是那些自學成才的人。

今天普通的年輕人接受大學教育的機會要比丹尼爾‧韋伯斯特或是詹姆士‧艾布拉姆‧加菲爾那個時代多得多。每一個正在閱讀這本書的年輕人，只要他們身體健康，懷揣著這個夢想，就一定能夠實現。年輕人只要有堅強的意志、堅定的目標，就能成功上大學，因為現在前所未有的機會在向他們敞開。

「在 5,000 人中 —— 包括學生 —— 任何與哈佛大學有直接關係的人，」一位畢業生寫道，「其中 500 名學生完全靠自己的能力，或基本靠自己的毅力度過大學生涯。他們並不是來自貧窮的家庭，他們一半人賺到的薪水都要比在中小規模大學的學生更多一些。對知道如何從事出版行業與家庭指導的年輕人來說，一年賺過 700 或 1,000 美元是很正常的。哈佛大學還有很多兼職都有不錯的收入。」

「有一些學生賺的更多。寫作專業的一名學生在剛上大學時，口袋只有 25 美元。在大學第一年時，他過得很辛苦。但是，在大三時，他就賺到錢了，並在大學畢業前 10 個月，還清了不算低的學費 —— 3,000 美元。」

「他幫人做廣告與其他出版來賺錢。他在畢業後幾個月就結婚了，現在住在劍橋，與家人過著舒適的生活。」

一位出身貧窮家庭的男孩住在紐約的斯普林菲爾德（Springfield），為

上大學而苦苦努力，但逆境只能激發他求知的欲望。他下決心要憑藉自己的努力去前進，取得成功。後來他到斯堪內塔迪，在聯合大學一位教授的安排下，透過打工完成大學學業。他租了一個小房間，用於學習與休息。他每週花在飲食方面的金錢絕對不能超過 50 美分。畢業後，他將精力投入到土木工程方面，再到後來負責設計鋼鐵大橋，獲得了不少富於價值的專利，累積了一大筆財富。他的人生是成功的，這一切都建立在他自力更生與正直的基礎上。

阿爾伯特·J·貝弗里奇（Albert J. Beveridge），這位印第安那州年輕的參議員剛讀大學時，口袋只有從朋友借過來的 50 美元。他做過大學俱樂部的管理員，贏得了新生論文大賽的獎金 —— 25 美元。暑假時，他到鄉村幫人收割小麥，並打破了該縣收割小麥的紀錄。無論是早上、中午與晚上，他都會帶著一本書，一旦有時間就拿出學習。他回到大學後，就被視為能力超群的人。他有著自己的人生規畫，並沿著這個目標前進。

他所在哥倫比亞大學的學生會會長就是靠透過銷售農業器具來賺錢。他的一個同學憑藉幫農民做了兩年工作賺錢，除此，他在學習之外還做著家教、寫作與複印等工作，不僅自己賺錢交學費，而且養活了家裡年邁的父母。他深信自己有能力接受大學教育，而且他也做到了。

芝加哥大學有數百名極具毅力的年輕人，他們都是靠這樣的方式賺取大學學費的。他們賺錢的途徑各異，這取決於他們的工作機會、學生本人的能力及適應能力。現在，大學生最想做的工作就是到城市日報當通訊員，但只有少數人才能勝任這個位置。一些學生到夜校教書，一些人白天則到公立學校教書，下午與晚上再回到大學上課，以保證學業能順利進行。還有一些學生去賣報紙，一週能賺到 2.5 美元到 3.5 美元，但因為這賺不了多少錢，他們一般都還會去做其他兼職。一些學生在城市圖書館裡

做兼職管理員，一些人利用暑假去幫人修理草坪，在寒假時則到鑄鐵廠幫人燒爐。這些學生幾乎都會做好幾份兼職，一週能賺到 5 ～ 10 美元。不少學生到俱樂部或酒店裡當服務生，一些則派發廣告。神學專業的學生在完成大學第一年的學習後，就會到小城鎮進行布道演說，也有一些學生去做家庭輔導。有兩個學生就是透過這樣的方式在一年內賺到 1,200 美元。一名學生成為芝加哥市交響樂團的成員，週薪是 12 美元。還有幾名學生在大學的郵局兼職，每小時能賺 20 美分。

美國大學一位學生會長的代表最近這樣說：「我覺得學生靠自己的能力完成學業，對他們的成長是很有幫助的。這能讓他們以更加充沛的活力去面對學業，而那些靠父母上大學的學生所無法體會的。但是，我認為學生不能完全靠自己，因為這會加重他們肩上的負擔，給他們造成時間與能量方面的壓力，影響他們爭取獎學金，也可能會他們損害健康。」

環境很少會友善對待偉人。卑微的開端並不是成就偉大事業的障礙。那個為了上大學而努力掙扎的年輕人可能過得很苦，但他們知道如何闖出一番天地。這些人通常能在大學取得好成績，在日後的人生裡要比百萬富翁的子女取得更大的成就。正是農民、機械師與工人這些普通家庭的子女，在面對資金匱乏與機遇不多的情況時，依然奮起前進，成為這個國家的良好公民，為國家做出貢獻。如何解決在學生資金匱乏與缺乏時間方面所遇到的問題，保證學生接受良好的教育，這對個人與國家都是極為重要的。很多憑藉自身努力讀完大學的優秀年輕人都可以在這方面提供很多寶貴的意見。

蓋烏斯‧B‧弗羅斯特（Gaius B. Frost）從佛蒙特州的布拉特波羅高中畢業後，在地方學校教了 6 個學期的書，賺到的錢剛好夠他到達特茅斯學院讀一年。他曾在花園裡打雜，做過門衛。在讀大學期間，擔任了 6 個學

期的高中監督，還在麻薩諸塞州羅倫斯的以撒斯縣特魯安特學校擔任助理監督，還曾在芝加哥的哥倫比亞展覽會推車，在新罕布希爾州的利特頓的橡樹山做了三個月的搬運工，夏天則到緬因州為出版社做銷售。他的同學沒有誰比他為了獲得教育而做這麼多份兼職。

來自費城的艾薩克·J·科克斯努力賺錢，在新罕布什爾州梅麗頓的金博爾學院讀書，後來又透過半工半讀的方式在達特茅斯學院大完成了大學學業。為了賺夠上大學的學費，他在能力範圍內做了所有誠實的工作。在暑假時候，他在一間白山酒店裡當侍者，後來當上了領班。他與弗羅斯特一樣，在班上的成績都是名列前茅的，是一位擁有著士兵般堅韌品格與高尚品格的人。

理查·威爾在大學四年每年都獲得哥倫比亞大學的優秀生獎金，他將「自己的時間、精力與能量都投入到任何能給他帶來回報的東西」。他會誠實地做各種工作去賺錢。除了睡覺之外，他利用每分每秒去賺錢，賺錢供自己上完四年大學。

近年來，天資聰穎與接受過良好教育的大學畢業生都真誠相信，並強烈深信一點，那就是他們必須要接受大學教育。他們是否能支付的起大學學費這個問題，不再會讓他們感到猶豫不決了。顯然，他們再也不會覺得自己無力承擔大學學費了。

對年輕人上大學所要面對的現狀與事實所進行的調查發現，在 45 個入選了調查名單的大學或學院裡，共有超過 40,000 名學生，每名學生平均每年的開銷是 304 美元，每年平均最高的開銷是 529 美元。在一些規模較小的學院，每名學生每年最低的開銷在 75 美元與 110 美元之間，不少學生一年的開銷在 150 美元到 200 美元之間，但一年開銷的金額超過 1,000

美元的學生極少。

在西部與南部的一些學院裡，上大學的開銷平均要低一些。比方說，西部 18 所知名學院或大學每年的學費平均價格在 242 美元，而東部 14 所著名學府的平均學費則在 444 美元。

對學生每年開銷資料的統計，讓他們了解自力更生的機會，對於他們考慮能否上東部一些最著名的學府，還是很有幫助的。

阿姆赫斯特學院為神學專業的學生提供免學費的待遇，並有 100 個獎學金名額面向品格端正、學習優異的學生。學生可以以低息貸款讀書，還可透過家庭輔導、做侍者、做速錄師、建築工人、新聞通訊員、洗衣代理商與銷售書籍等兼職來賺錢。一年賺到 500 美金應該就能滿足所有必要的開支。

鮑登大學每年都會對 100 名學生發放獎學金，金額在 50 美元到 75 美元之間，並且「獎學金的得獎者並不對學生在生活習慣或是社會名氣上有所要求」。學生要是在圖書館或是實驗室找到兼職，基本上能賺到占總開支的 1/4 金錢。在這裡讀一年大學，開銷大概是 300 美元。

布朗大學有超過 100 個名額的學費助學金與學生貸款基金。大學生可以透過為學校提供相應服務而免掉住宿費。但是，學校要求受資助的學生學習勤勉，生活節約。很多學生透過各種兼職賺錢。在這裡讀大學，一年的開銷大概在 500 美元左右。

在哥倫比亞讀大學，平均一年的開支在 547 美元左右，最低的開銷是 387 美元。很多知道如何在大城市生存的人都懂得如何存錢到哥倫比亞大學念完大學。

康奈爾大學為那些學習成績優異與生活作風正派的大三大四學生提

供免收學費與免費住宿的優惠。該校為新生提供 36 個兩年制獎學金的名額，獲獎者能獲得 200 美元，前提是他們要在競賽考試中獲得優秀的名次。該校還提供 512 個州政府的獎學金名額。很多學生透過做侍者、速錄師、新聞出版等工作度過大學生涯。在這裡讀大學一年的開銷大概在 500 美元左右。

達特茅斯學院為學生提供 300 個獎學金名額，獎學金有 50 美元，這是根據學生的學習成績進行評定的。該學院還提供免費的住宿，需要學生在日常生活中勤儉節約與戒酒，前提是這些學生真的屬於需要被幫助之列。少數學生一年只花了 250 美元，而一般學生每年的平均開銷為 400 美元。

哈佛大學為學生提供 275 個獎學金名額，每位學生可獲得 60 ～ 400 美元不等的獎學金，學校還提供 40 ～ 200 美元的津貼及助學金，還會為家庭困難、學業優秀的學生提供 50 美元的補助。通常來說，新生是不再補助名單之內。學校有教職員工招聘委員會，幫助學生尋找各種兼職。一些學生透過做速錄師、打字員、報導員、私人輔導、商店職員、銷售員或是歌手來賺錢。在這裡讀大學每年的開支（除去衣服、洗浴、書籍、文具、實驗費用、社交費用、訂閱報刊等費用），一年大概在 358 ～ 1,035 美元之間。

賓夕法尼亞州大學最近幾年一共為 315 名學生提供了高達 43,245 美元的獎學金，唯一的要求就是這些學生要有良好的品德。但是這所學校不提供貸款，也不提供免費住宿。很多學生都選擇半工半讀的方式讀完大學，一些學生則完全靠自己的努力上完大學。在這裡讀一年大學的開銷（除去衣服、來回路費等費用）大概為 450 美元左右。

衛理會大學有時會完全免除學生的學費，或者免費的覆蓋面達到 2/3 左右，大學提供助學金，但前提是學生要有節儉的生活習慣，滴酒不沾，有良好的品德與行為。很多學生都是自力更生的，超過 35% 的學生選擇半工半讀。在這裡讀大學一年的開銷在 325 美元左右。

耶魯大學現在的獎學金與津貼制度要比之前更加完善了。學校免除學生 40 美元的學雜費，當然這種「優惠」只是面對學業優秀，學習勤奮的學生。很多學生都是靠自己努力賺錢來讀完大學。在這裡讀大學一年的開銷在 600 美元左右。

在美國這片土地上，也有不少名聲不錯、教學品質較高的女子大學是女生們可以選擇的。

密西根大學的大部分女生都是靠自己的努力支付大學費用。該大學的女院長艾麗莎·M·莫莎爾博士說：「絕大多數女生是透過教書來賺錢的。不少學生來這裡讀了兩年大學，為了賺夠學費，又離開了一段時間，再回來完成接下來的學業，這樣的情況並不少見。一些最傑出的校友都曾以這樣的方式完成大學學業。一些學生透過在寄宿地方當侍者減輕生活的壓力，並賺錢支付住宿費。一些學生寄宿在教職員工家裡，每天透過服務三個小時作為回報。還有一些學生去幫助教職員工照看小孩，工作時間一般是 2～3 個小時。一位年輕的女生特別勇敢，做事特別認真，去年到一艘遊輪上當女服務生，今年也繼續這樣的工作，她的目標就是要賺到 100 美元。有了這筆錢之後，她就能支付住宿的費用，並支付明年大學的費用。因為在內陸的城鎮要想找到素養較高的服務生是相當困難的，有不少人都樂於找大學女生去做服務生。」

「我認為，」霍利奧克山學院院長瑪麗·E·沃利女士說，「如果一個

女生擁有普通的智商與充沛的能量，並懷著想接受大學教育的想法，那她就一定能實現這個想法。就我所知，透過各種兼職賺錢完成大學學業的女生基本上是透過家教輔導、打字或是做速錄師等工作賺錢的。一些女生在讀大學時利用閒暇時間做家教、打字、縫紉或是在暑假時到圖書館與辦公室裡打雜賺取零用錢。還有一些女生幫人送速食、整理房間、執行委託或是做報紙方面的工作來賺錢。在霍利奧克山學院讀大學，要想透過兼職賺很多錢的機會並不多，但是女生可以發揮自身的創意去賺取足夠的零用錢。」

霍利奧克山學院還實行強制的家庭服務制度——學生每天進行30～50分鐘家事，作為回報，學院每年減免學生100～150美元的學費。這樣的做法之前韋爾茲利學院實行過，但現在只局限於一小部分的家庭。這樣的做法在布萊恩‧馬恩學院、史密斯學院、瓦薩爾學院，或是其他附屬學院巴納德與拉德克里夫學院都已經沒有實行了。

上面提到的校區是設在城市裡的大學，住宿與飲食費用都要比在農村更加昂貴。對一般女生來說，要想完全靠自己的努力賺錢，同時順利完成大學學業，實在是太困難了。

巴納德學院一些女生透過各種兼職來支付衣服、書籍及車費等費用。在巴納德學院，大學生很少會從事家庭輔導這種兼職，因為已經有很多經驗豐富的教師去做了，他們的酬勞都是按小時來計算的。打字是不少學生賺錢的一種途徑。某個學生是某間專門做大學帽子與長袍的企業做代理，做的很出色。另一位有著俄羅斯猶太血統的女生來自紐約東部，自己開了一間小規模的「工廠」，聘請不少女生幫忙做女性包裝紙與童裝。她就是透過這種方式付清了接受大學教育的各種費用。

布萊恩‧馬恩學院一位教學專家問道：「在你們的學生當中，有多少人是完全靠自己的能力完成大學教育的？」

　　學校有關人員回答說：「從某種程度上來說，一部分吧！但也不算很多。在所有的學生中，一年最低的開銷在 400 到 550 美元之間。這個數目基本上包括所有費用的支出了。有兩個女生透過到圖書館打雜、銷售文具來賺取部分生活費用。其他一些女生則透過派發信件來賺錢，有的則是透過家教輔導的方式來賺錢，家教的兼職方式一般能賺到 1 美元或是 1.5 美元，有時若教得好，教一次能有 2.5 美元的收入。但對她們來說，要想一邊努力兼職賺取學費，一邊在學業上有所成績，是不大可能的，通常來說也是不現實的。即便如此，還是有幾名女生透過自己努力做到了。」

　　同樣的問題向瓦薩爾學院的學生提出的時候，就有了下面的回應：

　　「是的，有啊！我認識一位女生就在自己房間的門口貼出『連衣裙特賣』，收入還不錯啊！當然，還有不少富人的女兒會光顧，並願意為此付錢。這位女生就是憑藉晚上與週末的時間賺了不少錢。」

　　「還有一些女生到巧克力工廠做仲介人，努力賺錢。」

　　「一些女生去彈鋼琴賺錢，一些女生則透過繪畫或製作精美物品去銷售，不少物品都被送到紐約進行銷售。一些女生還為報紙或雜誌撰稿，一些女生在波基普西教小孩子音樂。沒錯，絕大部分女生都在靠自己的努力支付大部分的學費。」

　　投稿、家教，到圖書館、實驗室或是辦公室擔任助理，讓很多女生透過自身努力完成大學學業。除了這些比較普遍的兼職之外，晚上到夜校教書偶爾也能緩解這些女生所面臨的經濟壓力。

　　在不少大學，女生可憑藉自身的審美觀與靈巧的手指為比較富有的女

生製衣、補衣來賺錢。製作運動襯衫與泳衣都有不錯的利潤。銷售女襯衫讓不少女生都可賺錢，因為穿著得體的女生透過展現吸引人的樣本衣飾，能吸引更多的女性顧客購買。那些手巧的女生在之前沒有接受裁縫的專業培訓的情況下，都能高效地做好縫紉的工作。

在今天的美國，只要年輕男女擁有健康的身體與堅定的決心，他們就不需要為自己沒能力上大學感到絕望，除非有什麼極端或是非同一般的理由阻擋著他。

在尼斯河西部地區，每個學生都幾乎有機會上大學。多數州立大學都是免收學費的。比如，在堪薩斯州上大學，一個月的膳食與住宿費用是 12 美元，大學的學費一年是 5 美元，而一般學生一年的開支都不會超過 200 美元。在俄亥俄州，州立大學免除了所有學費，大部分宗教大學的收費也要比半個世紀前的新英格蘭地區更低了。部分原因是因為俄亥俄州上大學的費用比較低，所以現在該州上大學的人數要比整個新英格蘭地區都要多。西部地區上大學的費用比較低一些，但東部地區的學生則擁有更多自助上大學的機會。每位年輕男女在事先都要做好權衡，不要輕易放棄上大學的機會。

達特茅斯學院的前任院長塔克曾說：「有些年輕人能從容面對困境，靠自己的努力加以克服，並從中有所獲益，而一些年輕人則因為生活的窘迫所限或是將過多的時間都消耗在學習之外的事情而使自己停滯不前。我見過不少富人的孩子在評選獎學金方面有很大的優勢，而窮人的孩子則處於劣勢。我們在一些大學見到不少學生處在貧窮的狀態，這對他們其實是一種刺激。我以為，達特茅斯學院就是這方面很好的例子。現在，學校的大部分贊助都來自當年上大學時處於貧窮狀態的學生。雖然沒有仔細統計過這方面的資料，但照我日常的觀察，達特茅斯學院出來的人才要比當下

美國其他大學更多。」

今天這個時代，我們所擁有的機會是半個世紀前的 10 倍。康乃爾大學校長舒爾曼在談到自己的早年人生時，曾這樣說：「我 13 歲離開家，當時我對未來沒有一個明確的目標，我只想到某個村莊裡工作，好賺一點錢。」

「父親幫我在附近一個人口只有 1,000，名叫舒默塞德的小鎮找了一份工作。工作的第一年，我賺了 30 美元。想像一下今天年輕人的收入吧！每天從早上 7 點工作到晚上 10 點，整整做了一年才只有 30 美元。但我為自己有一份工作感到開心，這是我步入這個世界的始點。當時我的眼界就認為這個鄉村就是城市了。」

「從那時起，我就在那間商店裡工作，一直工作到現在。我一直靠自己的努力養活自己，從未有一分不是自己賺來的。在第一年結束的時候，我去了鎮上另一間規模更大的商店工作，我在這裡的年薪是 60 美元，包吃住。我的薪水翻倍了，我覺得人生慢慢走入正軌。」

「我在這間商店待了兩年，然後違背老闆的意願選擇離開。我想接受更高級的教育，我決心去上大學。」

「我也不知道自己上大學的決心是從哪裡來的，但這肯定是我努力的結果。我在商店時已存下了 80 美元，那就是當時我在這個世界上所擁有的全部家當了。」

「當我告訴雇主我的想法時，他努力勸阻我不要這樣做。他跟我說上大學要面對的種種困難，說要是我願意留下來的話，他願意給我雙倍薪水。」

「這是我人生的轉捩點。一方面是一年 120 美元的薪水，還有可以預

見的提拔。你們要記住一點，在愛德華德王子島這個地方，年薪 120 美元意味著什麼，像我這樣一個窮人家庭出身的孩子從未見過那麼多的金錢。但是，我內心強烈希望接受大學教育。我知道接受教育的這條路意味著可能的失敗與對自我的克制，但我已經下定決心了，絕對不再回頭了。現在，我肯定不會為當初的決定感到遺憾，雖然我覺得自己當時已經是一位成功的商店職員。」

「我口袋只有 80 美元，開始到鄉村的高中上學，為大學考試做準備。我只有一年時間去做準備，因為我積存的錢只能維持我到那個時候。我每天都要背誦拉丁文、希臘文、幾何公式等內容，在接下來的 40 週的時間裡，我全身心地投入到學習中去。在年終時，我參加了夏洛特鎮的威爾士王子學院的獎學金考試。其實，當時我贏得獎學金的機會是很低的，因為我的準備相當匆忙，而且複習的也不是很充分。但在結果出來後，我發現自己不僅贏得了獎學金，而且還在這場考試中獲得了第一名。」

「當時，我贏得的獎學金一年只有 60 美元而已，看上去不是很多，但在 30 年後的今天，我可以說，那次考試是我人生中最為重要的成功。後來，我還取得了不少世人認為更加重要的成功，但在我看來，第一次成功是極為重要的，要是當時我無法成功，我就無法繼續前進了。要有必要的話，我寧願第一次成功，犧牲後面的成功也是可以接受的。」

年輕的舒爾曼在威爾士王子學院上了兩年大學，依靠獎學金過日子，還透過在商店當職員等兼職來讀完大學。他兩年的大學生涯花了不到 100 美元。後來，他到一所鄉村學校教了一年書，之後到新斯科舍的阿卡迪亞學院完成了學業。

舒爾曼在阿卡迪亞學院的同學都說他有個特點，就是一定會參加每個

他有資格評選的獎項。在大四時，他得知倫敦大學為加拿大學生提供一個獎學金。這個獎學金的金額是 500 美元，而且是三年制的。阿卡迪亞學院的很多年輕學生都想要到英國繼續深造，都想獲得這個獎學金。舒爾曼參加了考試，與加拿大其他學校的高材生進行競爭，最終獲得了該項獎學金。

在倫敦就讀的三年時間裡，他對哲學的研究極感興趣，就決定將哲學視為一生研究的事業。他想到德國向各位哲學前輩學習哲學思想。最後，他找到了這樣的途徑。倫敦的哈巴德社團會提供了一份遊學獎學金，一年有 2,000 美元。與他競爭這份獎學金的學生有來自劍橋、牛津等名校的高材生。但最後這位來自愛德華德半島的窮小子再次取得了成功，讓所有人都跌破了眼鏡。

他在德國修完了學業，獲得了哲學博士學位，回到了阿卡迪亞學院擔任講師。沒過多久，他受邀來到位於新斯科舍半島哈利法克斯的達爾豪斯大學任教。西元 1886 年，康乃爾大學創辦了哲學系，時任校長懷特對年輕的舒爾曼早有耳聞，就邀請他到該系執教。兩年後，舒爾曼成為康乃爾大學薩奇哲學系的主任。1892 年，當康乃爾大學校長一職出現空缺時，他被任命為該校校長。當時，舒爾曼年僅 38 歲。

「我進大學的時候，口袋裡只有 8.42 美元。」阿莫赫斯特學院一位畢業生說，「在大學第一年，我賺了 60 美元，獲得了學校獎學金 60 美元，還有另外 20 美元的生活津貼，向人借了 190 美元。我大學第一年每週的生活費是 4.5 美元。除此之外，我花費了 10.55 美元去買書，23.45 美元去買衣服，10.57 美元訂閱報刊，15 美元鐵路車票，8.24 美元用於其他生活用品。」

「在第二個夏天，我賺了 100 美元。大二的時候，住宿費是 4 美元，租出原先的宿舍，租金每週是 1 美元。第二年的花費是 394.5 美元。在這年，包括住宿賺到了 87.2 美元，獲得了獎學金 70 美元，學校的津貼是 12.5 美元，向人借了 150 美元。這些錢剛好夠我的開銷。」

「大三的時候，我租了一間裝修過的房子，一年租金是 60 美元，我同意為房東做事來償還。我到教堂做過一些事情，賺了 37 美元，而且還包吃。我獲得了學校獎學金 70 美元，生活津貼是 55 美元，向人借了 70 美元，除了 40 美元的學費，數目就剛剛好。這一年所開銷的費用，當然包括住宿、吃飯與學費等，一共是 478.76 美元。」

「在大三結束的那個夏天，我賺了 40 美元。在整個大四期間，我都住在原先那個房間，其他情況與往年一樣。我在外打工，包吃包住。透過到教會做事，做私人輔導，賺了 40 美元，借了 40 美元，獲得學校獎學金 70 美元，贏得了 25 美元的優秀獎，還有 35 美元的生活津貼。大四這年的生活費用是 496.64 美元，花費明顯要比前幾年更多。但我在畢業後已經找好了一份老師的工作，我也可以借些錢來暫時緩解一下經濟壓力。所以，我在沒有出現經濟拮据的情況下，完成了大學學業，順利畢業。」

「大學四年的總花費是 1,708 美元，其中還包括獎學金的費用，我賺了 1,157 美元。」

不久前，從耶魯大學畢業的 25 名年輕學生是完全靠自己的努力讀完大學的。他們似乎為了賺錢上大學想盡了一切辦法，做了所有能做的兼職：私人輔導、抄寫、新聞撰稿、商店職員等兼職都是他們常做的。在這 25 名學生中，有些人給人繪畫、做鼓手、燒熔爐、機械師、自行車代理商、快遞員等工作。

在波士頓某些地區，一共有 10,000 名學生。很多學生都來自鄉村與附近的工業城鎮。不少學生來自西部的農村。很多學生都是靠自己的雙手賺夠上大學的費用。據說，不是自己賺來的錢都無法讓自己真正成長起來。學生們靠自己的努力供自己上大學，這的確能夠讓他們的人生更加豐滿，這是他們人生的財富。

每位年輕男女都應該事先權衡一番，千萬不要匆忙下決定，認為自己無力接受大學教育。

如果像亨利・威爾遜這樣在農場早起晚歸工作，沒有任何上學機會，在 21 歲之前還趕著公牛與 6 隻羊的人，都能看完 1,000 本好書；如果像弗雷德・道格拉斯這樣在農場看書都算是犯罪的人，能夠從碎紙屑、農場標語或是老舊的年曆學習文字，掌握字母，最後成為名人；如果像生活貧苦、耳朵失聰的基多剛開始只能在救濟院裡製鞋，到後來成為當代最著名的神學專家；那麼今天生活在美國星條旗下的年輕男女，誰都有機會獲得高等教育，擺脫愚昧無知套在我們身上的枷鎖。

「如果一個人能將錢投入到豐富大腦去，」富蘭克林說，「那誰也無法從他身上將這些錢搶走。對知識的投資讓你獲得最大的回報。」

第八章
面對機會的時候 —— 你如何選擇

對接受過良好教育的人來說，從未像今天擁有如此多的機會。歷史上從未像今天這樣對訓練有素、能將事情做到圓滿的人有如此強烈的需求。通往每個職位的大門都寫著「需要一個真正的男人」。即便數百萬人仍處於失業狀態，整個世界都在找尋能夠做事的人，找尋一個能將事情做的比過去更好一點的人。我們到處都可見到，那些訓練有素，天賦經過教育而不斷得到拓展，能力得到百倍成長的人是極受歡迎的。

我們到處可見到這樣的情景：一些知識面不廣、但接受過良好教育的人要比那些能力更強、但教育程度不高的人取得更大的成績。一位有某項專長的人若是經過良好的培訓通常要比尚未經過培訓或是一斤半兩的人有更加出色的表現。愚昧無知從未像今天這樣讓人們處於嚴重的劣勢。

越來越多的大學生從大學校園走向現實社會，雖然他們面對著前所未有的機會，但他們面對的誘惑與危險也是前所未有的巨大，需要他們多加小心。

任何無法讓受教育者獲得心靈提升，成為高尚之人的教育，都是一種詛咒，而絕非一種祝福。普通高等教育只會讓流氓變得更加不誠實與危險。正所謂說「不怕你是流氓，就怕你是受過教育的流氓。」

每年都有成千上萬的年輕男女滿懷希望與夢想走出大學校園，他們手裡拿著學位證，人生第一次面對現實的世界，對未來充滿了憧憬。

也許，對大學生而言，他們最需要抵禦的就是讓美國人為之瘋狂的拜金主義，因為拜金主義會對高尚品格與遠大理想造成致命打擊。

財富會讓我們的能力得到極大的成長，讓大多數困難迎刃而解。一個人的天賦、藝術，他所代表的成就，在很大程度上是根據他所能賺到的錢去衡量的。「我的這幅畫能賣多少錢？」、「我出版的這本書有多少版

稅？」、「我能從工作與經商中賺到多少錢？」、「我該如何賺更多錢呢？」或是「我如何才能致富？」這些問題是人們對新世紀的拷問。那些剛從大學畢業的年輕男女會怎麼回答這個問題呢？

若是金錢在我們的人生事業中占據過分重要的位置，那麼我們的理想通常會降低，甚至消失不見。金錢會讓你的藝術細胞萎縮，讓靈魂的翅膀無法正常展翅高飛。過度的商業精神會讓我們所做的任何事情都處於死氣沉沉的狀態。拜金主義的影響是極為微妙的，會漸漸毒害年輕畢業生的心靈。無論你從事任何工作，金錢都會在你對未來的視野中呈現。每個人都以各種方式表達著他們對金錢的誘惑的渴望，這種渴望也會隨時引誘著你。

訓練有素的年輕人面對著出售自己的智慧，將能力變成金錢或是賤賣自己所接受教育的壓力在當今時代是前所未有的大。金錢獎賞的誘惑對他們來說實在是太大了，讓他們無法自持，真的需要品格堅強的人才能抵禦這樣的誘惑，即便某人在做一件與金錢關係不大的事情，這種誘惑依然很強烈的。

今天這個時代的金錢之歌一直在傳唱，已經深入人心了，成為我們內心聲音的一部分了。這種聲音通常能將我們發自內心的柔弱聲音掩蓋掉，讓人為了金錢奮鬥，出賣自己的智慧。

成千上萬的年輕男女剛剛走出大學校園，站在步入社會的門檻上，他們懷抱著遠大的理想與光榮的前景，充滿著希望與遠大的目標。但很多年輕人迅速「染上」了這種「金錢病毒」，讓這種「病毒」蔓延到他們的整個心靈，讓有害的病毒毒害到理想。不出幾年，他們剛出大學時的美好前景逐漸暗淡了，他們對高尚事業的憧憬漸漸消失了，取而代之的是物質化與

自私的理想。

對年輕人的人生來說，最為悲哀的那一天，就是他的理想開始暗淡，他對自己的高標準逐漸下降，他心中開始滋長一味追求金錢的自私想法，扭曲著他的心靈，讓他遠離原先正常的軌道。

你必須時刻留心「金錢病毒」的襲擊。大學畢業後，走進社會時，金錢對生活的重要影響會逐漸降低你的標準，模糊你的理想，慢慢腐蝕你的心靈。

在你只顧著追求金錢時，就會經常與理想低俗的人接觸，受到他們自私與病態的影響，然後你心中對真正男人或是女人的標準就死去了。除非你是一個超人，否則你很難抵禦這樣的影響。

大學學位證所代表的崇高品德與高尚理想與持有該證的主人在 25 年後所處的狀態，形成了多麼鮮明的對比！很多時候，我們完全不會將這些人與大學生畢業生連繫在一起。

美國許多有著印第安人血統的大學生在校園讀書的時候，受到積極向上的校園氛圍的影響，在回到原先的部落後，他們的族人完全認不出他們了。但是，這些學生在離開校園後，就很容易受到原先部落所帶來的影響，慢慢變回原先的樣子。這些學生讀完大學回到部落後，不需要多久，就會放棄原先在大學學到的禮儀，不再說他們學到的流利語言，還有學到的教養也忘得差不多了，印第安人的毯子代替了他們之前的現代著裝，最後回復到原先的野蠻狀態，他們徹底變回印第安人了。

你離開大學或職業學校後所受到的影響，可能會降低你的理想，就像上文提到的那些接受過大學教育的印第安人又回到了原先野蠻的生活狀態一樣。你讀了四年大學的環境富於浪漫色彩與理想主義的影響，當你一下

子接觸冷冰冰的物質世界時，內心必然會感受到心理落差，這是對你的品格與為人氣概的嚴重考驗。

但是接受了真正教育與培訓的人，能夠應對這些心理落差，能抵禦所有的誘惑。

受過教育的人應該去做更為偉大的一些事情，而不只是想著將錢放進自己的口袋。賺錢本身並不能與塑造人品相比。比成為百萬富翁更為重要的是，成為一名擁有智慧、教養、服務精神與堅強品格的紳士。

無論你從大學畢業後獲得什麼證書，無論你在事業中取得了什麼成就，沒有比獲得紳士這個頭銜更為重要與高尚的了。

「對榮譽敏感，追求榮譽，」哈佛大學前任校長查爾斯·威廉·艾略特（Charles William Eliot）說，「是大學教育最為理想的結果。」那些還沒有培養「對榮譽敏感，追求榮譽」與不知道如何成為紳士的畢業生，錯過了大學教育最為美好的東西。

幸運的大學生們，你的未來就像白色純潔的大理石聳立在你面前，你的能力、你所接受的教育 —— 就好比你手中的鑿子與木槌。大理石中有些東西等待著你去挖掘，裡面存在著你的理想。大理石中是存在著惡魔還是天使呢？這取決於你。在你站在步入社會的門檻上，你的理想是什麼呢？你會用力錘擊大理石，使之變成難看醜陋的碎片嗎？還是會雕刻出一尊充滿美感與優雅的雕像，讓你的子孫後代都銘記你高尚的人生呢？

能力越大意味著更多的責任，你無法將兩者人為割裂開來。接受普通高等教育能極大增強一個人的責任感。你必須積極肩負重擔，不能去逃避，否則你的靈魂會萎縮，你的心靈會枯萎，良心遭受扭曲，視野變得狹隘。對大學畢業生而言，卑躬屈膝地生活，過著低俗與骯髒的生活，甚至

比不上一個沒有接受過大學的人，這不僅僅是一種恥辱。受過大學教育的人窺見了自己的能量，知道美好的事物就在前方等待著自己，理應以期望的心態往前看，而不是向後看，理應去積極爭取，而不是卑躬屈膝。

我們肯定會有這樣的感覺：即一個接受了大學教育的人在發現了自己的潛能後，依然選擇錯誤的方向，這要比那些沒有接受過高等教育，或沒有類似教育優勢的人做錯事更為糟糕，因為人們對前者的期望更高。世人有權利對接受過高等教育或是訓練有素的人持有較高的期望，正如林肯在評價沃特·惠特曼時說的：「這才是一個真正的男人。」

世人有權利對曾經接受過高等教育的大學生抱有較高的期望，因為他們曾經直面光亮，感受過其中的力量，所以他們是不應該往黑暗方向前進的，不會讓賜予他們人生美好機會、拓展他們視野與為他們敞開機會大門的母校蒙羞。對已熟練運用人生工具的人來說，人們有理由期待他們成為藝術家，而不是普通的工匠，期待他們不會停止前進的腳步。社會有理由期待大學生在他們所在的社群散發出「正能量」，激勵那些未能像他一樣有幸擁有接受大學教育機會的人。人們有理由期望他們為提高當地社群的知識標準而努力，彰顯出他的品格、教養與榮耀。人們有理由期望他們不會因為貪念而變得猥瑣、狹隘，不會成為金錢的奴隸或是為了自私的事業而卑躬屈膝。人們有理由相信他們不會像那些不學無術的「暴發戶」那樣俗不可耐。

如果你有能力，並且獲得了不錯的機會，那就意味著你有責任為普通人去做一些事情，傳遞更加正面的資訊。

如果知識的火炬傳遞到你手裡，它的意義是你需要為那些未能接受教育之人照亮前方的路。

如果你明白一些可讓因為無知與固執所奴役的人獲得自由的資訊，你就沒有權利壓抑自己不說出去。你所接受的教育意味著，你有責任讓自己的生活配得上你的天賦與所獲得的良機。你的責任就是盡己所能地向這個世界傳播這些資訊。

對有天賦與機會接受大學教育的人而言，我們肯定希望他發揮自身能力，幫助身處艱苦條件的人，幫助人們從愚昧無知中解脫出來。要是這樣的人不為社會發揮「正能量」，而是為了自己上位而不斷打擊別人，在他們所寫的書，所畫的畫，所從事的工作中誤導別人，使人墮落的話，他們就沒有發揮燈塔的作用，指引別人避開大海的暗礁。

我們會將闖入家中偷竊的小偷送入監獄，但對那些受過教育的流氓憑藉訓練有素的思想與天賦去毀掉那些以他們為榜樣的年輕人，我們又該怎樣去懲罰他們呢？

「你能做的最偉大事情，就是成為自然的你。」

某位偉人曾說，要是人們一旦發現自己現在過著並不圓滿的生活，肯定不會對現狀感到滿意，因為另一半更為高級的自己會讓他魂牽夢繞。你所接受的訓練讓你得以窺見更為高級的自己，絕對不要失去大學時期對人生所抱有的願景。絕對不能接受低俗、卑鄙想法的影響，否則無論你走到哪裡，耳朵都會縈繞著這樣的聲音。你要將那種認為必須要把所接受的教育、理想變成金錢，或是透過卑鄙與低下的方法降低人生標準的想法，視為對你的一種侮辱。

對自己說：「如果我身上最高級的東西都不能給我帶來成功，那最低俗與醜陋的東西肯定不可能了。」

訓練有素之人的使命就是向世人展現更高級與優秀的為人氣概。

　　世人有權利對接受過高等教育之人的工作、為人品德與氣概有更高的要求，而不像對待沒有接受過什麼教育、對自我挖掘不深的人抱有那麼高的期望。「不錯」、「還行」這樣的話不應該是接受過高等教育之人說的，因為這會對他們的品格造成惡劣影響。你應該向世人證明，擁有大學畢業證的你已經掌握了人生的工具，學會了如何將精力專注起來，知道如何順利完成工作，而不是三心二意地投入到工作中去。低俗的理想、敷衍的工作、毫無目標、毫無系統與三心二意的工作絕對不能在你的人生出現。

　　對接受過普通高等教育的人來說，做事敷衍，降低理想標準，欺騙老師，讓給予你學習良機的母校蒙羞，這是最大的恥辱。

　　「雙眼要專注於模型，不要盯著自己的雙手。」這是一位老師來回踱步欣賞著學生們的作品時所說的話。絕大多數人面對的問題，就是雙眼沒有專注於模型上，失去了過去對人生的願景。普通高等教育應該可以拓展一個人的心靈視野，讓人的雙眼專注於目標與未來的理想，不要受到身邊發生的各種瑣碎事情、誤解或是紛爭所影響，降低自己的效率或是變得狹隘。

　　大學畢業生應能從日常這些瑣事中掙脫出來，更好地將大腦能量與精力投入到富有價值的工作上。

　　在某齣戲劇上演不久就退出演出節目表，我們通常能看到這樣的評論：「藝術上是成功的，但商業上是失敗的。」大學教育在挖掘人最優秀的特質與潛能出來時，也應該讓他們成為實用之人，而不是成為「商業失敗」的人。你要確定一點，就是你掌控著知識，而不是讓知識控制著你。

　　如果你不能將所學到的知識專注到一點，並以實用的方式運用起來，那麼你所獲得大學畢業證只會成為別人嘲笑你的笑柄，也會讓你的失敗顯

得更加明顯。

知識只有在被利用，運用到現實生活中時才具有力量。

只有在你能利用所接受的教育時，對你及這個世界才是具有價值的。

在現實世界，你所面對的重要問題是：「你該如何運用你所掌握的知識呢？」你能將知識轉化為力量嗎？你獲得的拉丁文學位證書並不能證明你就接受了真正的教育，死記硬背某些知識並不能讓你成為真正具有教養的人。能夠被利用的知識、能轉化成力量的知識，才是我們真正應該追求的教育。這個國家有成千上萬的大學畢業生，他們腦海裡充斥著各種無法運用的知識，無法利用這些知識將工作做得更好一些。透過讓大腦記住某些內容來吸收知識與將你所學到的每點知識轉為力量、工作資本之間，存在著巨大的差別。

正如蠶能將桑樹葉變成緞子，你也能將知識轉化為實用的智慧。

真正被人吸收消化的知識所產生的正面影響能讓每個人都感受得到。

無論到哪裡，大學畢業生都應成為一個高尚的人，應意識到自己所接受的教育並不能讓自己安逸享樂。大學教育會拓展我們的心靈視野，讓人發現自身的潛能，這不僅有助於人生的幸福，更能大大增強我們的自信，而自信是轉動這個世界的槓桿。我們到處可見一些能力較強的人在人生之路上跌倒，陷入痛苦的漩渦之中。在這些人坦承失敗的原因時，我們得知他們缺乏口才，理想低俗，人生的視野非常狹隘，最重要的是他們沒有接受過教育。訓練有素的人能昂首挺胸步入這個社會，知道他們在任何場合下都不會成為不學無術的人，也不會因為對受過教育之人應懂得的道理一無所知而感到痛苦或是壓抑。知識的力量能給人自信，給予我們無限的滿足感。

換言之，普通高等教育能讓一個人更深刻地了解自己，做人更為自信一些，對自己的信念更強一些，因為他已經發現了自己。當我們的心靈因為學習得到了拓展，就不會讓金子般的韶華在沒有提升自己的情況下溜走。

你從母校帶走的最美好東西並不是你所獲得的獎項，不是你對科學、語言、文學或是藝術的等方面的知識，而是一些更為神聖、更具價值的東西，那就是你被喚醒的理想，你的自我發現，你的潛能，你要成為一個更優秀男人的決心，努力成為一個有氣概的人的念頭，在潛能範圍內做到最好。對你來說，這要比你從書本或文學著作中收穫的知識更為重要。

話又說回來，如果你能最大程度地利用機會，那麼你就能得到最為寶貴的東西 —— 從你老師與同學身上所感受到的活力、鬥志與鼓舞，簡而言之，你能感受到一種大學精神，感受到你母校的精神。正是這種精神會讓你抬頭挺胸，能讓你追逐理想，而不是卑躬屈膝，能讓你始終勇往直前，而不是打退堂鼓。

大學生應將自己所接受的教育視為一項神聖的使命。他應將所學到的知識視為一種實用的力量，而不是將之視為純粹為了自己前進，滿足自己自私願望的途徑，而要為了人類的進步而努力。事實上，世界上一切事情都一個規律，那就是在發揮神聖天賦時只考慮自己，沒人能夠發揮出最大的力量。想著「守住」這些知識，不去加以利用，這樣做愚蠢的程度就好比農民將小麥種子囤積起來，不拿去播種，生怕土地不給予自己回報。

那些不願意為這個世界貢獻知識的人實質上是危害自己，換來心靈與道德的貧瘠的結果。

要想最大限度挖掘自身潛能，讓人生變得更加燦爛，我們就不能將自

身的能力賣給出價最高的人，而要毫無保留、慷慨地為他人服務。如果玫瑰的花蕾試圖保存所有的香氣與美感，不去綻放，那麼最後只能凋謝。我們只有全身心奉獻給這個世界，才能獲得最為圓滿的回報。那些接受教育只為自己，只想著自己能獲得什麼的人，必然會導致心靈萎縮，最後將他培養起來的品格都扼殺掉。

大部分人所面對的問題是，我們都在為自私的目的或最多的金錢去「售賣」自己，這讓我們的生活顯得荒蕪，扼殺我們美好的品格。

大學生應該向世界展現一點，即他身上有某些神聖的東西是絕對不能出賣的，某些做人原則是不應改變的，某些東西是不能用金錢與外在影響所賄賂的。你的言行舉止應該展現你的品格，讓別人覺得在暗示可以收買或賄賂你，讓你去做一些低俗或有問題的事情時，是在對你的侮辱。

一些畢業後的大學生選擇過著平庸的生活，陷入日常生活的瑣事不能自拔，過著自私與缺乏規律的生活，做人抬不起頭，讓賜予他教育良機的母校蒙羞。

如果你沒有發現人生的成功的祕密在於要將人生成為一種榮耀，而不是單調與沉悶的折磨，那麼你就沒有從學校或是大學學到最好的知識。我年輕的朋友，在你離開大學母校時，無論你日後選擇什麼職業，從事什麼工作，都不要因為只顧著賺錢而讓身上最美好的品格、高尚的理想與遠大的目標被窒息與扼殺。讓人生充滿美感，不要讓你的審美能力、積極向上的本能因為謀生而逐漸萎縮。千萬不要像許多大學生那樣為了權力與地位而犧牲友誼、良好的名聲或是社交能力。

無論你賺到錢還是賺不了錢，永遠不要出賣自己神性的遺產，不要為了錢財犧牲好名聲。無論你做什麼工作，眼界都要超脫於當前的這份工

作。永遠不要讓人說你在事業上取得了成功，但卻做人失敗了。

雕刻家威廉·韋特摩爾·史都瑞（William Wetmore Story）在為位於倫敦的喬治·皮博迪塑像揭幕時，有人要他說幾句話，他只是指著塑像說：「這就是我想說的話。」

要讓人生的言行來展現你自己，不需要別人說什麼讚美的話語。讓你的人生成為你的讚歌吧！讓你的成功向世人講述你從事的高尚事業。無論你賺到多少錢，都要保持最為重要的財富，那就是清白的人生紀錄與毫無汙點的名聲。如果你能做到這點，你不需要豪宅或是良田來證明自己人生的成功。

對接受過良好教育的年輕人而言，歷史從未像今天這樣賜予他們如此之多的機會。你會怎麼做呢？

第九章
找尋適合自己的工作

人生最高的獎賞，或者說一個人最幸運的財富，就是擁有追求某項事業的天賦，讓自己以此為事業，找到人生的幸福。

—— 愛默生

在人類思想史上，沒有哪幾位詩人、藝術家、哲學家或科學家的天才不是被他們的父母、監護人或是老師所壓制的。但在這些例子裡，大自然無不以直接介入的方式取得了勝利，讓當事人勇敢捍衛自己的權利，鼓勵他們反抗不公與錯誤，甚至離家出走，過上一段流浪的生活，也不想讓這個世界失去一位造物主如此辛苦造就的偉人。

—— E・P・惠普勒

我聽到一陣你聽不到的聲音，
這個聲音說，我不能停留。
我看見一雙你看不見的手，
總在呼喚我前進。

—— 迪科爾

「詹姆斯・瓦特，我從未見過比你更無所事事的男孩了。」瓦特的祖母說，「你不珍惜時間，拿一本書好好看，而是在那裡瞎忙。在過去半個小時，你一句話都沒說。你知不知道你一直都是這樣子的？你是怎麼了？你換了一個又一個器具，一開始是茶託，接著是湯匙，你一直忙著觀察什麼，似乎在收集著水蒸氣凝結後滴到在瓷器與銀器的水珠。此時，難道你不因為自己無所事事浪費時間而感到羞愧嗎？」

這位祖母未能說服瓦特放棄眼前的實驗，去做更好的事情的這個事實，讓世人為之慶幸。

「我一定有自己的優點。」某位年輕人在老闆因他的魯莽準備炒掉他時辯解說。老闆說：「你做不了銷售員。」「但我肯定自己還有其他方面的能力。」年輕人說。「好吧！那你說說看。」老闆反駁說。「先生，我現在還不知道。」「那我也不知道啊！」老闆大聲嘲笑著這位認真的員工。「先生，不要辭退我，千萬不要辭退我。讓我試試銷售之外的其他工作吧！我知道自己做不了銷售。」「這個我也知道，」老闆說，「這就是你出現問題的根源所在。」「但我肯定有自己的長處，我知道自己一定能行。」年輕人堅持道。最後，老闆讓他會計室裡工作，他對數字的敏感很快就展現出來了。不出幾年，他就成為這間大型商店的首席出納員，而且還成為了一名著名的會計師。

你無法從搖籃裡看出上帝之手賜予孩子的神性祕密，這並不像磁化後的針會自然指向北極星。上帝為每個年輕的生命都安裝了「一枚針」，讓它指向它所應該走的方向。即便你透過各種人為的裝置或是後天的教育方式去讓它指向詩歌、藝術、法律、醫學或是其他職業，你可能在找尋的過程浪費了寶貴的年華，最後一旦這些外在的束縛消失後，那麼「這枚針」自然會指向它原先應有的方向。

「他可能會感到後悔，並深感遺憾，」羅伯特·沃特斯說，「但那位天才無法抵禦去做自己想做事情的衝動。無論要翻越多少困難，無論未來的前景看上去多麼暗淡，他都懷著熱情與興趣去追求這個職業。當他的努力讓他難以維持生計，身處貧窮與被世人遺忘的時候，他可能會像伯恩斯一樣，在回首過往時輕輕嘆口氣，心想要是自己去做其他職業，可能會更好一些，但即便他們有這樣的想法，依然會堅持他們所熱愛的職業。」

當每個人找到了適合自己的工作，那麼人類文明就處在最高的浪潮了。人只有找到真正適合的位置，才能取得理想的成功。他就像是一個火

車頭，只有在鐵軌上才能顯示出強大的動力，放在其他地方都難以彰顯其氣勢。愛默生曾說：「每個人就像河裡的小船，都在為了一個目標而克服前進中的困難。在他對前進的方向感到滿意，那麼所有的困難都不見了，他能以平靜的心態沿著航道前進，駛向無垠的大海。」

狄更斯最有資格寫下關於「被奴役的男孩」的歷史，這些男孩的理想與願望因為他們無知的父母而永遠被壓制了，很多被斥為懶惰、愚蠢或是浮躁的孩子，其實只是因為他們處在錯誤的位置上，還有很多「性格耿直」的人被逼去做「圓滑」的事。很多人被逼去學習枯燥無味的神學，而他們內心每時每刻都在呼喊著「法律」、「醫學」、「藝術」、「科學」或是「商業」。很多人飽受眼前工作的折磨，因為他們提不起興趣，因為這樣的工作與他們的本性背道而馳，使他們的內心始終處於反抗的狀態。

父親想讓兒子成為另一個版本的自己，這是極為愚昧無知的。愛默生說：「一個已經足夠了。」約翰・雅各・阿斯特的父親希望兒子能像自己一樣當一名屠夫，但阿斯特的商業本能實在是過分強烈了，讓他日後選擇了從商之路。

大自然從來不會按照一個模式去造人的，而是在創造每個生命時都打破原先的模式。神奇的生命組合只有一次。腓德烈大帝因為自己對藝術及音樂的熱愛，對軍事提不起興趣而受到壓制。他父親憎恨他所喜歡的藝術品，並將他軟禁起來，甚至想過殺掉自己的兒子，但他的死亡讓腓德烈在23歲的時候登上了皇位的寶座。這位熱愛藝術與音樂的男孩曾被世人認為一事無成，最後卻讓普魯士成為歐洲最為強大的國家。

雄鷹棲息在樹枝時看上去多麼愚蠢與笨拙，但牠的目光是多麼銳利，一旦展開翅膀，翱翔天宇時的姿勢是多麼的雄偉。

無知的父母強迫阿克萊特到理髮師那裡當學徒，但大自然已經賜予了他天賦，讓他為人類的幸福而努力，去幫助英國數百萬貧苦的人。所以，他沒有屈服於父母的壓制，正如基督耶穌對祂的母親所說的「希望你不要想我繼續父親的工作。」

　　伽利略的興趣在物理，但父母強迫他去學習解剖學與生理學，所以他只能將歐幾里得與阿基米德的書藏起來了，偷偷研究那些艱深的問題。他發現比薩主教座堂的油燈像鐘擺那樣搖晃，繼而發現了鐘擺原理，當時他只有 18 歲。他發明了顯微鏡與望遠鏡，拓展了人類對宏觀與微觀世界的理解。

　　米開朗基羅的父母曾嚴肅地跟他說，他們的兒子絕對不能從事藝術方面這些恥辱的職業，甚至還因為米開朗基羅偷偷遮住牆壁上的繪畫與家具上的雕刻畫而懲罰他。但是，他胸膛裡燃燒著上帝賜予他藝術天賦的熊熊烈火，只有當他完成了聖彼德大教堂的繪畫、摩西雕像與西斯廷教堂的壁畫後，他才肯善罷甘休。

　　帕斯卡的父親希望兒子學習古老的語言，但無論帕斯卡做什麼，成為數學家的聲音都在他內心回蕩，只有在他掌握了歐幾里得的數學原則後，這種聲音才肯稍稍安靜一些。

　　約書亞・雷諾德斯的父親因為他學習繪畫而責備他，他曾這樣說：「約書亞這樣做完全是懶惰的表現。」但正是這位「懶惰的少年」成為了英國皇家學院的創始人之一。

　　約瑟夫・M・W・特納（Joseph M. W. Turner）的父親希望他在美頓大街當理髮師，但他後來成為了當代最偉大的風景畫家。

　　畫家克勞德・洛倫曾在糕點店當學徒，作家莫里哀（Molière）曾在室

內裝潢商那裡工作，擅長描摹極光的著名作家古蒂奧曾被父母送到音樂學院學習。

席勒被送到斯圖加特的軍事學院學習外科，但他暗地裡創作了劇本──《強盜》，在該劇首次進行演出時，他還得偽裝前去觀看。軍校監獄般枯燥無味的生活讓他無法忍受，他想成為作家的願望愈發強烈。雖然當時的他身無分文，但他還是想在文學這個陌生的世界裡闖出一番天地。一位友好的女士資助他，很快他就創作了出優秀的劇本，獲得了永恆的聲譽。

海德爾醫生希望兒子成為律師，試圖說服兒子放棄對音樂的喜愛。但是，這位少年偷偷獲得了一架小型豎琴，背著父親在乾草倉裡練習。當海德爾拜訪一位在維森菲爾德爵士供職的哥哥時，他帶上了自己的兒子。小海德爾在小禮拜堂裡閒逛，觀察著各種樂器，然後自己演奏了起來。爵士恰好聽到他的演奏，奇怪這個演奏者怎麼能將如此不搭調的樂器湊合雜一起進行表演。後來，爵士見到了小海德爾，他不僅沒有因為這位少年亂碰這些樂器而責備他，相反還表揚了他的表演，努力說服海德爾讓兒子追尋自己的夢想。

丹尼爾‧笛福（Daniel Defoe）在成名前做過船員，當過士兵，後來又做了商人、祕書、工廠主管、行政專員的會計師、外交特使等工作，之後又寫了幾本沒有什麼反應的書，直到最後寫出了那本傑作──《魯賓遜漂流記》。

鳥類學者威爾遜在找到自己真正喜歡的工作之前，所做的 5 份工作都以失敗告終。

厄斯金在海軍待了四年，後來因為希望能迅速獲得擢升，就參加了陸

軍。在陸軍服役了兩年，某天，他出於好奇，旁聽了軍隊所在駐地的小鎮舉行的法庭審判。當時的首席法官認識厄斯金，就讓他坐在自己身邊，說某位辯護律師是整個大英帝國最為優秀的。厄斯金認真聆聽著他的辯論，覺得自己能夠超過他。從此，他決定學習法律，成為了英國最為傑出的律師。

Ａ・Ｔ・斯圖瓦特原先學習神學準備做牧師，後來當了老師。之前他因為借錢給朋友，意外地當了一段時間的商人。後來，朋友因為經商失敗，就把店鋪抵押給他，算是還債。

「強納森，」當強納森說自己準備上大學時，查斯說，「你星期一早上乖乖去那間機械鋪裡打工。」過了幾年，強納森終於從這間商店逃出來了，憑藉自己的努力成為了來自羅德島的國會參議員，發揮了巨大的影響力。

有人說的好，如果上帝委派兩名天使到人間，一名天使負責打掃街道，另一名天使負責統治一個帝國，他們是不可能有什麼交集。現實狀況是，一些人感覺到上帝賜予他們某些天賦，讓他們從事某些工作，只有當他們全身心地投入進去，才能讓自己感到快樂。那些實現了自己夢寐以求的想法的人是幸福的。如果他沒有處在那個位置，無論是對自己或是對別人來說，都很難會有真正的滿足感。只有在找到了屬於自己的位置，大自然才會讓我們的心靈趨於平靜。否則，心靈中某些聲音會一直縈繞著他，驅使他去做自己想做的事情，讓他處在適合的位置。很多父母在沒有真正試驗過之前，可能認為磁化後的指標會指向金星或是木星方向，正如他們決定自己的兒子該選擇什麼職業時一樣愚昧無知。

讓役用馬在賽馬場與其他馬匹進行比賽，將會出現滑稽的場景。但當

今很多人都覺得只有律師、醫生才是比較好的職業的流行觀點其實也一樣
滑稽。當今美國有 52% 的學生都選擇法學專業，這是多麼荒唐的一件事！
不知多少年輕人因為試圖模仿父親成為牧師，結果成為了糟糕的牧師，不
知多少人因為同樣的原因成為了醫術不精的醫生或是不懂法律的律師。這
個國家到處可見那些處在錯位的人，他們「感到失望、苦惱，覺得人生沒
有希望，處在錯誤的位置，賺不到錢，沒有信用，沒有勇氣，捉襟見肘，
感覺自己終年處在寒冷之中」。事實上，取得真正成功的大學畢業生，都
在大學期間為未來做好準備，在畢業後施展能力。他們的老師最為優秀的
一點，就是教會他如何學習。一旦他離開學校，他就無法時刻對著給他思
想營養或是幫助的書籍了，他需要自己去面對人生了。

　　我們絕對不能因為某人全力去做某事，最後卻失敗了，而認為他做
不了任何事情。觀察一下擱淺在沙灘上的小魚，牠拚命掙扎，似乎死期
將至。但請你仔細觀察一下，一個大浪沖上岸，覆蓋住了這個可憐的「傢
伙」。一旦牠的魚鰭感受到了水的存在，就恢復了活力，馬上朝著海浪奔
去，牠的魚鰭發揮了極為重要的作用。而在海浪沖上之前，牠只能用魚鰭
拍打著空氣，做著無力的掙扎，此時，魚鰭發揮了相反的作用。

　　如果你盡了最大努力，依然無法取得成功，那就要認真審視所從事的
工作，看看這樣的工作是否真的適合發揮自己的能力。考博想做律師的努
力失敗了，他性情羞澀，無法在法庭上以流暢的語言為當事人進行辯護，
但他創作了一些最為優美的詩歌。莫里哀經過多番掙扎，發現自己並不適
合做律師，後投身文學，成為了一代文學巨匠。伏爾泰與彼特拉克都放棄
了法律專業，前者選擇了哲學，後者選擇了詩歌。克倫威爾在 40 歲之前
一直都是普通的農民。

　　在我們進入青春期時，很少人會真正展現出對某項工作或專業的天才

與非凡的能力。絕大多數的少男少女雖然都想早點發現自己的興趣愛好，但在 15～20 歲之前，要想找到日後真正要專注的人生事業，其實還是很難的。每當心靈的大門被敲響一次，就需要我們有從事某項明確事業的專業能力，但事實上並非如此。我們沒有理由放棄手頭上要承擔的責任，也必須去將我們本該做的事情做好。薩繆爾‧斯邁爾斯所接受的訓練並不符合他理想中的職業，但他還是忠誠地履行職責，最後他從事自己喜歡的創作職業，成為了著名的作家。

忠誠於工作，履行好日常的職責，對我們的父母、老闆、自己與上帝都懷著真誠的責任心，這必將能讓絕大多數人在適當的時候處在適當的位置。

若是加菲爾之前不是一位熱心的老師、負責任的士兵與有良心的政治家，他是不可能成為美國總統的。林肯與格蘭特從小也沒有要有一天入主白宮的想法，他們也沒有想著要去統治千百萬人的念頭。所以，任何人都不應該因為自己出生時沒有超群的天賦而感到失望。每個人要做的，就是做到最好，無論命運之神如何對待他，他都要遵照內心的標準去將事情做好。讓職責成為你的指引星吧！憑藉你的勤奮與努力，成功必然屬於你。

選擇什麼人生事業呢？我一生的事業是什麼呢？

如果你的本能與心靈想讓你做一名木匠，那就做一名木匠；如果你想做醫生，那就做醫生吧！年輕男女要是有堅定的目標，認真去工作，就肯定能取得成功。如果你缺乏這種本能，或是這種本能發出的信號太弱，你在選擇最適合工作時就要倍加小心了。每個人都要相信一點，即天生我材必有用。真正的成功源於做好屬於自己的工作，這是每個人都能做到的。寧願做一流的搬運工，也不做二流的其他工作。

這個世界對曾經那些被稱為傻瓜與愚蠢的人都十分待見，現在這些人都取得了成功。但是，在這些人深陷失落與別人的誤解時，他們也是叫天天不應叫地地不靈。給予每個男女一個公平的機會與適當的鼓勵，不要因為他們一些顯而易見的愚蠢行為而去責備他們，因為這些被世人稱為「傻瓜」、「痴呆」、「神經病」的年輕男女可能只是處在錯誤的位置上，要是讓他們處在適合的位置上，那肯定不會這樣。

威靈頓曾被他母親認為是笨蛋。在伊頓公學讀書時，他被同學說是低能兒，動作遲緩，而且學習成績總是班上最後一名。他沒有展現出任何天賦，也沒有想要從軍的想法。在父母與老師眼中，勤奮與堅持是他唯一的優點。但在他 46 歲時，擊敗了史上最偉大的將軍，當然除了他自己。

奧利弗・戈德史密斯（Oliver Goldsmith）曾是他老師眼中的笑話。他以「木質的勺子[01]」的成績畢業，成為同學的笑柄。他想過進入醫學專業學習，但遭到拒絕。他被迫轉向文學創作。戈德史密斯發現自己完全不適合做醫生，但誰能像他那樣創作出《維克菲爾德的教區》、《被遺棄的村落》這樣的作品呢？詹森博士發現他的生活極為窘迫，一度存在著因為欠債而被拘捕的可能。於是，他讓戈德史密斯將《維克菲爾德的教區》一書的手稿交給他，然後賣給了出版商，還清了債務。這本書的出版讓戈德史密斯聲名鵲起。

羅伯特・克里夫在學校讀書時被同學稱為「傻瓜」與「被遺棄的人」。但在他 32 歲那年，他在普拉西以 3,000 士兵擊敗了 50,000 的敵軍，為大英帝國在印度的統治打下了基礎。沃爾特・斯科特爵士曾被老師稱為「傻

01　Wooden spoon 從字面意思來看，是「木質的勺子」，但人們往往用它的引申義 —— 「末等獎」。這個引伸義的來歷可以追溯到 19 世紀早期英國劍橋大學的獎勵制度。當時，在劍橋大學有頒發勺子作為獎品的慣例：金勺、銀勺和鉛勺都是榮譽的象徵，在期末考試中獲得前三名的學生分別被授予金、銀、鉛勺，而木質的勺子則頒發給那些在考試中成績最差的學生。

瓜」。在拜倫勳爵（The Lord Byron）偶爾一次考試成績在班上名列前茅時，他的老師對他說：「小拜，讓我們瞧瞧你什麼時候又排到最後一名。」

　　年輕的林奈被他的老師稱為「無可救藥的傻瓜」。他的父母覺得兒子並不適合到教堂當牧師，就送他到大學學習醫學專業。但林奈內心的「老師」在默默地告訴他，要到田野間去。疾病、不幸與貧窮都不能阻擋他對植物的研究，不能阻擋他選擇心儀的事業。後來，他成為了那個時代最傑出的植物學家。

　　理查德・布林斯利・謝立丹（Richard Brinsley Sheridan）的母親想教會兒子一些基本的知識，但似乎都白費功夫。母親的去世終於喚醒了謝立丹沉睡的才智。與許多成功人士一樣，他成為了那個年代最傑出的人物。

　　薩繆爾・德魯在他鄰居眼中是最愚蠢與搗蛋的一個小孩，但在相繼經歷了一場差點讓他失去生命的事故與哥哥去世的打擊後，他成為了一個學習勤奮，抓住每一分秒的人。他利用各種途徑，抓住每滴時間去提升自己。他說佩恩所著的《理智時代》讓他成為了一名作家，因為他就是在反駁佩恩書中的觀點，才讓世人知道他是一位有想法的作家。

　　自知者，必成大器；不知者，難有作為。誠哉斯言。

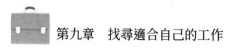 第九章　找尋適合自己的工作

第十章
選擇什麼事業？

畜生知道牠們的才智在哪裡，

狗熊不會想著在天空飛翔，

累垮的馬面對著五道橫杠的大門，

不會想著隨便翻越。

小狗面對又深又寬的地溝，

本能地掉頭走。

但人類是唯一一種動物，

會出於愚蠢的念頭違背自然的規律，

即便自然已經大聲疾呼：停止！

但人的頑固難以改變，

智慧尚未得到開啟，

最後荒唐地扭曲了人性。

—— 強納森・史威夫特（Jonathan Swift）

　　一個人最幸運的財富，就是一出生就有追求某項事業的天賦，能從中找到幸福，無論是編織籃子、鍛造腰刀、開挖運河、塑造雕像或是創作歌曲。

—— 愛默生

　　無論本性想讓你做什麼，都要牢牢堅守，永遠不要放棄你的才華。發揮你的天賦，你就能成功。要是拋開自身天賦，去做其他事情，那麼你要比一事無成糟糕千百倍。

—— 西德尼・史密斯（Sydney Smith）

「每個人都有自己的強項，」阿蒂默斯‧沃爾德說，「一些工作是某些人的強項，而有些人則適合做其他工作。即便是那些隨處走動的牲畜，牠們也有擅長的地方。」

「我曾兩次嘗試去做我並不擅長的事情。第一次，我對那個在我帳篷上劃了一個小洞的人破口大罵。我說：『該死的畜生，你給我滾出去，我要狠狠揍你一頓』。那人回應說：『來吧！打蠟工。』於是，我就跑過去揍他，但他用力抓住我的頭，將我趕出帳篷，把我逼到了乳牛的牧場。當我爬起來，扭乾被水沾溼的衣服時，我得出了結論：與人打架並不是我的強項。」

「現在，我想說說第二次嘗試。我一般很少去依賴別人。但在那個小鎮上，我那個負責岩石打磨的工人因為發燒而去世，我從未感到如此的羞愧，我覺得自己真是一事無成。後來，我迷路了，希望自己驅趕的動物不要在大街上亂跑，與此同時，我還扔掉了所有的石蠟製品。」

「之後，我覺得自己可以去試試騎馬比賽。我買了一個馬鞍，準備進行比賽。比賽的時候，我前面有一匹馬，後面有兩匹馬，他們都是有預謀的，對我騎的馬進行攻擊，用腳大力踢我的馬，使得馬嘶聲裂叫。我發現自己置身於混亂的環境，大家都像是在鬥毆，有點像是野蠻人的部落。我被『營救』出來了，被人用擔架抬到了酒館，那時我用微弱的聲音說：『我的天啊！騎馬不是我的強項。』」

「總結出的道理：永遠不要去做不是自己強項的工作，因為你肯定會被別人超越，被別人打壓。」

西部地區一份報紙的這則廣告登了許久，但一直沒有任何人前來應聘——

「招聘啟示：因為公司發展需求，需要一名有豐富經驗的印刷工，要有能力負責印刷與出版方面所有方面的工作。要在大學擔任過教授，同意教教授裝飾繪畫、書法、幾何、三角學及其他方面的科學知識；並要有擔任過牧師的經驗，同意為年輕男女進行布道演說。要是他同時是牙醫或是皮膚科醫生，那就更好了。又或者，他能在唱詩班裡勝任男低音或是男高音位置。」

最後，這則照片啟示補充了這樣一段話：

「附注：招聘砍柴工，速度要快，體力要好。」這樣的補充很快就招到人了，這則廣告就從報紙上消失了。

你的才華就是對你的呼喚。你的未來在你的品格中就可窺見一二。如果你找到了屬於自己的位置，那麼這樣的工作會讓你的身心都感到滿足。

如果可以，選擇最能讓你專注精力與能量的工作。到時候，你不僅能有一個適合自己的工作職位，而且還能最大限度地發揮你的才能與工作技能，這才是你真正實力的體現。

追尋你的興趣愛好。你不可能在違背自己理想的情況下取得持久的成功。父母、朋友或是不幸的遭遇可能會扼殺你內心的願景，逼著你去做自己不喜歡的工作。但這就像一座火山，岩層內部積蓄已久的火焰遲早都會爆發出來，一個人的天賦也會在歌曲、藝術或是其他領域得到展現。小心那種「你無法去實現完美」的想法。大自然憎恨所有敷衍與半途而廢的工作，並對此表示反感。

讓我們與馬修‧阿諾德一起，勇敢發出這樣的宣言：寧願成為擦鞋工中的「拿破崙」或是清掃煙囪的「亞歷山大大帝」，也不要做頭腦膚淺、對法律一無所知的法官。

世界上有一半人似乎都處在自己並不喜歡的職位上，似乎人類應該重組，重新交換一下彼此的工作。一位適合當侍者的女生想去做老師，而一位天生適合做老師的人想著去管理商店。很多原本可以成為優秀農民的人在「謀殺」著法律，而諸如喬特與韋伯斯特這樣的人卻只能將農場搞垮。在工廠裡工作的男生終日愁眉苦臉，他們應該去學習希臘語與拉丁文；而不少終日為沉重的學業壓力壓得喘不過氣的人其實適合管理農場或是去航海。一些所謂的藝術家在帆布上「塗鴉」，他們本應去粉刷木板柵欄。櫃檯後面站著的職員憎恨碼尺，討厭自己的工作，想著去做其他工作。一位出色的製鞋匠為鄉村的報紙寫了一首詩歌，他的朋友都稱他為詩人，於是他就覺得自己真的適合做詩人，丟下了鞋子，拿起筆準備創作，卻發現無從下筆。還有一些適合做製鞋匠的人卻在國會上敷衍度日，而本該踏入政壇的人卻在敲打著鞋楦。俗人在講臺上進行布道演說時，口無遮攔；而比徹與惠特菲爾德這樣的人卻在商界一敗塗地，而世人還在對為什麼那麼少人去教堂感到不解。一位成績好的學生在學業上一帆風順，順利從大學畢業，選擇了「醫生、牧師與律師」中任意選擇了一個職業，卻做的一塌糊塗。本該成為內科醫生的人手拿著切肉刀在切豬肉，而本該做屠夫的人則在手術臺上手持手術刀肢解著人的身體。這樣的人多麼幸運啊 ——

　　「有一種神性，影響著我們的結果。

　　不論我們如何敷衍對待。」

　　「有一門手藝的人，」富蘭克林說，「就有了一門資本。聽從心靈呼喚的人就找到了金錢與榮耀的位置。一位站著的農夫要比跪著的紳士更加高大。」

　　一個人的工作對他產生的影響是最大的。工作能讓我們的肌肉變得更

加結實，讓身體更加健壯，加速血液流通，心智更加銳利，提升我們的判斷力，喚醒創造力的天才，將智慧投入到工作中去，讓他處在正確的人生軌道上。工作能喚醒他的理想，讓他感覺自己是一個真正的男人，必須像一個男人那樣去戰鬥，完成自己的工作，履行自己的責任。無所事事的人是不可能覺得自己是真正的男人。一個終日遊手好閒、沒有工作的人不是一個真正的男人。重達150磅的骨頭與肌肉不能讓你成為一個真正的男人，天資聰穎的大腦也不能讓你成為真正的男人。身體的骨頭、肌肉與大腦必須要懂得如何去做一個男人該做的工作，像一個男人那樣去思考，走一條男人該走的路，要有男人品格的力量與勇於擔當的職責，這些才是構成真正男人的要素。

　　找尋適合的工作，這是成功的第一要素，持之以恆才是第二個要素。在一般情況下，普通人只要以生活的常識為指引，並能做到上面兩點，就肯定能成功。

　　不要整天盼望著更高的位置或更豐厚的薪水。為你所處的職位增添光彩吧！發揮創造力去改變工作方法。要以開闢者的精神去對待工作。做事手腳要麻利、細心，保持充沛的精力，要比前輩或是同事都要更有禮貌。深入研究自己的工作，要精通業務，設計全新的工作方法，讓老闆對你刮目相看。成功的藝術不僅能給你帶來內心的滿足，讓你在那個位置上做的出色，更能讓你做的比別人想像中更好，讓你的老闆感到驚訝。那麼，你獲得的獎賞將是更好的平臺與更為豐厚的薪水。

　　在失業時，最好能先做一份正當的工作，先別管自己的才能是否與工作的要求相符。如果你能將品格注入到工作中去，就能獲得更好的機會。

　　在這個複雜的時代，選擇人生正確目標的問題讓人感到極度困惑。若

你是祖魯族人的兒子或是貝都因人的女兒，那麼這個問題也就簡單多了。這些尚未開化的野蠻人只有一個選擇。但隨著人類文明的發展，各種紛繁複雜的事務越來越多，做出正確決定就變得越來越重要與困難了。在今天這個竟爭如此激烈的時代，每個人選擇正確的目標就變得極為重要。只有選擇了正確的目標，人才能滿懷熱情，全身心投入到工作中去，才可能取得成功。消耗精力與模糊理想，對人產生致命的影響，即便是最有天賦的人也不可能成功。

格萊斯頓曾說，每個人的身體與大腦都有一個工作極限，明智之人是絕對不會在不適合自己的工作上浪費半點能量。

「找到適合自己工作的人是有福的，」卡萊爾說，「那些人不需要在尋求其他祝福了。他有了工作 —— 一個人生目標，他找到了目標，並能緊緊追隨這個目標。」

在選擇職業時，不要問自己能從這份工作中賺到多少錢或獲得多大的名聲，而要從事最能發揮你潛能與力量的工作，讓自己強大起來。你需要找尋的，不是金錢，不是名聲，甚至不是名譽，而是你的力量。為人氣概要比財富更偉大，要比名聲更重要。品格要比成就任何事業都更加重要。身體的每種功能都要接受訓練，那麼訓練過程中出現的缺點就會在你所在的工作中浮現。雙手必須要接受訓練，才能變得更加優雅、沉著與有力。雙眼要變得敏銳、能分辨是非、觀察細緻。心靈要變得更加柔軟、富於憐憫心與追求真理。記憶力也要經過常年的鍛鍊，使之變得精確，可以記住更多的事情。這個世界並不要求你一定要成為律師、牧師、醫生、農民、科學家或是商人，也沒有要求你一定去做什麼，但它要求你無論做什麼，都要成為所做工作的大師。如果你成為所在行業的大師，世界都會為你鼓掌叫好，所有機會的大門自然會向你敞開。但是，世人譴責那些三心二

意、半途而廢的失敗者。

盧梭說：「每個懂得如何履行職責的人在做與自己專長相關的工作上都不會很差。對我來說，我的學生日後去參軍、成為講師或是律師，這些都關係不大。大自然賜予我們每個人一定的天賦，讓我們可以從事相關的社會工作。如何生活，這才是我要教會他們的。當我教會了他這方面的知識，他將不僅僅是一名士兵、律師或是神職人員，他首先是一個真正的人。財富可能讓他隨時從一個職位變換到另一個職位，但他總能找到屬於自己的位置。」

在人生這場競賽裡，常識往往指引著我們前進。財富、證書、血統、才華與天賦固然重要，要是沒有圓滑與常識的存在，人也是很難有所成就的。缺乏能力與不切實際的人雖然有一大堆證書與學位證，但在這場競賽中始終處於下風。你知道什麼或是你是誰，這並不重要，重要的是，你是怎樣的人，你能做什麼。這也是本世紀對我們最大的拷問。

喬治‧赫伯特（George Herbert）曾睿智地說：「對自身而言，我們是誰要比我們做什麼更為重要。」一個目標要是有觸犯正義、榮譽或是正義的嫌疑，我們就應該立即放棄這個目標。在今天這個時代，很多人都想方設法去掩蓋錯誤的行為，讓錯誤的事情看上去正確。這種文過飾非的做法實在太氾濫了。有趣的是，理智在遇到壓力時，會克服一個人對正確事情的本能看法。一位著名科學家曾說，若是一個人只顧著忍受痛苦，辛苦的工作，那麼理智很快就會超脫出寬容本能的範疇。所以，當我們面對充滿誘惑但讓人疑惑的未來時，就可能將錯誤扭轉過來，使之看上去變成正確。但是，任何不道德的目標都已蘊含著必定失敗的種子。從失敗一詞的本義來看——這是精神與肉體的雙重失敗。

毋庸置疑，每個人都有自己的特長，適合去做某項工作。極少數人──我們稱之為天才的人──在早年就已經給這個世界烙下了深刻的印記。

　　斯德爾女士在其他同齡女孩還穿著布娃娃衣服時，就開始專注於研究政治哲學了。莫札特在 4 歲時就會彈奏翼琴，並譜寫了流傳至今的小步舞曲與其他音樂作品。查默斯年紀小小的時候，就以嚴肅的姿態與認真的手勢練習著牧師布道時的肢體語言，經常會站在保育院的凳子上發表演說。歌德在 12 歲時開始創作悲劇，格勞修斯在不滿 15 歲時出版了一本哲學書籍。蒲柏小時候曾經「在讀數字時口齒不清」，但依然成為文學家；查特頓在 11 歲時創作了不少優秀的詩歌，考利在 16 歲時出版了一本詩歌集。湯瑪斯‧勞倫斯與班傑明‧韋斯特（Benjamin West）在他們會走路的時候就開始畫畫了。李斯特 12 歲時就已在公開場合進行演奏了。卡諾瓦還是個孩子時，就開始用泥巴塑造模型了。培根在 16 歲時，就指出了亞里斯多德哲學體系中出現的問題。拿破崙在布里耶納投擲雪球時，一直衝鋒在前。

　　上面列舉的這些人都是年紀輕輕就找到了自己的優勢，並在之後的人生追尋這條道路。但是，智慧早熟的情況並不普遍，通常都是極為罕見的。我們一定要發現品格中存在的偏見成分，不能放任這種偏見流露出來。一旦我們發現了品格的不足，這要比擁有金山還有價值。

　　「我沒有阻止你去做布道演說，」一位主教對某位年輕的牧師說，「是老天在阻止你。」

　　羅威爾說：「想要努力成為與自身本性相悖的人，這是在白費功夫。歷史上充斥這樣失意之人，他們懷著無法實現的夢想，抑鬱而終。」

只有你身心的功能被喚醒，你的整個本性都認同你所從事的工作，你對工作充滿熱情，甚至做夢都會夢到工作，那麼你才算找到了適合自己的工作。在某段很短的時間裡，你可能被迫要做自己不喜歡的工作，但你要儘快讓自己從中解放出來。克萊，這位被稱為「神聖的補鞋匠」，肩負著傳教使命，準備出發時說：「我的工作是要傳播福音，我補鞋只是為了賺錢實現這個目標。」

如果你的工作很卑微，就投入比別人更多的為人氣概，使之變得高尚。將思想、心靈、能量與勤奮都投入進去，透過改進工作方法拓展視野。透過不斷進取與勤奮將工作做得更圓滿。把工作當成一門需要研究的課題，掌握與工作相關的所有知識。專注於工作，因為最偉大的成功屬於那些將心靈與肉體的能量投入到為單一目標奮鬥的人。與其整天想著去做別人的工作，還不如透過努力將眼前這份工作做到最好。

如果你想爬到最高位置，就要從最基本的方面對工作進行研究。與你工作相關的事情，是沒有小事的。這就是 A・T・斯圖瓦特與約翰・雅各・阿斯特等人取得巨大成功的祕密。他們對自己從事的行業瞭若指掌。

正如愛是婚姻存在的唯一理由，也是讓雙方共同度過婚後生活的苦惱與各種瑣事的唯一保證，我們對工作的愛也是唯一能讓我們免於許多痛苦與困擾的要素。要是沒有對工作的愛，這些痛苦與煩惱會讓95%的商人或是從事其他工作的人無法承受。

英國一位著名人士這樣對侄子說：「不要選擇醫生這個行業，因為我們家族不想出現謀殺犯。你很有可能會因為自己的無知而讓病人喪命。你也不能去從事法律方面的工作，因為任何謹慎的人都不會拿自己的生命或是財富去冒險，不可能去請年輕律師，因為這些律師不僅沒有實戰經驗，

而且通常過於自負，容易為客戶招來麻煩，加大客戶失敗的風險。既然當代人們對牧師在布道時所做演說及提供的建議還未能有一個明確的解釋標準，我建議你盡力去教堂當牧師。」

惠蒂爾說：「我覺得自己來到這個世界是要做一些事的，而且我必須要將這些事做好。」他的這句話也解釋了他能發揮如此巨大影響力的祕密。像惠蒂爾這樣的人去從事法律、文學、醫學與牧師，或是其他方面的工作，都肯定能取得成功。他內心嚮往工作，熱愛工作，忠誠於工作，這些都是他能取得成功的首要因素。如果某人進入某個行業工作，只是因為他的祖父曾在這個行業取得過不俗的成就，或是他的母親想讓他做這個工作，而這份工作可能違背了他的天性，讓他提不起興趣，那他必將失敗。讓他去做想當的電動車駕駛吧！雖然日薪只有 1.75 美元，但這要比強迫他去做不喜歡的工作更好。即便他從事的是卑微的工作，但他的才智能讓他在該項工作中出類拔萃。讓他去做一些他不喜歡的工作，造成的惡劣後果就好比將一塊巨大的圓石滾到鐵軌上，對接下來一趟火車造成致命的威脅。

就在幾年前，婚姻是唯一對女生開放的「空間」，大齡單身女生還會面對朋友的指指點點。萊辛曾說：「像男生一樣調皮的女生是荒唐可笑的。」沒過幾年，有理想的女性就開始學習知識與創作文學，但手中還是要拿著刺繡，在有人進來時，立即遮擋她們手上的書與手稿。格里格力博士曾對女兒說：「如果你碰巧掌握某一門知識，一定要向男人保密，因為男人一般都會妒忌具有學識與修養較高的女性。」那個時代的女性即便出版了作品，都會否認是自己寫的，似乎這是一件見不得人的事情。

一切都改變了！這是多麼好的改變啊！正如法蘭西斯·威拉德所說的，本世紀最大的發現就是對女性能力的挖掘。女性獲得了解放，除了婚

姻之外，她們還有了數不盡的機會。之前，只有男生才能選擇人生的事業，現在他的姐姐與妹妹也能像他這樣。女性可以按照自己心意去選擇事業，這是 20 世紀最偉大的榮耀。但是，這種自由伴隨著責任。女生在這樣的時代，應該要有明確的人生目標。

霍爾博士說，這個世界需要女性能夠「成為母親的右手，幫助母親照顧弟弟妹妹，幫忙做一些家事」。這些女生不僅讓父親以她們的美貌為傲，更為她們的才華而自豪，弟弟妹妹也不再將她們視為舞會或是社交場合的能手，還將看到她們在其他方面超群的能力。我們還需要具有常識的女性——她們有自己的行為標準，不受常規桎梏，能獨立生活。她們不會穿著拖地裙在大街上走來走去，弄得裙子全是細菌，搞得十分骯髒。她們不再戴高帽去戲院看戲了，也不會穿上傷害她們腳踝的高跟鞋與做束腹這樣危害健康的行為。現在的女生會選擇搭配恰當的衣服，不再受可怕的流行風尚所影響。我們都想要心地善良的女生——表裡如一、單純與簡樸的女生。在她們 20 歲時，不會像她們 10 歲時那麼調皮，對錯誤的行為有了更加深刻的認知，做事不會那麼魯莽。我們還希望女生能細心與謹慎一些，能夠想到父親為了自己過上舒適安逸的生活所付出的努力，也要想到母親為了她們獲得許多美好的東西而克制自己。她們要懂得重要事情與非重要事情之間的界限，過著節約的生活，杜絕奢侈浪費的行為，為家庭營造歡樂與舒適的氛圍無私地作出貢獻，不要成為家裡的負擔。我們想看到那些善良的女生——待人親切、性情溫和，看到他人為病痛折磨會流淚，為他們美麗的思想而微笑。我們想見多一些聰明、優秀的女生，給我們多一些性情愉悅、溫暖人心與富於活力的女生吧！給我們多一些為他人著想的女生，多一些在這個世俗世界裡保持自我的女生吧！要是我們身邊多一些這樣的女生，那麼這個世界就立即充滿生氣，正如夏日的天空經過

傾盤大雨的洗禮後，變得格外湛藍。

「他們在談論著女性的影響，

似乎女性的影響是有止境的。

如果沒有女生，

地球或是天宇間將沒有一寸地方，

人類將沒有一個使命，

再也沒有祝福與悲傷，

沒有了低聲絮語，沒有了大是大非，

沒有了生命，沒有了死亡，沒有了誕生。

所有一切，都將輕如鴻毛，不值一提。」

愛默生說：「去做上天賜予你的工作，你不能想著去做更多事情或有太多的想法。人生總有一些時刻，是你必須站起來，說出那句勇敢與大無畏的話，就像菲迪亞斯手中的鑿子、古埃及人手中的泥刀、摩西與但丁手中的筆，雖然形式各異，但內涵一致。」

「對年輕人來說，最好的出發點，就是在沒有朋友與任何依靠時，」羅素‧薩奇說，「首先，你要找到一個屬於自己的位置；第二，保持緘默；第三，認真觀察；第四，忠誠待人，第五，讓你的老闆離不開你；第六，禮貌待人。」

「勤奮工作，為人正直，注重細節，慎重表現，」這是約翰‧沃納梅克給出成功的四個步驟，他的座右銘是「做好下一件事。」

無論從事什麼工作，不僅要將工作做好，而且還要超越工作這個層面。多數人將工作或某項事業視為混飯吃的權宜之計。要是將為拓展我們人生視野、鍛鍊我們品格，讓我們成為更為均衡、全面與身心和諧的工作

視為一種權宜之計，這是多麼狹隘與卑鄙的看法啊！我們不應該逃避自己的使命，不應該躲避能讓我們發揮生命偉大潛能與力量的機會，正如太陽能讓花朵綻放美麗，散發芳香。

> 我高興地意識到，
> 自己不需要去讓這個世界轉動，
> 而只需要懷著一顆愉悅的心，
> 探索與發現上帝賜予我的使命。

—— 讓·英格洛

「我該怎麼做，才能被世人銘記呢？」
履行好你的職責！
很多默默無聞之人依然沉睡，
哦，不要，不要啊！
你想想，上天唯恐他們籍籍無名，
而誰又知道你呢？
天使在天宇間敲響了戰鼓，賜予了讚美，
盼望他們的人生變得神聖。

第十一章
選擇職業

從事符合本性的工作，你將獲得成功。如果你從事不符合自身天賦的工作，你將要比一事無成還要糟糕 10,000 倍。

—— 西德尼‧史密斯

「很多人的成功都是以犧牲身體健康為代價的。」

沒有人能長時間與自身的天性與品格抗爭，並取得成功。人生成功的第一個原則，就是按照自身體質及自然性情去從事工作，而不是想著依靠工作去抵消某種性情。

—— 布林‧維爾（Bryn Vale）

上天賜給每個孩子從事某項事業的天賦。

—— 羅伯特‧洛威爾（Robert Lowell）

因為工作與職業對每個人的壽命有著重要的影響，所以年輕人在選擇職業時一定要注意一點，即自己的工作是否是健康的。政治家、法官與牧師這些族群都以他們的長壽稱著，這些人不需要像商人那樣捲入各種事務的漩渦之中，不需要經歷激烈競爭給人的身心所帶來的嚴重消耗。天文學家由於經常沉思宇宙運行的體系，想像著各個星體在巨大的距離轉動，所以一般都比較長壽，赫謝爾與洪博特就是典型的代表。諸如伽利略、培根、牛頓、歐拉、達爾頓等從事哲學、科學及數學方面研究的人，因為需要經常思考精確的科學知識，似乎不容易罹患多數人所得的疾病。一般來說，研究自然歷史的人都過著長壽與快樂的生活。在對英國死於西元 1870 年前的 14 位著名歷史學家進行的研究，發現兩人活過了 90 歲，五人活過了 80 歲，兩人活過了 70 歲。

心靈的運作對身體健康產生重要的影響。

有不少工作對人的健康造成致命打擊，但依然有不少人從事著這樣的工作。在所有危害身體健康的工作中，最典型的工作就是銅版雕刻、磨針與製造刀叉這些工作了。這些工人聞到鐵屑散發出的氣味會給他們帶來痛苦的疾病，導致他們在 40 歲之前就必然會死亡。但這些工人受到高薪的誘惑，甚至堅決不使用任何發明出來的防禦工具以減低危害，因為他們害怕這樣會讓更多人從事這些行業，導致他們賺的沒以前多。不少醫生在對法國數間工廠進行調查發現，工人的健康狀況都出現了嚴重問題，他們的牙齒開始掉落，下顎骨破碎或是壞死，很多人都罹患了支氣管炎及其他疾病。

也許，我們在農場能找到更多長壽的老人。農民之所以要比城市人或是從事其他工作的人過得更長壽，原因有很多。除了農場的空氣比較純淨，適合進行戶外運動 —— 這兩者都有助於腸胃消化與充足的睡眠，這是城市人很難享受到的。農民能免於日常生活很多煩惱、摩擦與憂慮，也不需要感受城市生活的競爭所帶來的壓力。另一方面，即便在鄉村生活，也存在著不少對健康長壽造成打擊的元素。因為人不是單靠麵包生存的。據我們目前所了解，心靈狀態是我們保持身體健康最重要的一個因素。城市的社交生活，讓城市人有許多機會可以為心靈提供精神食糧，他們可以去圖書館看書，去聽講座，到教堂聽布道演說，還可以與優秀人才隨時進行交流，豐富的消遣活動彌補了農場生活的許多不足。雖然城市生活有不少縮短生命與影響健康的因素，但要是能夠保持節制，也還是能過上長壽的生活。許多地方的農民都沒有比居住在城市的科學家或是其他專業人士活的更長。

毋庸置疑，人生理想與事業成功都有助於延長我們的壽命。成功的人生有助於我們過上長壽的生活，前提是我們不在狂熱追求財富的道路上過

分消耗人生的精力。湯瑪斯‧溫特沃斯‧希金森 (Thomas Wentworth Higginson) 列舉了上世紀最著名 30 位牧師的名單，發現這些牧師的平均壽命是 69 歲。

在對某些地區的礦工進行調查時，我們發現在 1,000 名礦工中，有 600 名礦工死於肺結核。在歐洲的許多監獄，那裡汙濁的空氣與骯髒的環境對健康產生了致命的影響，超過 60% 的死亡是因為肺結核。在巴伐利亞的修道院，健康的人進去後，有一半的死亡是因為罹患了肺結核，同樣的情況也發生在普魯士的監獄。汙濁的空氣、骯髒的環境與劣質的食物是造成這些年齡在 20 ～ 40 歲的人頻繁出現死亡的重要原因，這些人的死亡率是一般人死亡率的 5 倍。在紐約市年齡超過 20 歲的人中，1/5 的死亡率是因為肺結核。在歐洲，這個死亡比例通常還要更高一些。在 1,000 例的死亡中，一般來說，有 103 個人是因為肺結核而死去，其中 108 人是漁民，121 人是園丁，122 人是農場勞工，167 人是食品商，209 人是裁縫師，301 人是乾貨批發商，461 人是工人 —— 可見，工人的死亡人數接近了一半。

據貝諾伊斯藤與倫巴第博士發表的一篇篇幅較長的研究報告顯示，在從事各行各業工作的人中，礦物粉末對人的健康危害是最大的，動物排出的粉塵次之，接著是蔬菜腐敗後的氣味。

在選擇職業時，乾淨的環境，純淨的空氣，充足的陽光與遠離有害的塵埃與有毒氣體都是必須考慮的。要是某人說自己願意為了一大筆財富而減短一年壽命，那他一定會被說成是瘋子。但我們很多人選擇的職業是過往資料與醫生都證明了會縮短我們 5 年、25 年、30 年甚至 40 年壽命的工作，但這些人似乎對此毫不在乎。

工作時間較長、消耗大量精力且缺乏規律的職業是存在危險的。做事缺乏規律與條理的人隨時都遭受著健康的危險。「不久前，在對紐約運動俱樂部的 32 名全能運動員進行調查時，」一位醫生說，「發現已有三個人死於肺結核，五人走路需要支架，四五人出現了肩膀下垂的狀況，三人患了黏膜炎與部分失聰的症狀。」俄亥俄州代頓市的國家士兵之家的首席醫師帕頓博士說：「在 5,000 名士兵裡，有超過 80% 的士兵都或多或少患有心臟方面的疾病，其中的原因是他們在接受強制鍛鍊時傷害了身體。」

人的身體機能與功能都是相互連繫的，牽一髮而動全身。很多運動員在鍛鍊身體肌肉時，都存在著運動過度的情況，犧牲了身體、心靈與道德的健康。大自然的法則是，身體功能因過度緊繃或被壓迫的狀態而出現了過度使用，都可能會損害身體，而且會對身體其他部位的損害。

充滿活力的思想只能源於思慮清晰的大腦。當大腦處於極度疲乏與困惑時，我們很難期望大腦依然保持旺盛的精力、活力與彈性。在發表演說、創作書籍或是文集時，疲憊的大腦都不可能有好的表現。大腦是身體發育最遲的一個器官（大約在 25 歲時才完全發育成熟），所以我們在年輕時不能過分用腦。很多人的未來之所以被毀掉，就是因為在上學時將神經繃得太緊，導致精神崩潰。

讓大腦停止思考並不意味著讓大腦完全不做事了，這一點可從很多偉大思想家的例子得到驗證。在思想領域取得非凡成就的人遲早都會意識到，要學會如何讓大腦某部分功能處於休息狀態，讓另一部分功能運作起來，特別是當我們做某事的興趣開始減弱，就會覺得容易疲憊的時候。以交替用腦的方式去工作就能取得讓世人為之震驚的成就。這在很大程度上是我們如何發揮大腦各種不同功能的問題。我們可以讓大腦某部分功能處於休息狀態，而讓另一部分的功能運作起來。工作狂只想著利用大腦的某

種功能，遲早會讓自己後悔的。我們所能消耗的腦細胞只有在大腦原先儲存著這些能量時才能使用。疲憊的大腦一定要獲得休息，否則就會出現神經衰弱、大腦發熱或是大腦功能下降的情況。

一般而言，充沛的身體活力是成就偉大事業的前提。若格萊斯頓有一副孱弱與疾病的身體，他能取得那麼大的成就嗎？他在希臘的科孚島面對希臘人發表演說，然後到義大利的佛羅倫斯發表演說，之後他能與德國的俾斯麥談笑風生，或是在巴黎以流利的法語和各界名流進行交談，然後在英國議會列舉各種事例，為自己的觀點進行長達數小時的辯論。有一些家族「抓住了成功，並且延續了數代，原因很簡單，因為他們都遺傳了健壯的身體基因。」

任何會讓人失去活力或摧毀身心健康的工作都應該盡量避免。很多製造商經常不顧員工的健康，只想著讓員工將事情辦完。他們不在乎員工在鐘錶廠裡做釘頭或是螺絲釘是否會影響他們的健康，不在乎這些工作是否會讓員工呼吸過量的粉塵、磷元素或是砷元素，導致員工的健康出現問題，縮短他們的壽命，最後身體出現殘缺。

一旦我們強迫員工從事損害他們健康的工作或其他無法提升他們健康的工作時，其實這種強迫他們做的工作比他們無所事事還要惡劣。「如果我們以高薪誘惑畫家用褪色的色彩去繪畫，請建築師用不結實的石頭去建築大廈，或是讓承包商偷工減料做基礎建設，就好比強迫米開朗基羅在雪中雕刻。」

羅斯金說，這個時代的一大趨勢，就是將天才消耗在容易逝去的藝術上，正如人的思想被熊熊的篝火燒盡，卻被當成一種勝利。你強迫別人去做的工作對你與社會有利嗎？如果你聘請一位女裁縫師為你的晚宴裙子做

4～6荷邊裝飾，而你只有在參加晚宴時才會穿這條裙子，那麼你就是在自私地浪費著金錢。不要將貪婪與仁慈混為一談，不要覺得自己穿這麼華麗的衣服要比飢餓之人吃飯的這個問題更加重要，並以此來麻痺自己。只有那些看見你從豪華馬車走下來，站在街上瑟瑟發抖的人才知道飢餓的真實感覺。你穿的華麗衣服並不意味著能給這些飢餓之人帶來多少糧食，但這確實意味著你從他們口中搶走了不少食物。

選擇一個有益健康、受人尊敬的職業。如果你在這些方面對一份工作存在疑問，那你就要立即放棄，因為對不良工作的熟悉會讓你覺得這份工作是正確的。選擇一份有提升空間的工作。有一些工作即便是聘請 J・P・摩根去做，都很難讓人尊敬。選擇一份能夠鍛鍊能力，可獲得提升的工作，讓你有機會不斷進行自我完善與提升。你可能賺不了多少錢，但你要成為一個真正的男人，而成為真正的男人是最為重要的，這超越了任何頭銜。因為品格要比成就任何事業都更重要。如果可以，避免從事任何壓抑自己的工作，最好也不要做週末還要上班的工作。不要因為別人這樣做，就拿這個當藉口。讓「別人」去做吧！你做好你自己的，你要負起自己的責任。除去工作本身的對錯不談，若是一個星期工作 7 天的話，這對身體的健康是不利的。若是在大自然要求我們休息的晚上還要加班，或是讓你白天工作的時候睡覺，那麼你的健康是沒有保證的。

很多人就是因為金錢從事一些讓人變得卑鄙與狹隘的工作，矮化了他們的品格，阻塞了他們的智慧，摧毀了夢想，讓良好的感官能力變得遲鈍。

「研究自己，」朗費羅說，「最為重要的是，要明白良好的天性意味著你要努力去超越。」

馬修‧羅塞因斯基（Matthew J. Rosseinsky）博士曾說：「也許，失敗的根源，通常可以追溯到從事了錯誤的工作。」在歷經了重重打擊與失敗後，我們才發現，相比於我們能做的事情，了解自己不能做哪些事情更為重要。這種淘汰法讓我們過濾了一些看似機會的工作，是讓我們收穫正面結論的唯一途徑。

不知有多少人正是因為選擇了法律、醫學或神學等「受人尊敬」的職業，讓人生變得荒誕可笑。這些人原本可以成為受人尊敬的農民或商人，但他們卻在這些「受人尊重」的職業上一事無成。他們原以為從事這些職業可帶給他們無限的榮耀，卻發覺這些工作將自己的缺點暴露無遺。

很多年輕人接受的專業教育與他們的天性並不相符，而從事這樣的工作則違背了他們的天賦。不少對很多知識都略懂一二的學生其實並未取得成功，但因他們的地位提高了，所以他們覺得自己成功了。巴黎有很多大學專業是神學或其他專業的學生去做出租司機，但他們連出租司機都做不好。

「湯姆金丟棄了他的鞋楦與錐子，

想從事文學創作，

想當一名詩人，但是他的工作

還是老樣子 —— 敷衍了事，一事無成。」

不要因為你的父親、叔叔或哥哥從事了某個職業，你就要選擇這個職業。不要因為你必須要繼承父業，而選擇了父親的職業。不要因為別人從某個行業賺到錢，你就要從事這個行業。不要因為某些人覺得這是「高尚行業」，你就去做。現在，很多年輕人想著從事「上流」與「舒適」的工作，想著可以不需要那麼勞累，免除一切讓人不快的東西，透過少許努力

就能掌握門路。但是，我告訴你，這樣的思想毀掉了許許多多的年輕人。

在我們試圖去做不符合本性的工作時，其實是在沿著一條背離自身力量的道路前進，讓我們變得軟弱。我們的意志力與熱情會被摧毀，會以敷衍的態度對待工作，做事半途而廢，缺乏了往日的自信，並因為自己無法像別人那樣取得那麼大的成就而貶低自己。你的整個人生基調都會被破壞，品格會降低，因為你處在錯誤的位置上。

在人生早年，明智選擇好職業，或是在年輕時走上了正確的道路，這將大大縮短你取得成功的時間。因為年輕時，你的血氣正旺，熱情高漲，感覺每一步走起來都特別輕盈，每天的工作都充滿熱忱，每一次挫折都能拓展我們對人生的見解，豐富我們人生的厚度。

一般來說，失敗之人都是處於錯位之人。處於錯位之人絕非圓滿之人，因為他的整個性情都被扭曲了，每天都在與自己的本性作鬥爭，違背著自己的天性。當他的力量耗盡後，就會隨波逐流，缺乏方向。當一個人的本性讓他每時每刻都在反抗他的工作時，他是不可能取得成功的。要想取得成功，他的工作就要讓他的身體功能感到滿意，而且工作必須要與他的目標有著一致的追求。

難道年輕人有權利選擇一份只會激發他低俗與惡劣特質的工作，讓他肆無忌憚地去欺騙與算計別人，讓他的高尚品格逐漸枯萎與消亡嗎？難道年輕人有權利從事一份只會激發他內心獸性而非男子氣概，只會滋長他的貪欲，只懂索取，不懂回報，讓高貴的自我萎縮的工作嗎？

在選擇一項工作時，最好的一個方法是這樣自問：「若是政府知道我有某種才能，適合做某種工作，它會讓我從事什麼工作，以便最好發揮我的潛能呢？」挪威有一句名言說的不錯：「全身心為牠人服務，他們很快

就給你回報。」當我們處在一個能最好為別人服務的位置上，就能最好地為自己服務。當我們所處的工作職位能最大限度地發揮自身潛能，也就能最好地為別人及自己服務。換言之，當我們能以最好的方式讓別人取得成功，才能讓自己取得最大的成功。

終有一天，世界各地都將出現許多評估男女天賦的機構。經驗豐富與洞察力較強的人會去研究年輕人的自然天性，幫助他們準確找到自身天賦，並告訴他們最大限度發揮潛能的方法。儘管我們經常將這樣一個不正確的觀點——即每個年輕人遲早都會發掘自身優勢與劣勢，到時候他們自然會揚長避短，依靠自身優勢去生活——視為理所當然正確的，但很多年輕人在發現自身優勢時已為時過晚，幾乎讓他們的人生無法再有所作為。這些挖掘學生潛能的機構將能幫助學生從小發現自身的優勢，縮短通往成功的道路。還有比一個人從小就選擇正確的道路更加重要的事情嗎？在人生這場漫長的競賽裡，選擇正確的道路，憑藉一點點的努力，也要比最具天賦的人在走錯路後，感到人生毫無意義強許多。當一個人處在適合自己的位置上，他很少會失敗，也不會感到不快樂或煩憂。

一旦確立了人生目標，選擇了一生的事業，就不要再回頭了。一定要以頑強的毅力去堅持。不要讓任何事情誘惑你偏離原先的目標，如果能做到，你必將成功。不要讓工作中偶爾出現的不順、煩惱或是失望動搖你的目標。當你對工作帶來的勞累感到痛苦，你是永遠都不可能成功的，因為你腦海裡始終想著，如果從事其他職業，自己可能就成功了。對目標的堅韌是唯一能讓你度過難關，最終取得輝煌勝利的途徑。這種堅定的決心、對目標的堅韌與我們取得最後成功有著莫大的關係，因為這會帶給我們自信，而自信是最為重要的。自信能讓你贏得別人的信任與道德支持。人們信任目標堅定的人。相比於做事不用心、對待工作缺乏熱情的人，人們不

願意幫助這些人，因為這些人一旦做出改變，必然會失敗。所有人都知道目標堅定的人是很難失敗的，他們堅定、毅力與決心，散發出一種必定成功的氣質。

這個世界並沒有逼著你要去做什麼工作，但你必須有所作為，你應該成為自己所在行業的領頭羊。沒有比年輕男女在正確的工作職位上，利用已有的資源，全身心投入到工作中去，盡最大的努力發揮自身潛能，更讓人覺得震撼的了。我們需要的不是金錢，不是地位，而是力量。品格要比任何工作或是職業都更加重要。

加菲爾說：「我懇求你，千萬不要安於無法時刻激發你智趣提升的工作。」選擇一份能提升你品格與力量的工作，做一份讓你為之自豪，能讓你獲得自我修養與自我提升的工作。選擇一份能拓展你為人氣概，讓你成為更好公民與更好的人的工作。

追求力量與為了更高生活而不斷前進，這是人類存在的一個重要目標。你的事業應該是你人生的一所「學校」，讓你的品格得到拓展，你的品格得到鍛鍊，讓你成為一個心智平衡、內心和諧與全面的人，展現上天賜予你的才華。

但是，無論從事什麼工作，眼界都要超越你的這份工作。讓你的為人氣概高於你所處的位置，高於你的財富，高於你的工作與頭銜。一個人必須要努力工作、努力學習才能抵禦工作帶給他的一些狹隘與冷漠的傾向。戈德史密斯說的好：「伯克出生在這個世界上，卻讓心智變得狹隘，結黨營私放棄了人生本來的意義。」

林達爾說：「一刻不停的交易與物物交換對人沒有任何提升作用。努力與生意人打交道，以更好的價格成交，或進行激烈的討價還價，期間各

種精明的算計與難以計數的把戲讓人無法適從。在競爭如此激烈的時代，這樣的工作會讓我們的生活空間變得狹小，削弱我們智慧的力量，與此同時，這還會影響我們的微妙的道德感。」

要選擇能讓你積極向上的工作，研究一下你想從事工作的人所處的精神狀態。自己想做的工作能夠提升你的品格嗎？從事那些工作的人是心胸寬廣與富於智慧的人嗎？又或者，這些人是否已經成為這份工作的附屬品，過著墨守成規的工作，在他們所在的社群毫無地位，發揮不了任何作用？在進入某個自己覺得有疑問的工作時，千萬不要覺得自己能成為例外，能避免受這份工作的感染。即便你有強大的決心與意志力，因為你所從事的工作必然會與同事打交道，而且每份工作都會讓人養成一定的習慣，所處的工作環境自然會牢牢拴住你，不斷地對你進行改造與塑造，給你留下難以磨滅的印記。

我們經常看到一些剛畢業的大學生，他們意氣風發，心胸開闊，對未來有著遠大的目標，抱著無限美好的希望，但他們在從事幾年有問題的工作後，再次回到學校參加典禮時，幾乎沒人能認得出他們。曾經那位心胸開闊與品格高尚的人已經變得猥瑣與狹隘，變得貪戀財富，吝嗇與卑鄙了。有時候，我們不禁會問，短短幾年的時間怎麼會如此迅速地改變了一位充滿希望與未來的年輕人呢？

如果你想爬到最高，就要從最低處爬起。成為你所在行業的大師，了解該行業的每個細節。與你工作相關的事情沒有小事。

成千上萬的人之所以無法取得成功，是因為他們在從事著許多自己不喜歡的工作。其實，若是他們能將忍受這些工作的負累轉化成精力，投入到自己真正熱愛的工作中去，早就取得成功了。一名機械師想製造引擎，

結果在徹底完成前放棄了，選擇做其他工作，這就算是失敗了。但是，他可能差點就成功了，只是還差臨門一腳，導致了最後的失敗。很多人都跑到了成功門前，但沒有力氣去敲開那扇大門。這些人在成為某個行業的專家前，就耗盡了全部的勇氣。不知有多少人所學的知識因為未達到應用的標準，被徹底擱置了。不知有多少人「差點掌握了一兩門語言」，結果現在既不會說，也不會寫。他們對學過的一兩門科學知識略有理解，但根本無法運用。他們對一兩門手藝略懂一點，但根本無法利用手藝去養活自己或是感受到滿足！我們之所以會養成做事散漫的習慣，與我們允許自己做事半途而廢有著莫大的關係。要是能在自己喜歡的工作中慢慢累積知識，就能厚積薄發，在日後的工作中加以運用。

要小心經常出現的致命「天賦」——博學。很多人就是因為將精力分為兩部分，錯失了成為偉人的機會。做人要全面發展，這樣的思想就好比「鬼火」，讓許多有前途的年輕人上當，毀掉了一生。很多年輕人就是想著要去學習數十門知識，結果無一精通。美國一位享有盛名的製造商曾說：「雜而不精的人在我那個時代也許還能混口飯吃，但在這個時代，不可能了。」

盧梭說：「一個人的學識在很大程度上與他甘願對某方面知識的無知有關係。」如果我們參觀一間製造海上指南針的工廠，就會看見磁鍼在被磁化前，所指的方向都是毫無規律的，而一旦被磁化後，就似乎擁有了額外的力量。從被磁化的那一刻起，磁鍼就死死地指向北方。同理，人若是受到一個偉大目標的指引，也會朝著這個目標堅定地前進。

將你人生的活力、精力、熱情及最好的狀態都投入到工作中去。加農・法拉爾（Canon Farrar）說：「人生只有一種真正的失敗，那就是沒有忠於內心最好的自己。」

「我要怎麼做，才能永遠被世人記住呢？」「履行好你的職責。」

在一定的條件下，盡最大的努力，

做到最好，禮貌待人，天使也不能要求更多了。

—— 湯瑪士・楊格（Thomas　Young）

「誰要是能在原先只長一棵玉米的地方種出兩棵，能讓原先只長一根草的地方長出兩根，」史威夫特說，「那麼他就是一個有用的人，他所做的貢獻要比所有的政治家加起來還要大。」

第十二章
專注的能量

專注是人生的財富，分散精力是人生的邪惡。不論被消耗的精力是用在高雅或低俗的事情上，都不減弱半點邪惡。若所做的每件事都能少點分散注意，少點幻覺，讓每個人都忠誠地工作，那肯定能將事情做好。

—— 愛默生

一生只追求一個目標的人，
可能在人生結束前就實現了這個目標。
而追求過多的目標，隨意而為，
就好比將希望的種子撒播在一片貧瘠的土地上，
等待著他們的，是一無所獲的遺憾。

—— 歐文・梅雷迪斯

我活得越久，就越深刻地感受到一點，那就是人與人之間的區別 —— 強者與弱者、偉人與無名小卒之間的區別，是能量的區別 —— 不可戰勝的決心 —— 一旦立下了某個目標，不是死亡，就是勝利。

—— 福韋爾・布克斯頓

「法蘭克福的市場太小了，缺乏足夠的發展空間。」南森・梅耶・羅斯柴爾德在談到自己及他的四個兄弟時說，「我過去一直銷售英國貨物。一位著名商人來找我，想要賣給我一批貨，並承諾給我一定的折扣優惠。但可能是我冒犯了他，所以他拒絕給我看貨物的樣式。那天是星期二。當時，我就對父親說：『我要去英國看看。』我星期三就出發了。離英國越近，我發現貨物的價格就越便宜。我一到曼徹斯特，就拿出所有的錢買下了廉價的貨物，結果大賺一筆。」

「我覺得，」一位聽眾提問說，「你肯定希望自己的孩子不要只顧著賺

錢或經商，而忽視了更為重要的事情，我肯定你也是這樣想的。」

「是的，我是這樣想的。」羅斯柴爾德說，「我希望他們能將心靈、智慧與靈魂都投入到工作中去，因為這才是快樂之道。年輕人，堅持去做某項工作吧！如果你想做啤酒釀造商，就堅持你的選擇，如果你想做銀行家、商人或是製造商，都沒關係。只要你能專注於一行，你的名字就能出現在報紙上。」

當代需要的人才，不是雜而不精的人，而是能將某份工作做到最好的人。在這個必須高度集中注意與專注度的時代，精力不集中的人根本沒有成功的機會。

「賣完貨物，送完信件，編好地毯，創作好各種主題的詩歌」這是倫敦很多事業毫無起色的人「縮影」，這些人總想著去做很多事情。這讓我想起了巴黎一位名叫卡納德先生說過的話「一位為政府服務的抄寫員，做完會計工作後，試圖去解釋花朵的語言，然後又跑去買炸薯條了。」

成功之人與失敗之人的區別，並不在於他們所做工作量的多少，而在於他們所做的真正具有價值的工作量的多少。很多失敗的一塌糊塗的人其實做了很多工作，這些人所做的工作量足以讓他們取得輝煌的成功，但他們工作的方式卻是有害的：他們很多時候是一邊在為成功添磚加瓦，一邊則用手拆掉疊好的建築。這些人不懂掌握環境，不懂如何利用機會。他們沒有能力將誠實的失敗變成世人傳誦的成功。他們有著充足的時間，有足夠的能力，但卻無法獲得成功，因為他們手上轉動著沒有上線的梭子，當然無法編織人生的這張「大網」。

如果讓這些人說一下他們生活的目標與願望，他們會說：「到現在為止，我還不知道自己最適合做什麼工作。但我深信只要誠實努力地工作，

就一定能取得成功。我決心從早挖到晚，總有一天會挖到金子或是銀子之類的東西，至少也能挖到一些鐵吧！」在此，我想以毫不含糊的語氣對他們說：不可能！一個有想法的人會在這片大陸到處亂挖金礦或是銀礦嗎？那些總在等待著自己能發現什麼的人，永遠都發現不了什麼。如果缺乏明確的目標，肯定是一無所獲的。若我們有一個明確的目標，就會全身心投入找尋，肯定就會有所發現。蜜蜂並不是唯一光顧花朵的昆蟲，但只有蜜蜂才能從花朵帶走蜂蜜。不論過往的學習或年輕時努力的歲月讓我們收穫了多麼豐富的物質，這些其實關係不大。如果我們對未來人生缺乏一個明確的目標，那麼任何環境都不可能讓我們感到快樂，也不可能讓我們取得偉大的成功。

伊麗莎白・S・P・沃德 (Elizabeth S. P. Ward) 說：「擁有一個明確的目標，對人生將產生重要的影響。一旦有了為之奮鬥的目標，那麼我們說話的聲音、衣著品味、容貌氣質，乃至走路的方式，都會發生改變。我覺得，自己能在喧囂的大街上，分辨出哪些女性是忙碌、幸福且獨立的。這些女性身上散發出一種自信與自足的氣質，這種氣質不是她們穿寒磣的羊駝毛衣服就能掩蓋的，也不是戴上絲綢製的軟帽就能增添的，更也不是疾病或是疲憊所能帶走的。」

有人說得好，對不知道下一個停泊港口在哪裡的水手來說，什麼風都是逆風。

卡萊爾說：「即便是最軟弱的人，若能將他全部的能量都專注在一個目標上，也能有所成就。即便是最強大的人，若隨意分散精力，也可能一事無成。滴落的雨水，若能長年累月地滴在同一個地方，可把最堅硬的石頭滴穿。猛烈的山洪在那一瞬間以巨大的能量衝擊石頭，但沒有留下半點痕跡。」

「我年輕時，經常覺得雷響會殺死人，」一位睿智的牧師說，「但隨著閱歷的增加，我發現閃電才會殺死人。所以，我覺得自己要少做『雷聲』，多做『閃電』。」

懂得專注於一點的人要比精力渙散的人做的更好，即便是栽種大頭菜，也能充分體現自己的價值。如果他能專注精力，種出品種最好的大頭菜，那麼他就是對人類進步有貢獻的人，理所當然應得到世人的尊重。

據說，蠑螈如果被切成兩段，前面那段會繼續往前走，後面那段會向後走。那些精力分散的人就像被切開的蠑螈，缺乏一個明確的前進目標。成功最憎恨我們去分散精力。

若某人能以專注的態度從事某項有價值的工作，並能持之以恆，那他就不可能是一個失敗者。你無法將牛油燭扔到遠處的帳篷，但你可以透過橡樹的木板將其射出。將火藥塞進子彈裡，再以槍管發射，就能穿過四個人的身體。在冬季，若將太陽的光線集中起來，你可以輕易生起火來。

人類的巨人都是那些專注之人。這些人在實現目標之前，始終朝著專一的目標前進。今天的成功人士都是有著不可動搖的意志、目標專一的人。「精力渙散」是當代美國人生活的一大詛咒。有太多的人像道格拉斯‧傑羅德的朋友那樣，他們對 24 門語言都有大概的了解，但無法使用其中任何一門語言表達自己的思想。

「唯一有價值的學習，」西德尼‧史密斯說，「就是在你全身心投入閱讀時，連晚餐結束了兩個小時，你都渾然不覺。你坐在沙發閱讀李維的著作，透過書頁，似乎能聽到正是鵝發出的咯咯叫聲挽救了主神殿；你似乎親眼看到迦太基的軍中小販在坎尼 [02] 之戰後，引領被擊敗的迦太基軍隊轉

02　義大利東南部一古城，古羅馬著名戰場，西元 216 年羅馬和迦太基第二次布匿戰爭決戰於此，其時在漢尼拔統帥下迦太基軍大敗羅馬軍。

移到樹叢裡，以躲避羅馬騎士的攻擊。你看的是那麼入神，當有人敲門時，你都要過 2 ～ 3 秒才能確定自己是在看書，還是真的在倫巴第平原上，審視著漢尼拔飽經風霜的堅毅臉龐，讚嘆著他獨眼的威武。」

「在日常的學習與努力時，存在著一種持久、安全、易於回報與穩妥的特質，那就是專注的特質。」查爾斯·狄更斯說，「我可以極為忠誠地說，若沒有平日培養專注的精神，加上謙卑、耐心、勤勞與堅持的努力，我的創作或我的想像是不可能有現在的成果。」有人在另一個場合問他成功的祕密時，他說：「每當我去做一件事，就會全身心地投入進去。」「無論做什麼事，都要全身心地投入進去。」約瑟夫·古爾尼說，「無論在學習、工作或是玩耍時，都要全情投入。」

不要拿自己的目標開玩笑。

「每當我做一件事，」查爾斯·金斯萊（Charles Kingsley）說，「就會覺得在完成這件事情前，這個世界沒有比這件事更重要的事情了。這也是所有勤奮之人的祕密。但很多人無法從中獲得樂趣。」

很多人就是因為將有限的精力分散到各式各樣瑣碎的事情上，導致無法取得成功。他們寧願選擇去做雜而不精的人，馬馬虎虎地過日子，也不想著去做獨一無二的專家。

「很多人看到我做那麼多工作，」愛德華·布林·維爾·萊頓說，「似乎覺得我從來沒有上過學一樣。他們問我：『你怎麼有時間去寫那麼多的書？你哪裡來的時間去做那麼多的工作？』我的回答可能會讓他們大吃一驚。我說：『我之所以能做這麼多事情，是因為我每一次都專注於一件事。一個人想要將事情做好，就千萬不能過度工作。假設他今天過度工作，那麼身體就會變得疲憊，這種疲憊感就會讓他明天的工作量變少，達到一種

均衡。其實，在我從大學畢業，踏入社會前，就知道如何認真去看書，去學習。可以說，我與很多同儕一樣進行了大量的通識閱讀。我去過很多的地方，也了解過不少。我曾涉獵政治，也在商界打拚過。除此之外，我還出版了 60 多卷的書，其中一些書的主題是必須進行特別研究的。你們肯定會想，我怎麼會有這麼多的時間去學習、閱讀與寫作呢？其實很簡單。在國會開會時，我通常會利用 3 個小時去做這些事情。但在這 3 個小時裡，我全神貫注地做這些事。』」

　　Ｓ・Ｔ・柯勒律治有著讓人驚嘆的心智慧量，但他缺乏一個明確的目標。他總是耽於幻想，極大消耗了心理能量，讓他失去動力。從很多方面來說，他的人生都是極為失敗的。他似乎生活在夢境中，最後死於幻覺。他時刻在制定計畫與下決心，但直到他死去的那一天，他的決心及計畫依然沒有得到執行。

　　柯勒律治總想去做一些事情，但卻從來不去做。「柯勒律治死了。」查爾斯・蘭姆（Charles Lamb）在給一位朋友回信時這樣寫道。「據說，他在形而上學及神學方面留下了超過 40,000 字的論文 —— 但沒有一篇是完整的。」

　　每一位偉人之所以能成為偉人，每一位成功人士之所以成功，與他們將精力專注到某一項工作的程度有著莫大關係。

　　赫加斯會對著每張臉進行認真仔細地觀察，並陷入沉思，直到這張臉的模樣深深刻在他的記憶，讓他可以隨時在帆布上畫出來。每當他研究或觀察每件物體時，都是那麼認真仔細，似乎沒有第二次觀察機會了。正是這種認真仔細觀察的習慣讓他作品的細節達到了驚人的地步。他所處那個時代的思想方式透過他的作品得到了反映。他並沒有接受過多少教育，但

他的觀察能力卻是驚人的。

百老匯大街舉行盛大的遊行，大街擠滿了人群，樂隊奏著悠揚的樂曲，霍勒斯・格里利則坐在阿斯特大廈的樓梯上，用帽子當桌子，為《紐約先鋒報》寫著一篇後來被廣泛引用與轉載的社論。

某天，格里利收到一封信，這封信要求他對某天報紙上指責他的行為進行反擊。這位憤怒的陌生者坐在他的那只有 7 英尺乘 9 英尺小的辦公室，格里利正在寫作，他頭貼在牆上。這位憤怒的陌生者開始問他是否是格里利先生。

「先生，我就是。你有什麼事呢？」格里利迅速回答，雙眼沒有離開過自己寫的紙張。

這位脾氣暴躁的拜訪者開始肆無忌憚地說話，根本無視任何社交禮儀，不注重個人良好的教養，似乎失去了理智。與此同時，格里利沒有停下寫作。他寫完一頁又一頁，始終面不改色，絲毫沒有理會這位無禮的拜訪者。

過了 20 分鐘後，這位陌生者在口無遮攔說完了之後，開始覺得無趣了，就粗魯地轉過身，準備走出格里利的辦公室。格里利抬頭，從椅子上站起來，輕輕拍著那位陌生者的肩膀，柔和地說：

「我的朋友，不要走，坐下來吧！坐下來。敞開你的心扉，這對你有好處 —— 你會感覺更好。除此之外，這有助於我思考該如何寫作。所以，求你了，不要走。」

不可動搖的目標是所有成功人士共有的標幟。

「丹尼爾・韋伯斯特，」西德尼・史密斯說，「就像一個穿著褲子的『引擎』，深深震撼著我。」

正如亞當斯所說，布勞漢姆勳爵與坎甯一樣，都是才華橫溢之人。身為律師的他，獲得了該職業最為榮耀的獎賞——英國貴族稱號。他還因為對科學方面的研究，獲得了科學界的讚許。但總的來說，他的人生是失敗的。他是那種「任何事情都想做一下，但都做不久」的人。雖然他才華橫溢，但卻沒有在歷史研究或是文學領域留下永恆的痕跡，實在有點盛名之下其實難副。

馬丁內烏女士說：「在銀版照相法剛剛流行的那段時間，布勞漢姆勳爵住在位於坎城的城堡裡。一位藝術家到城堡負責拍照，想讓陽臺上的客人與布勞漢姆一起合照。這位藝術家要求布勞漢姆保持 5 秒的靜止姿態，布勞漢姆答應不動。但是，唉！他動了！結果是，照片上的布勞漢姆變得模糊不清。

「布勞漢姆勳爵的做法很能說明他的性格。」馬丁內烏女士繼續說，「在世紀之交照的這張相片，日後說不定會在歷史留下印記。但他身為中心人物卻變得模糊不清。這都是因為他缺乏足夠的定力，所以照片上永遠留下了模糊的影像。不知有多少人就是因為缺乏專注與堅持而讓人生變得『模糊不清』啊！」

福韋爾·布克斯頓將自己的成功歸結於普通能力與出色的運用，每次全身心地投入去做一件事。只有堅定不移追求一個目標，才能讓我們最終獲勝。——一次不能做太多事，而要深入去做一件事，這就是科克的座右銘。

正是針近乎無形的針孔、剃刀與斧頭鋒利的刀鋒，才讓我們可以編織衣服，刮鬍子與砍伐樹木。要是沒有鋒利的刀鋒，木柄再長也毫無用處。正是那些全身心投入到工作的專注人士，才能克服重重困難，取得輝煌的

成功。在我們努力避免將全部力量投入到過於狹隘的工作，以防止自身力量無法得到全面發展時，也要避免另一種極端的「博學」。正如 W·M·普拉伊德所說的：

「他口若懸河，滔滔不絕，

從岩石一下子跳到了玫瑰花。

從政治學到雙關語，

從默罕默德到摩西，

從讓星球運行的法則，

開始談論，直到

以某些深邃的道理結束。

還稍稍涉獵了表皮光滑的鰻魚與

給馬匹打蹄鐵的事情。」

如果你能讓某個小孩在走路時，雙眼專注於某個物體，他一般會沿著那個物體的方向前進，身體不會搖來晃去。一旦你分散他的注意力，他就會跌倒。

今天的年輕人在找工作時，面試人員不再問你是從哪個大學畢業的，或是你的家庭有什麼背景。「你能做什麼？」這才是他們提出的問題。只有經過特殊訓練，擁有一技之長的人才是他們所想要的人才。絕大多數企業或公司的老闆都是從最底層一步步爬上去的。

「我知道他很能吃苦。」塞西爾在談到沃爾特·洛利的成功時這樣說。

一般來說，我們內心盼望什麼，大腦與雙手就可能獲得這些東西。知識、財富與成功的浪潮就像大海的潮汐一樣準時會出現的。在所有人成功的例子裡，我們都能發現這些人做事極為專注，全身心投入到一個不可動

搖的目標，不顧任何困難，抱著堅韌的心去追求事業，憑藉著不可磨滅的勇氣度過了所有考驗、失望與誘惑。

化學家告訴我們，每畝牧場所具有的能量若能集中到推動引擎的活塞桿，就足以轉動世界所有的磨坊與汽船。但限於當今科學技術的發展，這樣的技術尚未成熟，所以還未顯示出真正的價值。

馬修博士說，將精力分散在多個目標上的人，很快就會失去能量，而失去了能量，他們就會失去熱情。

「永遠不要去研究投機。」沃特斯說，「所有這樣的研究都是毫無意義的。制定一個計畫，立下一個目標，然後為之奮鬥，這才是正道。學習你必須要掌握的知識，那麼你肯定能取得成功。我所說的『投機』，就是不帶著目標去學習，並寄望有一天這能對你有好處。這就好比一位婦女在拍賣會上買下了一塊黃銅製的門牌，上面刻著湯普森的名字，就覺得這個門牌以後會升值。」

目標明確是所有從事真正藝術的人共有品格。那些將最偉大的想法都融入到一幅畫，不分輕重地為每個人物著色，這樣的畫家肯定不是最傑出的。真正偉大的藝術家會透過有層次、有重點的表現手法表達最偉大的統一，能將一幅畫的主角凸顯出現，讓其他從屬人物、光線或是陰影都為烘托主體服務。同理，在每一個平衡的人生，不論他是多麼具有天賦，接受過多麼高等的教育，都必須有一個最重要的中心目標，這個目標讓身心的所有能量都集中起來，然後加以釋放。我們從大自然也可觀察到，她從不浪費一點能量，從不會毫無規律地浪費一些東西。自從造物主的飛梭第一次從混亂的狀態裡射出來，造物主就已設計好如何去編織。每片葉子。每朵花，每滴雨露，甚至是每個原子，都共同烙下了一個印記，一起指向造

物主的巔峰創造 —— 人。

　　經常有人對年輕人說要豎立遠大的目標，但是這個遠大的目標必須要是我們力所能及的。一個大概的目標是不夠的。從弓射出的箭在飛行途中並不會想著擊中沿途的其他目標，而只會死死地射向靶心。磁化後的針並不會指向天宇間那顆它最喜歡的星星，而是會指向北極星。太陽讓它炫目，流星懇求它的愛，星星向它眨眼，但是磁化後的針會忠於本能，無論你如何弄亂它的方向，它都會堅定地指向北極星，不管是萬里晴空或是暴雨傾盤，都是如此。每顆星星都在繞著一個中心轉動了不知多少個年代了。單單只有北極星，這顆遠到超乎人類想像力的星星，始終指引著北方。不管地球如何轉動，北極星始終在我們的北方位置，時間已經超過25,000 年了，為人類確定方位提供了便利，這已經不是幾天了，而是幾個世紀了。所以，在沿著生命這條道路前進時，其他「發光體」可能誘惑我們遠離珍視已久的目標 —— 真理與責任。但千萬不要讓月亮從太陽借來的光迷惑雙眼，不要讓流星雖燦爛但不指引方向的光所吸引，而要將目標的針指向充滿希望的北極星。

第十三章
熱情的勝利

身體的勞累帶給我們心靈的滿足。

—— 莎士比亞

證明一個人真誠度唯一的證據，就是他為一個原則去奮鬥。言語、金錢及其他事情都相對容易放棄，但當一個人在日常生活中不斷發揮上天賜給他的天賦，那麼顯然這證明了簡單的事實是，他找到了真理。

—— 羅威爾

我們要注意一點，切莫失去熱情。讓我們始終以做某些事情為傲，為一些高尚事情而保持敬意，為一些能讓人生更充實與美好的事情而努力。

—— 佛瑞德·布魯克斯（Frederick P. Brooks）

在巴黎藝術博物館裡，陳列著一尊美麗的雕像，這尊雕像的雕刻者過著極其貧窮的生活。他住在閣樓裡，在這裡進行創作。當他的泥塑模型即將完成時，這座城市下霜了。他知道，要是泥塑縫隙的水結冰的話，那麼這座美麗的雕像的線條就會被毀掉。於是，他用床上用品包裹著這尊泥塑雕像。第二天早上，他被凍死了，但他的藝術結晶被保存下來了。他的生命在雕像中以另一種方式得到永生。

「我不知道其他人就一些重要問題發表演說時，」亨利·克萊說，「會處於怎樣的狀態。但在這些情形時，我似乎對外部世界漠不關心。在我全神貫注於當下的工作時，我失去了對自我的感覺，失去了時間或周圍事物的感知。」

「除非銀行家能找一位願意與他一起吃苦的銀行首長，」某位著名金融家說，「否則，他永遠不可能成功。」熱情者能賦予枯燥或毫無意義的工作以全新的意義。

正如處於熱戀中的情侶會擁有更加敏銳的感覺，視野變得更為獨到，能看到常人看不到的美德與魅力。同理，一位熱情者也會增強他的感知能力，讓他的洞察力得到提升，在一些別人只能看到負累、匱乏、艱苦或是迫害的工作上，看到美感與魅力。狄更斯曾說自己被構思的一個故事的情節及人物性格所困擾，弄得晚上難以入睡，無法正常休息，直到將自己的構思寫下來。為了完成這個故事，他把自己關了一個月。在他走出來時，看上去憔悴的像一名謀殺犯，因為，他構思的人物品格日夜縈繞著他的腦際，讓他不得安寧。

　　「老師，我想作一些曲子，我該從哪裡開始呢？」一位已經掌握了鋼琴技能的12歲男孩問。「呸！呸！」莫札特回答說，「你必須再等等。」「但你在比年紀比我小的時候就開始創作了啊！」「是的。」莫札特回答說，「但我從未沒有向人問過這個問題。當某人有了作曲家的精神時，會情不自禁地創作。」

　　格萊斯頓說，真正讓人感到幸運的是，喚醒一個男孩內在的潛能。從某種角度及某個實在的層面來說，每個男孩都有在這個世界成才的資質。記住，是每一個男孩，而不是只有那些天資超群、做事迅速的孩子。那些做事緩慢，甚至有點呆，或是看上去呆的孩子都有成才的機會。若是這些孩子有善意的心願，那麼這種遲鈍將會慢慢消失，最後在積極的影響下徹底不見。

　　格斯特，這位默默無名的匈牙利人，在首次登上戲院舞臺進行表演時，就贏得了名聲與財富。她的表演熱情讓聽眾如痴如醉。在不到一個星期的時間，她就成為了廣受歡迎的演員，過上了獨立自主的生活。她的心靈始終燃燒著一股不斷前進的熱情。內心的這股熱情讓她全身心投入到自我提升中去。

所有偉大的藝術品幾乎都是在藝術家醉心於作品的美感及形式時創作的。在他們完全將想法釋放在大理石或是帆布之前，他是絕不會停止的。

　　一位音樂評論家對馬里布蘭女士首先從 D 調的高音開始演唱，最後從 D 調低音回轉到三個 8 度音階作為結束的唱法表示讚美之詞時，馬里布蘭女士說：「謝謝。我為此付出了很大努力，為此已經練習了一個月。無論在哪裡，我都在練習。我穿衣服，整理頭髮時，都在練習。最後，我彎下腰準備繫好鞋帶時，終於找對了那個音。」

　　「世界歷史上每一個激動人心與讓人銘刻的時刻，」愛默生說，「基本都是熱情者取得的勝利。阿拉伯人在默罕默德之後短短幾年時間，從占據一個較小的地方到統治一個面積堪比羅馬帝國版圖的帝國，就是熱情者取得勝利的例子。這些阿拉伯人無知者無畏，他們騎在馬背上，憑著對信仰的熱情，勇往直前。他們不害怕騎兵，很多阿拉伯女人就像男人那樣作戰，擊敗了羅馬軍隊。雖然阿拉伯士兵裝備落後，補給不足，但他們卻是滴酒不沾，並不需要白蘭地酒及其他食物。他們統治了亞洲、非洲及西班牙。歐瑪爾・賓・哈塔卜動一下拐杖，要比那些人揮劍更讓人覺得恐怖。」

　　正是無限的熱情讓拿破崙在兩個星期內取得了其他將領一年才能獲得的軍事勝利。「這些法國士兵不是人來的，他們會飛的。」一位奧地利軍官驚愕地說。拿破崙在首次遠征義大利的 15 天內，連續取得了 6 場勝利，掠取了 21 面軍旗，55 門加農炮，俘虜了 15,000 名士兵，並占領了皮德蒙德。

　　一位奧地利將軍在經歷了雪崩式的潰敗後說：「那位年輕的指揮官對作戰藝術一無所知。他就是一個不學無術的人，沒有任何能力。」但那位

年輕指揮官的士兵們都追隨者這位「個子矮小的軍官」，懷著一股不懼失敗與災難的熱情，勇往直前。

「在一些重要時刻，」Ａ・Ｈ・Ｋ・博伊德說，「三心二意與全情投入之間存在著巨大的差異，這種差異導致了徹底失敗與輝煌勝利。」

「要是我在這一刻去世了，」納爾遜面對一場嚴重的危機時說，「我的心只會寫著『護衛艦不夠』這幾個字。」

奧爾良的這位純真無邪的少女手持利劍，扛上神聖的旗幟，深信自己的使命，讓整個法國軍隊都充滿了戰鬥熱情。這種熱情不是國王或是政治家能賜給他們的。聖女貞德的熱情讓她無堅不摧。若是世上的每個人都了解自己的潛能，那麼他將能取得多麼偉大的成就啊！但是，很多人就像孱弱的小馬，直到病死的那天都不知道自身的潛能。

「克里斯多夫・雷恩 —— 這位建造教堂與城市的建築師，埋葬於此。他活了90歲，但並非為了自己，而是為了大眾。親愛的讀者，如果你想找有關他的紀念碑，就四處看看吧！」在倫敦。你隨便走走，都能看到對雷恩這位天才表達敬意的建築。他在倫敦設計了55座教堂與36座禮堂。「我願意為盧浮宮的設計者獻出生命。」當他為找尋重建倫敦聖・保羅大教堂的創意，到巴黎親眼見到盧浮宮時這樣說。他罕有的天才在漢普頓法院、肯星頓宮殿、坦普爾柵門 03、德魯里大街戲院、倫敦交易所及雄偉的紀念碑等建築得到淋漓盡致的體現。他將格林維奇的宮殿改建成海軍休養所，在牛津建造了教堂與大學。他同時還為歷經大火洗禮的倫敦規劃重建方案，儘管當局沒有採納他的傑出設計方案。他為了設計聖・保羅教堂耗費了35年時間。雖然他活得很長，晚年也保持著健康的身體，但卻

03　舊時倫敦城的入口，位於法學院建築物的前面，為叛國者和罪犯首級示眾的地方。

始終是他父母為之牽掛的人。顯然，他單憑著巨大的熱情就取得了輝煌的成就。

冷漠麻木永遠不可能讓將領取得勝利，永遠不可能讓雕刻家塑造出富有生命力的雕塑，不可能讓音樂家創造出美妙的音樂，不可能讓人類挖掘自然的潛能，不可能讓建築師去設計宏偉的建築，不可能讓詩人創作出激動人心的詩歌，也不可能讓人做出英雄的博愛之舉。正如查爾斯·貝爾（Charles Bell）說的，熱情能讓人類的雙手塑造出門農的雕像，建築底比斯黃銅的大門。熱情讓水手用顫抖的手穿過針線孔，熱情讓人第一次舉起印刷廠沉重的橫杠，熱情讓伽利略拓展視野，直到後世人感嘆他所見到的世界。熱情讓哥倫布站在上桅杆上，迎著早晨的涼風，前往巴哈馬。熱情讓人類為了守護自由，浴血奮戰。熱情讓無畏的樵夫拿起斧頭，開發全新的文明。熱情讓約翰·米爾頓（John Milton）與莎士比亞將他們的思想寫在紙上，流傳至今。

霍勒斯·格里利曾說，對有智慧的人來說，在工作時最好帶上熱情。

「最好的方法只有透過認真才能得到。」薩爾維奇說，「如果你對所說的話充滿自信，就自然會說服別人，那麼別人也會原諒你的許多缺點。但最為重要的是，學習！學習！再學習！如果你自己不是一位勤奮的學生，那麼世界上最好的導師都不可能教會你知識。要完全掌握一門知識，需要多年的艱苦學習。」

每個有理想與目標的人都有一種熱情、動力或是狂熱的想法，這種現象在美國人的氣質或生活中特別普遍。你很難在熱帶國家裡發現這樣的現象。50 年前，你很難發現這樣的現象，即便是在倫敦交易所，也很難發現這樣的熱情。但是，在美國與澳大利亞的影響下，產生了這樣的觀

念 —— 即如果一個人要想成功，那麼他必須要全身心投入到工作中去。這樣的觀念讓之前少數成功人士才有的熱情成為當今所有發達國家的民族標幟。人們的熱情正在被喚醒，每個人都能感到一股去實現心中目標的熱情。熱情讓維克多·雨果在創作《巴黎聖母院》時，鎖好衣櫃，直到完成這部作品。著名演員加雷克在某位不成功的牧師追問他有何祕訣去感染觀眾時，曾睿智地說：「你在講述一些永恆真理及你覺得正確的事情時，給人一種你自己都不相信的感覺。但我在臺上表演講述臺詞的時候，雖然我知道這些都是虛構的，但我全身心地去相信這些話語。」

「當他走進房間時，每個人都能感受到他所帶來的活力，似乎自己又可以多活幾年了。」某人在被問到自己及其兩位同伴選擇某位最友善的人進行解釋，「那是一個充滿熱情的傢伙，充滿了歡樂，神采奕奕。他的憐憫之心就像電流一樣，迅速讓人感受到。」

「那人無論在面對什麼情形，都能全身心投入到工作中去。」第二個人讚揚第一個人的選擇時說。

「他凡事做到最好。」第三個人在談到那人時說。

這三人是英國某著名報紙的機動記者，他們的腳印幾乎遍布了世界各地，與形形色色的人都打過交道。在他們三人所做出的選擇裡，都有澳大利亞墨爾本的一位著名律師的名字。

「要不是為了尊重他人的觀點，」斯塔爾夫人（Madame de Staël）對莫勒女士說，「我不可能打開窗戶，第一次欣賞那不勒斯河岸的景色。因為我要與多達 500 個社團的許多從未謀面的天才進行會面。」

熱情就是天才身上散發出一種和諧精神的祕密所在。這些人能讓讀者沉浸在他們創造的書籍裡，能讓他們雕刻的雕像為大眾嘖嘖稱讚。

「某個冬夜的晚上，」貝多芬的傳記作者在書中寫道，「我們正沿著波恩一條小路漫步。『噓！』貝多芬在路過一間面積狹小、簡陋的房子前停下了腳步。『這是什麼聲音？這好像是我的 F 調奏鳴曲。聽！彈得多好啊！』」

「在該曲結束時，出現了一個停頓。我們聽到有人在啜泣：『我再也不能彈下去了。這首曲子太美妙了，完全超越了我的演奏能力。要是我能到古龍這個地方聆聽音樂會就好了！』。『啊！我的姐姐，』有人接著說，『為什麼在毫無希望時，給自己招來遺憾呢？我們連房租的錢都沒有了。』『你說的對』第一個人說。『我真希望有生以來去聆聽一次真正美妙的音樂。但真的不可能啊！』」

「我們進去吧！」貝多芬說。「進去？」我反問道。「為什麼要進去呢？」「我要為她們演奏。」貝多芬以興奮的語調說。「這就是情感 —— 天才的情感 —— 一種惺惺相惜的情感！我一定要為她演奏，她肯定會明白我的。」「對不起，」貝多芬打開大門，看見一個年輕人坐在桌子上修理鞋子，一個女子靠著一架老舊的鋼琴，在悲傷地啜泣。「我聽到你們彈奏的音樂，所以就走進來了。我是一位音樂家。我，我還聽到了你們剛才說的話。你希望聽到 —— 你想要 —— 我可以為你演奏一曲嗎？」

「謝謝你！」那位補鞋的人說，「但我們的鋼琴實在太破爛了，這架鋼琴彈不出音樂來。」

「彈不出音樂來！」貝多芬驚訝地說。「怎麼可能？我剛才還聽到這位年輕女士彈得很好。」此時，他發現那位女士雙目失明。他說：「對不起，我之前沒有發現。你是靠聽覺來演奏的嗎？既然你沒有去聽過音樂會，你是從哪裡聽到這首曲子？」

「我們在布呂爾住了兩年。在那裡的時候，我經常聽到住在附近的一位女士彈奏曲子。每到夏日的晚上，她就會彈奏這首曲子，一般她都打開窗戶。我從她窗下來回踱步，聆聽她的演奏。」

「我認識了貝多芬這麼多年，從沒有聽到比貝多芬為這雙目失明的女孩及她的哥哥更好的演奏了。那架老舊的鋼琴似乎都充滿了靈氣。年輕的鞋匠與女士都陶醉在鋼琴發出的美妙悅耳的聲音，感受著有節奏的音調。突然，桌上唯一一根蠟燭的火苗搖晃起來，然後突然熄滅。此時，明亮的月光瀉下來。貝多芬停止了演奏，似乎迷失在自己的思緒裡。」

「你太偉大了！」鞋匠低聲說。「你到底是誰啊？」

「聽著！」貝多芬一邊說，一邊彈奏者 F 調奏鳴曲的開場調子。「你是貝多芬！」年輕人突然興奮地說。「請你再給我們演奏一曲吧！」在貝多芬起身要走的時候，他們請求道。「再為我們演奏一曲吧！」

「我要即興演奏一曲月光奏鳴曲。」貝多芬深情注視著天空如流水般的星星，冬夜的星空一片清輝，柔和的月光灑在地上。然後，他的手指在鍵盤上彈奏出柔和而悲傷的調子，就像月光輕輕鋪灑在地面上。接下來，他重複了三次充滿想像力的調子，讓人聯想起神奇的精靈 —— 讓人感覺有點陌生的插曲 —— 就像跳舞的精靈在草地上舞蹈，最後來一個戛然而止的結尾 —— 讓人喘不過去，一氣呵成，給人某種模糊的恐懼感，讓我們似乎乘著翅膀，內心填充著無限的情感與驚嘆。『我要走了！再見！』他站起來，朝大門走過去。『你還會再回來嗎？』年輕人與他的妹妹一起問道。『會的，會的！』貝多芬匆忙地說。『如果我有機會再來這裡，我會教那位年輕女士，再見！』然後，他對我說：『我們趕快回去，我想趁現在還記得這首奏鳴曲，立即記下來。』我們馬上趕回去。在第二天早上，他

從桌子站起來，手裡拿著完整版的月光奏鳴曲的樂譜。」

米開朗基羅耗費 12 年學習解剖學，幾乎毀掉了自己的健康。但這段時間的學習決定了他的藝術風格與日後所取得的榮光。他首先畫出畫的骨骼，然後添加人物的肌肉、脂肪與皮膚，然後再慢慢渲染。他最大限度利用諸如矬子、鑿子與鉗子等雕刻工具。在他繪畫時，會準備所有需要的色彩，絕對不允許他的僕人或學生隨意搭配這些色彩。

拉斐爾的熱情激勵著義大利的每位藝術家。他謙遜與富於人格魅力的舉止讓他免於遭受別人的嫉妒與羨慕。他被稱為史上唯一生前與死後都沒有招致敵人與誹謗者的藝術家。

貧窮的班揚有很多獲得自由的機會，但他始終不願意拋棄雙目失明的女兒，因為他說讓他與女兒分離就好比剝了他的皮。養活家人的重任壓在他肩上，對自由的熱愛與理想的追逐都無法讓他放棄在大眾場合發表布道演說的念頭。他忘記了早年所接受的教育，他的妻子不得不要教他閱讀與寫字。正是對信念的熱情讓他創作了震驚世界的偉大作品，獲得了永恆的名聲。

只有具有生命力的思想與激勵人心的言語才能驚醒別人沉睡的心靈。

已故的法蘭西斯‧派克曼的作品透出罕見的進取心。他在哈佛大學讀書時，就下決心要寫一本北美的法國人與英國人的歷史。為了這個目標，他投入了大量時間、精力與財力。雖然他在達科他州的印第安人部落收集歷史資料時損害了健康，每次用眼不能超過 5 分鐘，但他在接下來的半世紀，從未偏離過自己年輕時立下的目標，直到最後為世界呈現了這部鴻篇巨著。

林肯步行 3 公里借來一本語法書，回到家後點燃刨花，利用燈火學習

寶貴的知識。

　　吉爾貝特‧貝克特，這位英國十字軍戰士，作戰時成為俘虜，在撒拉遜一位王子的宮殿裡當奴隸。但他在這裡不僅贏得了王子的信任，而且還贏得了王子漂亮女兒的芳心。後來，他找尋機會逃回了英國，但這位芳心已許的女孩決定去找他。她只知道兩個英文單字：吉爾貝特與倫敦。她搭乘輪船到英國，不斷向路人重複吉爾貝特的名字。最後，她來到了傑爾貝特所住的豪宅。很多人聚在吉爾貝特房子外，吉爾貝特來到窗前看見了她，馬上下樓迎接這位遠到而來的「公主」。

　　年輕人最不可阻擋的魅力，就是他源源不斷的熱情。年輕人看不到前方的黑暗 ── 不相信沒有出口的狹路，不相信世界還有失敗這樣的東西，相信自己是數個世紀的創造產物，理應成為真理、力量與美感的釋放者。

　　阻止小時候的韓德爾不去碰樂器，不准他到學校，唯恐他學習音樂的行為，又有什麼用呢？他半夜偷偷爬起來，在一間祕密的閣樓裡練習豎琴。一個叫巴哈的男孩借著月光抄下了整本書，因為他家窮的買不起蠟燭，即便當父母拿走這些書本時，他也沒有感到灰心。畫家韋斯特是在閣樓開始學習繪畫的，為了做畫筆，偷了別人一隻貓，拔去鬃毛做畫筆。

　　正是年輕人的熱情斬斷了歲月無法解開的纏結。「人們會以微笑面對年輕人的熱情，」查爾斯‧金斯萊說，「這種熱情讓他們暗地裡偷偷嘆氣，為自己這些年來不經意間失去的人生熱情而感慨。」

　　但丁的熱情讓他為這個世界做出了多大的貢獻啊！

　　丁尼生 18 歲時寫下了第一卷作品，19 歲就獲得了劍橋大學的獎章。

　　羅斯金說：「最優秀的作品都是年輕人創作的。」迪斯雷利說：「幾乎

所有偉大的作品都是出在年輕人之手。」特魯姆爾說：「在上帝之下，世界最偉大的成就，幾乎都出自年輕人之手。」

正是年輕的赫拉克勒斯完成了艱巨的 12 項任務。滿懷熱情的年輕人面對著陽光，陰影自然就落在他們身後了。心靈控制年輕人的熱情，大腦決定年輕人的為人氣概。亞歷山大大帝在擊潰東方游牧民族，防止尚在發育階段的西方文明受到危害時，還只是一個少年。拿破崙征服義大利時，年僅 25 歲。拜倫與拉斐爾均在 37 歲逝世，在這樣的英年早逝，對很多天才來說，都是致命的。蒲柏也不過比他們兩人多活了幾個月。羅慕路斯建立羅馬帝國時，年僅 20 歲；皮特與波靈布洛克在剛剛成年時，就成為了牧師。格萊斯頓早年就成為英國國會議員。牛頓在 26 歲前，已做出了他幾個最為重要的發現。約翰·濟慈 (John Keats) 在 25 歲去世，珀西·比希·雪萊 (Percy Bysshe Shelley) 29 歲去世。馬丁·路德在 25 歲時，已是卓有成就的改革者了。據說，沒有一位英國詩人在 21 歲時能與查特頓的成就相比。惠特菲爾德與衛斯理在牛津上大學時就開始了文藝復興運動，而惠特菲爾德在 24 歲時在就已在英國家喻戶曉了。維克多·雨果在 15 歲時寫下了第一部悲劇作品，並在 20 歲前贏得了皇家學院三枚獎章，獲得了碩士學位。

世界很多最著名的天才都沒有活到 40 歲。在人類歷史上，充滿熱情的年輕人從未遇到像今天這樣的機會。這是屬於年輕男女的時代。年輕人的熱情就是他們的皇冠，在熱情面前，疲倦與消極都會消失。

但如果年輕人身上的熱情讓人無法阻擋，那要是能將這種熱情帶到老年，那麼這種力量就更加強大了。格萊斯頓在 80 歲時的地位與能量要比任何當年與他持一樣理想的年輕人更大。年齡的光榮在於熱情的榮光，世人之所以尊重老人，其實是對身體雖已屬弱，但內心依然吃人的老人致以

敬意。《奧德賽》這部作品是一位眼瞎的老人創作的，這位老人就是荷馬。

　　隱士皮特在年老時傳遞出的熱情，鼓舞著歐洲的騎士，最後擊潰了阿拉伯軍隊。

　　威尼斯共和國總督丹多洛在 94 歲時贏得了戰爭的勝利，並在 96 時拒絕加冕皇位。威靈頓在 80 歲時設計並駐守堡壘。培根與洪博特在一息尚存時，依然是勤奮的學生。睿智的蒙田在老年遭受痛風與絞痛時，依然保持著樂觀的心態與達觀的人生見解。

　　詹森博士的著名作品《詩人的生活》，是他在 78 歲開始寫的。笛福在 58 歲時出版了《魯賓遜漂流記》。牛頓在 83 歲時為《自然哲學》增添了幾篇文章。湯姆‧斯科特在 86 歲開始學習希伯來語。伽利略在寫關於運動法則的著作時，差不多 70 歲了。詹姆斯‧瓦特在 85 歲時學習德語。薩默維爾在 89 歲時完成了《分子與顯微科學》。洪博特在 90 歲時完成了《宇宙學》的創作，完成作品的一個月後，他就去世了。布林克雖然在 35 歲就當選為國會議員，但他還是讓世人感受到了他的品格。格蘭特在 40 歲之前依然默默無聞，在 42 歲時已經成為了歷史上最偉大的將領之一。艾利‧惠特尼在 23 歲時決定考大學，30 歲時從耶魯大學畢業，但他發明的軋棉機為南部的工業提供了美好的前景。俾斯麥在 80 歲時具有多大影響力啊！帕默斯頓爵士在人生最後一刻，依然是「老頑童」。他 75 歲時開始擔任英國首先，並做了兩屆英國首相，西元 1881 年死於首相任上。伽利略 75 歲時，身體屛弱，雙目失明，依然每天工作，研究鐘擺原理。喬治‧史蒂文生在他成年前都不會認字與寫字。朗費羅、惠蒂爾與丁尼生等人最佳的作品都是在他們年過 70 後創作的。

　　約翰‧德萊頓（John Dryden）在 63 歲開始翻譯《埃涅阿斯紀》[04]，羅伯特‧霍爾年過 60 後開始學習義大利語，以便更好閱讀但丁的原著。諾亞‧韋伯斯特（Noah Webster）在 50 歲後開始學習 17 門語言。西塞羅曾睿智地說，男人就像酒，歲月會讓劣質酒變味，讓好酒變醇。

　　只要內心永葆熱情，就能在雙鬢變白之時，依然保持年輕心態，正如墨西哥灣的暖流給北歐帶來一絲溫暖。

　　「你的心多大了 —— 還年輕嗎？如果已經老了，就要審視一下，看看是否還能繼續工作。」

04　維吉爾所著的敘事詩。

第十四章
「準時」與敏捷的勝利

「在記錄著無限時間的鐘錶，永遠只顯示一個時間 —— 現在。」

你要明白，地球繞著太陽走了 5,000,000 公里，到達至日點，分秒不差 —— 不，應該是不差 1/1,000,000 秒。地球就是在無數個世紀的歲月裡，重複走著這條危險的道路。

—— 愛德華・艾瑞特

「誰不清楚決定我們命運之線是如何編織的？這通常取決於當下的這一刻。要是我們錯過了，就要失去接下來的年月了。」

在一條「不久以後」就能到達的大街，我們始終看不見一間房子。

—— 米格爾・德・塞凡提斯（Miguel de Cervantes）

「不要因為猶豫而浪費這一天，因為明天就是一個完全不同的故事了，如果再拖到大後天，我們就更懶惰了。」

讓我們抓住當下，勇往直前吧！

—— 莎士比亞

「快點送遞郵件！為了你的生命，快點！」英國亨利八世在位時，經常能看到這樣的文字，搭配著一副送遞急件的信差被絞死在絞架臺上的圖畫。這位被絞死信差的名字無人知曉，但負責為政府送遞急件的信差若是故意耽誤，就要遭受絞刑。

即便在那個只有驛馬車，傳遞速度緩慢的年代，傳遞信件需要一個月的時間，途中還會遇到各種危險，但不必要的拖延依然是一種犯罪。現在，我們借助便利的交通，能以更短的時間傳遞信件了。文明進步的一大收穫就是人們能更好地利用時間了。今天，我們一個小時所做的事情在一百年前要花 20 個小時。

「拖延帶來危險的結果。」凱撒就是因為沒有及時閱讀信件，導致他到議院後被刺死。駐紮在特倫頓的黑森人將領拉爾上校在信使送來一封內容講述喬治‧華盛頓已經率軍穿越德拉瓦州的信件時，正在玩牌。他將信件放在口袋裡，直到玩牌結束後才看。當他準備集結軍隊時，就發現士兵已經成為俘虜，他也喪命了。只是因為延誤了幾分鐘，他不僅失去了尊嚴、自由，還有生命。

準時與精確 —— 這是取得成功的兩個樸素因素。每位成功人士都會遇到一些關鍵時刻，若在面對關鍵時刻，他們稍有猶豫或是退縮，就會失去所有一切。

「一接到你簽署的《解放黑奴宣言》的命令後，」麻薩諸塞州州長安德魯在西元 1861 年 5 月 3 日給林肯的一封信裡寫道。「我們立即盡最大的努力，去迎接這場戰爭。我們相信政府與美國人民一定會立即行動起來的。即不需要經過任何繁瑣的官僚手續，抓緊一切時間。」4 月 15 日，安德魯收到發自華盛頓的一封軍令，在那個星期六上午 9 點，他回信道：「麻薩諸塞州所有軍隊不是已經到達華盛頓，駐紮在門羅堡壘，就是趕在去保衛首都的路上。」

「我必須問的是，」安德魯說，「是該做什麼。當這個問題得到回答後，下一個問題就是『我接下來該做什麼？』」

「整個青春期，」羅斯金說，「從本質來說，就是一個塑造、修正與教育的過程。那段青蔥歲月的每一分秒都影響著你的未來 —— 每個時刻一旦錯過，那麼本該去做的事情就一去不返了，或是在錯過那個節點後，想要打鐵，但是鐵已經涼了。」

拿破崙極為重視「關鍵時刻」，認為每場戰役都會有一些「時間缺

口」，他正是利用「時間缺口」贏得每場戰役的勝利，因為稍有猶豫，勝利就可能變成災難。他說自己之所以能擊敗奧地利軍，是因為奧軍不明白 5分鐘所具有的價值。據說，拿破崙在滑鐵盧一戰之所以落敗，就是因為他與格魯奇在那個要命的早上錯過了幾分鐘。布魯爾將軍及時趕到，但格魯奇卻遲到了。正是這遲到的幾分鐘讓拿破崙被流放到聖·赫拉娜島，改變了數百萬人的命運。

有一句老生常談幾乎被升級為一句格言了，這句格言是，想在其他時間去做的事情，永遠都沒有時間去做。

倫敦的非洲協會希望派旅行家勒德雅德到非洲去，就問他什麼時候準備出發。「明天早上。」他回答說。約翰·喬維斯在成為聖·文森特伯爵之前，被人問到什麼時候上船，他說：「現在就上。」科林·坎貝爾（Colin Campbell），這位英國駐印度的指揮官在被問到何時出發，毫不猶豫地說：「明天！」

將事情推到明天所消耗的能量通常可讓我們今天就完成這些工作。當工作被延遲，重新撿起再做時，感覺多麼困難與讓人反感啊！原本我們懷著熱情與愉悅心態去做的工作，一旦拖延了幾天或是幾週，對我們來說就變成了負累。回覆信件最為輕鬆的時刻，就是在剛收到信件的時候。很多大型企業都規定，不能將今天收到信件拖到明天回覆。

行動迅速能讓我們的工作免除負累。拖延通常意味著休假，而即將去做則意味著自己不想做。做一件事就好比播下一顆種子，如果你不在適當的時間播種，那就永遠錯過時節了。夏日的陽光不足以讓晚種的水果成熟。如果一顆星星或星體的運轉拖延了一秒，就可能讓整個宇宙的運行出現混亂。

「只有當下的這些時刻才是最重要的。」瑪利亞・艾德沃斯說，「不僅如此，除了當下之外，沒有任何時間了。在精力充沛之時不去完成工作的人，之後就更沒有希望去做了。他們會對自己感到失望，時刻處在匆忙狀態，忙裡忙外，但其實陷入了懶惰的泥潭。」

柯布特曾說，相比於自身的天賦，他將成功歸功於自己隨時「準備行動」。

「我將自己在軍隊獲得擢升歸功於這種特質。」柯布特說，「如果要我在 10 點鐘站崗，我會在 9 點鐘就準備好。我永遠不會讓任何人或任何事清多等我一分鐘。」

某人問沃爾特・洛利爵士：「你是如何在這麼短的時間內取得如此輝煌的成就呢？」「在我有事要做時，我馬上就去做。」洛利爵士回答後所。那些行動迅速之人，雖然有時會犯一些錯誤，但一般能取得最後的勝利。相反，拖延者即便有更好的判斷力，也必將失敗。

一位法國政治家被問到如何在履行社會職責時，還能取得如此重要的成功時說：「我只是從不將今天的事情拖到明天。」一位失敗的公眾人物曾對此提出反對意見，他的人生格言是「任何能拖延到明天的事情，今天都不要去做」。不知有多少人正是這樣消磨掉他們的成功，不知有多少人正是因為讓朋友或是親戚偷走了關鍵的 5 分鐘，而陷入了失敗的泥潭？

「你剛才說『明天』？」克頓質問道，「我聽不到你說的明天！這就好比騙子想空手套白狼——套回你的金錢，卻只給你一些明天的希望、願景與承諾，你這個傻子！明天！這個時間在已過去的古代時間裡無處尋覓，偶然會出現傻瓜的日曆上。智者憎恨這個詞，不會與那些喜歡將事情留到明天去辦的人交往。明日是幻想兒子，愚蠢是它的父親，裡面充實著各種

痴夢，好比夜晚毫無根據的黃粱一夢。」哦！不知有多少走在通往成功路上的失敗者說：「我將一生都耗在追逐明天上，相信著明天肯定會有更加美好的事情在等待著我。」

但克頓的決心不可動搖。「查爾斯・里德講述著諾亞・斯金尼 —— 這位做事喜歡拖延職員 —— 的故事。斯金尼從瞌睡中醒來後，覺得大腦渾渾噩噩，就想做一些事，喃喃自語說：『我的頭真是太沉了！』此時，他站了起來，內心滿是改過自新的決心，口氣斷續地低聲說：『我明 —— 明天，要去彭布魯克大街。』第二天的時候，有人發現他與那位私家偵探都死了。」

「明天」是魔鬼的座右銘。歷史上有難以計數的天才成為「明天」的受害者，導致他們的計畫半途而廢，理想無法實現。「凡事等明天」這句話是懶惰與能力不濟之人最常用的藉口。

「趁熱打鐵」與「趁太陽出來晒乾草」，這兩句格言都極有深意的。

很少人能意識到懶惰在什麼時候潛入我們的心靈。對一些人而言，懶惰是在晚飯後來襲的，對有些人則是在午餐後，而對另一些人則是在晚上7點之後。每個人一天都總會有一個「關鍵時刻」。如果想挽救這一天，就要好好掌握。對絕大多數人來說，如何處理早上時間是一天成敗的關鍵。

某人在亨利面前讚揚梅耶內的能力與勇氣。亨利說：「你說得對！梅耶內是一位優秀的艦長，但我每天都要比他早起來5個小時。」亨利凌晨4點就起床了，而梅耶內則是在上午10點，這造成了他們兩人的差距。猶豫不決會變成一種疾病，而拖延則是這種疾病的先兆。治癒患有「猶豫不決」疾病之人的唯一藥方，就是果斷下決定。否則，猶豫不決對我們取得成功與成就都會造成致命打擊。猶豫不決之人無一不是失敗者。

一位著名作家曾說，床是一個矛盾共同體。我們不願意上床睡覺，但在下床時卻感到悔恨。我們每晚下決心第二天要早點起來，但身體在第二天卻想在被窩待久一些。

　　但是，絕大多數成功人士都是早起者。彼特大帝天未亮就起來了，他說：「我要盡可能讓人生變得更長一些，因此我要盡量壓縮睡眠時間。」阿爾弗雷德大帝黎明前就起床了。哥倫布天濛濛時就起來了，規劃去往美洲的行程。拿破崙在太陽出來前，就起來研究作戰計畫了。哥白尼也是一位早起者，古代與當代的許多著名天文學家都是早起者。布萊恩特早上 5 點起來，喬治·班克羅夫特（George Bancroft）破曉前起來。幾乎所有著名作家都是早起者。華盛頓、傑弗遜、韋伯斯特、克萊與約翰·C·考宏（John Caldwell Calhoun）都是早起者。

　　丹尼爾·韋伯斯特通常在早餐前就回覆了 20 ～ 30 封信件。

　　沃爾特·斯科特是一位極其守時的人，這也是他獲得偉大成就的祕密之一。他每天早上 5 點起床，在吃早餐前，已經完成了一天大部分的工作。某位略有成績的年輕人寫信向他尋求建議，斯科特回信說：「要小心你的興趣愛好，不要讓這些愛好占據了你全部的時間。我的意思就是女人們經常說的拖延。任何必須去做的事情，立即去做，做完工作才去娛樂，千萬不要先娛樂，後工作。」

　　養成早起習慣具有巨大的作用。8 個小時的休息時間對每個人來說都足夠了，而很多人睡 7 個小時就可以了。如果在床上睡了 8 個小時，就應該迅速爬起來，洗漱穿衣，投入到工作中去。

　　「某些災難總會落在我的一些朋友身上。」漢密爾頓說，「上帝讓人類存在於這個世界，賜予他們要做的工作，並限定時間。如果人能在適當的

時間開始準備，就有充足的精力、時間去完成工作。但在許多年前，他們遇到了一系列不幸的事情。他們不知道為什麼會發生這些事情，但都肯定一點，即自己的生活出現了失衡，正如兩條側線放在一起，一條長，另一條短。這些人的工作與時間都是相似的，但工作總要提前 10 分鐘完成。他們做事缺乏規律，手腳總是不夠麻利，寫完信時還要拖一段時間才寄出去。他們趕到碼頭時，見到汽船剛好開走；他們趕到火車站時，見到車站大門剛好關閉。他們不會錯過任何約定或是忽視自己的責任，但無論做何事，都總是慢一步，通常錯過了最為重要的幾分鐘，錯過了機會。」

有人說，做事果斷會激勵別人，感染到他人。無論做事果斷是一種激勵或一種收穫，都是當代文明最為實用的美德之一。

有一樣東西幾乎與婚姻關係一樣神聖 —— 那就是約定。一個無法準時履約之人，除非真的有不可抗拒的理由，否則他就是一個騙子。世人有理由當他是騙子。

「如果某人對他人的時間缺乏尊重，」霍勒斯・格里利說，「那他憑什麼擁有別人的金錢呢？占用別人一個小時與偷竊別人 5 美元有什麼區別呢？對很多人來說，他們一個小時的價值遠遠超過 5 美元。」

華盛頓總統邀請幾位新當選的國會議員在下午 4 時到白宮吃飯，但有幾位議員遲到了。當他們發現華盛頓在吃飯時覺得很尷尬。華盛頓說：「我的廚師在到飯點時，從來不問客人是否到了沒有。」

祕書為自己遲到找藉口說手錶走慢了，華盛頓對他說：「那你就要換一個新的手錶，否則我就要換一位新祕書了。」

富蘭克林曾對一位總是遲到，卻又喜歡找藉口的僕人說：「我發現，那些擅長找藉口的人通常都是一事無成的。」

拿破崙曾邀請他的元帥們共進晚餐，但元帥們沒有按點到達，於是他就自己一個人吃了。當元帥們來到時，拿破崙剛好從椅子上站起來說：「先生們，現在過飯點了。我們立即談正事吧！」

　　布魯切爾曾被譽為是史上行動最為迅速的人，他有著「前進元帥」的稱號。

　　約翰・昆西・亞當斯從來不遲到。國會議長一看到亞當斯坐到他的位置上，才會準備開會。一次，某位議員說到時間開會了，但議長說：「沒到，亞當斯還沒有坐到位置上。」結果發現那位議員的手錶快了 3 分鐘。過了 3 分鐘，亞當斯坐在位置上。

　　韋伯斯特在參加學校或大學的背誦課時，從來不遲到。無論是參加法庭辯論、國會會議或是社交活動，他都做到準時。霍勒斯・格里利在充滿打擾與煩憂的繁忙生活裡，依然能做到準時赴約。他為《紐約先鋒報》寫的很多篇充滿見地的文章，都是他在等待那些懶散之人赴約的間隙時寫的。

　　準時是工作的靈魂，一如簡潔是智慧的靈魂。

　　阿莫斯・勞倫斯在他從商的 7 年裡，一定要在每個星期六前算清一週的帳目。準時可以說是禮貌待人的最佳體現。一些人總是忙於從事工作，處在匆忙的狀態，給你一種他們害怕錯過下一班火車的感覺。這些人做事缺乏方法與條理，很難有所成就。每個商人都知道，有些時刻決定著我們日後多年的命運。如果你遲了一點到銀行，你的信用就會被投訴，你的生意就會失敗。

　　學校與大學最好的一點，就是有敲響起床、背誦或是演說信號的大鐘，教會學生要養成動作麻利的習慣。每個年輕人都應該有一個手錶，以

便隨時看時間。赴約總是遲到幾分鐘，這會養成不良的習慣，也會讓你付出昂貴的代價。

「哦！我多麼欣賞那個守時的男孩啊！」H・C・布朗說，「你會在很短時間內就信賴他，委託他去做更重要的事情！凡事準時的男孩能賺到第一桶金，為日後的成功打下了堅定的基礎。」

做事迅速敏捷是自信的母親，讓我們獲得信任。行事果斷最能證明我們做事有規律有條理，讓別人對我們的能力產生信心。一般來說，守時之人都會遵守諾言，值得信賴。

列車員的手錶可能走慢了，結果導致了一場嚴重的鐵路事故。一間資產龐大的企業之所以倒閉，可能是因為某位經紀人未能按時進行資金轉帳。一個無辜之人被絞死，可能是因為傳送緩刑命令的信使晚了 5 分鐘。一個人停下腳步，聽路人說著無聊的故事，結果遲到了一分鐘，錯過了火車或汽船。

格蘭特在聽到蘇姆特城堡淪陷的消息後，立即投軍。當布克納將軍在多納爾森城堡送給他一面停戰旗幟，希望格蘭特能考慮一下有條件投降的條款。格蘭特立即回覆說：「只接受立即無條件投降。我決定進軍，逼迫你投降。」布克納後來說，當時的戰局逼迫他「接受你提出的如此不厚道與缺乏騎士品格的條例。」

像拿破崙這樣的男人能在瞬間抓住主要矛盾，不惜犧牲次要的東西，這樣的人必然能取得勝利。

很多人的一生碌碌無為，根源在於失去的 5 分鐘。「太晚了」這句話能從許多失敗者的墓碑上看到。幾分鐘能造成勝利與潰敗，成功與失敗之間的區別。

第十五章
良好形象的影響

要選擇合適的衣服，而不是昂貴的衣服。

—— 李維

雖然你錢包有錢，但不要養成購買昂貴衣服的習慣。

衣服並不一定要昂貴，關鍵是合適，不能俗氣。

因為衣著說明一個人的品格。

—— 莎士比亞

我以為，穿著最佳的紳士能讓別人無視他的衣著。

—— 安東尼‧特洛勒普（Anthony Trollope）

一般來說，注重個人衛生的人，一般都注重道德的衛生。

—— 威廉‧肖（William Harry Shaw）

　　良好的形象主要由兩個因素組成：一是身體乾淨，二是衣著得體。一般來說，這兩者是同時存在的。衣著的整潔說明此人注重衛生。一個人不注重外在形象，不修篇幅，就可能說明這個人的品格存在一定的問題，而不僅僅是衣服的問題那麼簡單了。

　　我們都首先透過身體來表現自己的。身體的外在狀況會被人視為內在狀況的反應。如果你只是因為不注意形象而顯得邋遢或讓人反感，別人就會覺得你的心靈也是如此。一般而言，這個結論是合理的。高遠的理想與堅強的品格、整潔、有益的生活與工作，與低標準的個人整潔是不相融合的。一個不注重平日盥洗的年輕人肯定會忽視心智的成長，很快就會從各個方面墮落。不注重個人形象的女性很快也會讓人討厭，會漸漸地墮落，直到變成一個下流的蕩婦。

因此，《塔木德》將個人的清潔僅排在神性之後，這是非常有道理的。我覺得應該將其排在更近的位置，因為我深信個人的乾淨整潔就是神性。靈魂與身體的純淨會讓人到達最高的境界，沒有了個人的乾淨與整潔，人其實只是野獸而已。

強健、乾淨的身體與健康、純淨的心靈之間有著緊密的關係。一個養成了粗心習慣的人，遲早會讓身體與心靈遭殃。很多情況下，品格的墮落始於對個人形象的漠視，始於一些個人衛生的小細節。一味埋頭沮喪、不注重身體是否乾淨的人、漠視衣服是否乾淨的人，很快就會漠視自己的工作、同事與個人的舉止，最後就會漠視他的道德了。

但站在自我利益、審美及道德上考慮，我們要大聲疾呼，要讓每個人都注意個人整潔的法則。我們每天可見很多人因為失敗而不斷被「減分」。我記得，不少有能力的打字員之所以失業，就是因為沒有保持指甲的乾淨。我認識一位誠實、有智慧的人之所以失去在一間大型出版社的工作，是因為他不注意鬍子與牙齒的保潔。某天，一位女士說，她到某間商場買一些緞帶時，看到那位女銷售員的手，就改變了注意，到其他地方去買了。她說：「考究的緞帶在被那雙髒兮兮的手觸摸後，肯定會失去原先的光澤。」當然，這位女銷售員的老闆不久肯定會發現，這位女銷售員對自己的工作不用心 —— 之後，這條法則不可避免地發生作用了。

要造就良好的個人形象，首先要強調一點，必須要時常洗刷。日常的洗刷能保證頭髮處於乾淨與健康的狀態，不然，健康是沒有保障的。不注重這方面的人會因為皮膚累積的汙垢而讓別人反感。

除了盥洗，次要的是，對頭髮、手部及牙齒進行適宜的保養。這可能需要占用你一些時間，利用香皂或是水來清洗。

第十五章　良好形象的影響

　　當然，頭髮應該梳理得體，每天都要進行梳理。如果頭髮油膩多，每隔一週要使用洗髮精或是熱水進行徹底沖洗，使用氨水是可以清除油膩的。如果頭髮乾燥或是缺乏亮澤，一個月至少也要進行一次沖洗。

　　如果你經濟上能夠承擔，也時間也充裕的話，每個月最後進行一次專業的指甲修剪。即便你沒有經濟能力每週、每月去修甲，至少要每天留意指甲的狀況。修甲的工具非常便宜，幾乎是每個人都能購買。如果你買不起整套裝置，就至少買一個矬子或是指甲刷（也就 10 美分一個），讓你的指甲保持平滑與清潔。

　　保持牙齒處於健康的狀態是非常簡單的。但在這方面的個人衛生上，卻有更多人犯下了錯誤。我認識很多年輕男女，他們穿著得體，似乎非常注重個人形象給他們帶來的驕傲感，但卻忽視了對牙齒的護理。他們沒有意識到，沒有比髒兮兮的黑色牙齒或是少兩顆門牙更讓他們的形象打折的了。對年輕男女來說，沒有比難聞的口氣更讓人反感了。任何一個有著難難聞口氣或髒兮兮牙齒的人，都會遭受到相應的後果。我們都知道，口氣惡臭的人會多麼的讓人感到不適，簡直就是讓人作嘔。沒有哪位雇主會聘用口氣會讓整個辦公室變味的職員、打字員。

　　對想在這個世界出人頭地的人來說，關於衣著方面最好的建議，可以用這句簡短話語去概括：「讓你的衣著更為得體，不要追求昂貴的名牌。」簡樸的衣著就具有最大的魅力。在這個時代，市面上有很多具有品味但卻不昂貴的衣服可以選擇，絕大多數人都可以購買適合自己的衣服。但是，如果經濟能力有限，沒有足夠錢去購買更好的衣服，誰也沒有必要為身穿廉價的衣服感到臉紅。即便身穿一件陳舊的外套，也要比穿著一件你沒有能力購買的衣服更贏得別人的尊敬。有時候，我們是因為沒有辦法才穿的寒碜一點，但因為懶惰而不注重自身形象卻是可以避免的，也是世人所鄙

視的。當你意識到自己穿著得體，身體乾淨與整潔，無論在任何情況下都能保持自尊與正直，這樣的想法會讓你度過最困難的時期，為你帶來尊嚴、力量與充滿魅力的力量，讓你獲得別人的尊敬與讚美。

赫伯特·H·福里（Herbert H. Fury）從養路工程做起，沒過幾年就成為長島鐵路公司的董事長。在發表關於成功的演說時，他這樣說：「衣著並不能成就一個人，但得體的衣著會讓很多人得到一份好的工作。如果你身上只有 25 美元，又想去找一份工作，那你最好花 20 美元去買一套衣服，花 4 美元去買一雙皮鞋，剩下的錢用來刮鬍子、理髮以及購買一個全新的領結，然後以全新的形象去面試。千萬不要為了省錢，而去買一套難看的衣服。」

大多數企業都有這樣的規定，就是絕對不招聘看上去邋遢、懶散、或是不注重個人形象的求職者。芝加哥最大一間零售商店負責招聘銷售員的人說：「雖然我們嚴格遵守招聘的流程與程序，但事實上，我們最看重的還是求職者身上的品格。」

事實上，求職者是否擁有很強能力，這並不是十分重要，但他絕不能忽視個人的形象。尚未雕琢的璞玉要比許多擦亮的玻璃價值更高，但是卻可能會被拒絕。注重儀表的求職者可能相比於被拒絕的求職者更為膚淺，但他們在求職的時候更注重個人的儀表，所以獲得並保住了職位，即便他們的能力可能沒有那些不重視儀表而被拒絕的人的一半。

在美國通用的這條法則同樣適用於英國，適用於所有進步的國家。這點可以從《倫敦布商記錄報》得到證明。該報曾這樣報導：

「無論在何處，我們發現額外注重自身的形象與個人的衛生的人時，幾乎可以發現他們也會額外注重自身所做的工作。懶散之人必定會做出懶

散的工作，而注重個人形象的人則會注重他們手頭上的工作。也許，在工作間適用的原理也符合那些在櫃檯後面工作的人。難道我們沒有注意到這一點：最為聰明的女銷售員都會額外注重自己的形象，反感衣冠不整或是領帶耷拉的人。事實上，這種對個人習慣與個人形象的注重，可以展現出心靈的敏銳度，說明他們對各種懶散與馬虎行為的不齒。」

　　每位想取得成功、贏得自尊的人都不會忽視衣著的重要性。因為「衣著彰顯著個人的品格」。在我們意識到自身衣著得體時，自然會優雅待人，表現自如。如果我們的穿衣不適合自身形象，或是衣服有褶皺，這會讓我們感到尷尬與緊張，缺乏足夠的自尊。毋庸置疑，衣著影響著我們的情感、自尊，因為每個有感知的人都能領悟到這點。無論是誰，穿上了合適的新衣服時，都會充滿自信。伊莉莎白·斯圖爾特·菲爾普斯·沃德（Elizabeth Stuart Phelps Ward）曾說：「意識到自己穿著得體，這本身就是道德力量的泉源之一，僅次於清明的良心。熨帖過的領結與全新的手套會讓很多人度過難關，而有時一道裂口或一條褶皺就可能將他擊敗。」

　　注意個人衣著細節的重要性，可從我很久前聽到的一位年輕女性求職失敗的例子得到體現。就各個方面說，這位女性都具有能力到一所女生工業學校擔任指導員或老師的職位。這間學校的創始人之一是一位富有且仁慈的女人，她創辦了這所工業學校，希望能讓女生接受良好的英文教育，並學會獨立生活。所以，V 女士對這位創始人推薦這位女性的介紹信印象深刻，就與她約好了面試時間。面試後，V 女生拒絕了這位女性的求職申請。一位朋友問她為何如此武斷拒絕了一位有能力的求職者時，她說：「其實是因為一些細節，但這些細節就好比埃及的象形文字，包含了許多內容。這位年輕女性穿著時尚與昂貴的衣服來面試，但卻套著破爛與褶皺的手套，鞋子上有幾個鞋孔沒有扣。一個懶散的女性是不適合成為任何女生

的榜樣。」也許，這位女性永遠不知道自己為什麼沒有得到這份工作，因為她顯然覺得自己在各個方面上都適合這份工作，只是除了沒有注意到衣著上細小的問題罷了。

單純站在衛生的角度，無須闡述其他方面，我們都知道穿著得體是非常重要的。意識到自己穿著得體會激勵著我們。很少有人能對周圍人的反應無動於衷，這是很難做到的。如果你半裸著身子無所事事，不去盥洗，房間雜亂無章，你還對此感覺良好，因為你並不希望去見任何人，你很快就會發現衣著與環境對你產生的影響了，你的心智會迅速下滑，無法發揮自身的潛能。你會變得懶散、馬虎，正如你身體那樣死氣沉沉。另一方面，如果你對「憂鬱」的情緒來襲、感到生病或是不想去工作時，不是穿著過時的套衫或是浴衣無所事事地走來走去，相反去好好地洗個澡，如果可以，去洗一個土耳其式的沐浴，穿上最好的衣服，盡可能全面盥洗，彷彿你即將要去參加時尚宴會，就會感覺自己成為一個全新的人似的。在穿好衣服前，你的憂鬱情緒與讓你沉睡的情感十之八九會像噩夢那樣消散，你對生活的宏觀看法又發生了全面的改變。

強調衣著的重要性，我不是說應該像英國的花花公子布魯梅爾（Brummell）每年花費數千美元用於購買衣服，每天花數小時來繫領帶。過度追求衣著要比完全漠視它更加嚴重。很多人為了追求衣著而陷入債務，他們將此視為人生追求的目標，完全忽視了對自身及別人的神聖責任。比如，布魯梅爾就將大部分的時間投入到衣著的研究上。但我必須要說明，從自身以及與我們交往的人的角度來看，穿著最後符合自身地位與經濟條件，這是我們的一種責任，也是真正的節約。

很多年輕男女除了支付住宿費及一般衣服費用外，幾乎將其餘的薪水都用在了追求華麗的服裝上。其中一些人甚至不惜負債去購買衣服，正如

他們所說的，只是為了「能夠緊跟潮流」。他們受到了錯誤的影響，覺得要想穿著得體。就必須要炫耀自己購買昂貴的衣服。他們所犯的錯誤，要比認為注重衣著對每個正常人來說都是不值一文的人更加嚴重。他們將原本應該投入到自我修養的時間用於研究自己的形象，想著如何買這買那，或是去購買一些在他們眼中「非常時尚」的名牌衣服。當他們沒有能力去購買或借用讓他們羨慕不已的衣服時，就買一些廉價的仿製衣服，讓他們看上去顯得非常荒唐。很多這樣的年輕人手指上戴著假冒的鑽石戒指，胸前的襯衫上鑲嵌著假冒鑽石的花朵。他們穿著閃著光亮的衣服，顏色根本不搭調。他們往往為別人所注視，其實是因為他們品味很差，顯得庸俗與不恰當。一般而言，這些年輕人都身處低位，個中理由不言自明。他們就像卡萊爾描述的那些花花公子：「一個注重衣服的人 —— 他的工作、生活及生存都在衣服上 —— 他心靈、精神、個人以及錢包都集中於這個目標上。」這些人活著是為了穿好衣服，沒有時間去追求更加高尚的事情。

　　打扮過分的年輕女人只能說明穿的過分考究的年輕男人的陰柔氣質。無論男女，他們的個人氣質對選擇衣服都有微妙的影響。他們的衣服一般比較花俏、閃亮與庸俗。他們的穿衣風格甚至要比那些不重視衣著，不修邊幅的人更讓人反感。世人接受莎士比亞提出的這句話「衣著通常能說明一個人。」很多年輕男女卻時常因為衣著品味被世人所批評，但他們還覺得自己充滿魅力。乍看之下，很多人可能會覺得單憑某人的衣服去評價一個人過於膚淺與主觀，但經驗已經一再證明，每個人的衣著基本都能說明穿衣者的自尊與品格。追尋成功之人在選擇衣服時，應該與他們選擇朋友時一樣小心翼翼，正如那句古話「告訴我你跟誰交友，我就知道你是怎樣的人。」這句話經常被某些哲學家說得更加通俗：告訴我一個女人在人生某些階段的衣著，我就能寫出她的自傳。

「給女孩灌輸美麗是毫無價值、衣著是毫無用處的思想，真是荒唐極了。」西德尼‧史密斯說，「事實上，她人生的未來與幸福可能取決於一套全新的禮服與合適的軟帽。如果她有常識的話，就肯定會發現這點。最重要的是，要教會她衣著的適當價值。」

誠然，衣服並不能造就一個人，但衣服要比我們想像中更加重要。普林提斯‧瑪律福德曾說，衣著是人類走向精神實現的途徑之一。這不是一句誇張的話，因為我們都知道衣著在激勵我們保持個人衛生方面所發揮的影響。比方說，讓某個女人船上一件老舊起皺的外套，那麼這會讓她無視不整潔或是卷髮的頭髮，她也不會在乎臉部與手上是否乾淨，或是該穿哪種邋遢的鞋子。因為她說：「這一切都與這件舊外套相搭配。」她的走路方式，她的整個情感傾向，都受到這件舊外套的微妙影響。假設她作出衣著上的改變──穿上一件整潔的棉布衣服，她的舉止與外在形象立即發生改變！她肯定會理好頭髮，不會穿不搭調的衣服。她的臉、手機指甲都會像乾淨的棉布衣服一樣乾淨整潔。她會將鞋跟已經磨掉的鞋子換成合腳的拖鞋。她的心靈會在全新的層面上運轉。她會因為穿上全新的衣服而獲得別人更多的尊重。「你想改變自己當下的想法嗎？從改變你的衣著開始吧！你就能立即感受到這種改變。」即便著名的自然學家與哲學家布馮都證明了，衣著對思想所產生的重要影響。布馮曾說，自己只有在穿上正裝時才能進行正面的思考。每當他要學習的時候，總會穿好衣服，甚至還要佩劍。

搭配不適、不合身材或是褶皺的衣服不僅剝奪我們的自尊，還能讓我們失去舒適與力量。優質的衣服能讓我們舉止自若，讓我們談笑風生。意識到自身穿著得體能讓我們淡定自若，這是宗教都無法賜予的力量。而劣質的衣服則會讓我們變得拘謹。

人們不禁會覺得，上帝也是喜歡好看的衣服。祂讓自己所有的作品都有一種美感與榮光。每朵花都那麼絢麗，每片田野被夕陽的餘暉染紅，每顆星星都閃爍著明亮的光輝，每只小鳥都有最為精緻的羽毛。當然，當我們為祂這一切偉大的創造提供一個美麗的背景時，祂是最為開心的。

第十六章
個性是成功的資產

人的個性中有某部分是攝影師所無法捕捉，畫家所無法複製，也是雕刻家無法塑造出來的。那種微妙的東西，是每個人都能感覺但卻無法描述的，我們將之稱為魅力。擁有這種魅力的人是非常幸運的，因為這對生活的幸福與成功有著莫大的關係。

一些人擁有這種難以用語言表達出來的特質，讓人一聽到巴雷恩與林肯這樣的名字就興奮不已。克萊正因為有這樣的氣場，才成為所在選區選民的偶像。雖然庫倫恩也許在能力方面更強一點，但他卻從未像那位「來自磨坊出來的孩子」那樣激發人們的熱情。韋伯斯特與索姆奈都是偉大之人，但他們也不無法如巴雷恩與克萊那樣激發人們那麼高的熱情。

在評價科蘇斯對人們的影響時，一位歷史學家說：「首先，我們必須要考慮他魁梧的身材，然後才是他發表的演說是否具有影響力。」如果我們有足夠的洞察力與敏銳的嗅覺，就不僅能衡量每個人所具有的個人魅力，也能對許多學生或年輕朋友的未來進行精確的判斷。我們經常根據別人所處的位置去衡量他們的能力，而不是根據他們的個人氣質及作為成功資本的個人魅力去作出評價。

最能體現個性魅力的影響，能在具有影響力的演說家身上得到體現。這些演說家能像旋風一樣「席捲」臺下的聽眾。若讓聽眾直接看演說稿，不會有幾個人會被真心打動的，而一旦演說家出現在臺上，似乎就充滿了魅力，讓臺下的觀眾如痴如醉。這些演說家最好地說明了一點，即他們的個人魅力要比演說內容及行為更加重要。

某些人的個性魅力要比體態之美與學識都更加重要。個性魅力是一種神性天賦，能感染最為堅強的人，有時甚至能控制一個國家的命運。

我們不時會遇到這些人，他們充滿魅力，非常有吸引力，不僅能讓我

們敞開心扉，還能讓我們熱烈歡迎他們進來。對這些人來說，沒有比這種個性更為美好與神聖的了。我們會毫無保留地面對他們。一旦我們遇到這些人，就能感覺自己好像變得更為宏大，思想得到了全方位的拓展。他們似乎能激發我們信念中潛在的能量，而我們之前卻對此一無所知。我們的心靈得到了拓展，感覺身心都在湧動著一股全新的力量。我們會感到寬慰，就好像長久積壓在心中的重擔被卸下來了。

　　與這樣的人進行交談時，也許是第一次見面，但他們還是讓我們大吃一驚。我們發現自己竟然能夠以更為流暢與清晰的話語表達自己的思想，他們能夠將我們最好的一面激發出來。他們一如既往地引導我們走向更好的自己。在他們面前，我們心靈充滿了力量與衝動，這是之前從沒有過的感覺。在那一瞬間，生活似乎擁有了更為高尚與美好的意義，我們擁有更強的欲望去做之前不敢做的事情，甚至做的比之前更好。我們的思想專注於正確的事情。我們瞥見了更為高尚的理想，至少是在那一個時刻。我們感覺心靈獲得了滌蕩。我們感覺過去自己的生活過於平庸，缺乏生活的目標與動力，於是下定決心，讓心靈重新出發，懷著全新的希望去奮鬥，留下屬於自己的印記，展現自己所具有的潛能。即便與這樣的人見面的時間很短暫，似乎都能讓我們的心智與靈魂的能量得到了翻倍，正如兩臺動力強勁的發電機同時運作，讓電流通過電線。我們不願意離開這些人，深怕自己會失去這種全新感受到的力量。

　　而讓人反感之人會讓我們心中一陣顫抖，有一種 6 月飛霜的感覺。這些人身上散發著讓人遠離與狹隘的氣息，似乎突然讓我們矮化。我們感覺自己失去了決定的能力，他們那種陰鬱的氣質讓我們自然天性的衝動一下子冷卻。他們的存在根本讓我們無法感覺自己得到了提升。他們就像天上黑暗的烏雲遮蔽著夏日湛藍的天空。他們黑暗的影子照在我們身上，讓我

們始終忐忑不安。

　　我們本能地感覺到，這些人對我們的理想毫不關心，我們的自然反應是不要多說話，不要表達出自己的希望或是夢想。當這些人接近我們時，我們之前那些值得讚美的理想與夢想都變得一文不值，只是讓他們覺得自己很愚蠢，我們的情感魅力也消失了。在那個時刻，我們生活失去了熱情與顏色，他們的存在帶來了嚴重的影響，我們只能迅速遠離這樣的人。

　　如果我們研究這兩種個性，就會發現主要的不同之處在於，前者熱愛自己的同伴，後者則不熱愛自己的同伴。當然，罕見的舉止魅力能讓人發揮自身的影響力，能將別人吸引到自己周圍。強大個性魅力很大程度上是一種天賦。但我們也會發現，無私、真正關心別人利益，或是覺得為他人服務是一種榮幸的人，無論到哪裡都能帶給人積極向上的影響力。這樣的人不會故意彰顯個人優雅的舉止或行為。他們會將感染自身的鼓勵帶給別人，提升別人的生活。他會受到與他交往之人的信任與愛戴。如果我們願意，就可培養這樣一種個性。

　　富於魅力的個性是無形的。我們有時將這種神祕的力量稱為個性，這種力量通常要比能力本身更加強大，更加難以估量。

　　很多女性天生都富有魅力，這在很多程度上是依賴於她們的個性美感。這種魅力通常會簡樸的女性身上出現。一個典型的例子，就是在法國名流社交聚會上，一些女性要比國王更能把控整個場面，成為會場的焦點人物。

　　在社交場合裡，當彼此的談話出現無話可談，大家的興致出現低谷時，某位光鮮亮麗的魅力女人一出現，就能立即扭轉整個形勢。她可能不是特別美，但每個人都被她吸引住，覺得與她交談是一種榮耀。

擁有這種罕見特質的人通常對他們這種力量的泉源一無所知。他們只知道自己擁有這種力量，但無法準確說出是什麼原因。這種魅力就像詩歌、音樂與藝術上的才華，就好比大自然的禮物，只能在某種程度上去培養。

富於魅力的個性通常來自良好的品性，圓滑是其中非常重要的一個元素——僅次於良好的品性。但是，圓滑也有可能才是最重要的因素。我們必須要知道應該去做什麼，並在適當時候去做適當的事情。良好的判斷與常識是想要獲得這種魅力的人所不可缺的。良好的品味也是個人魅力的一大因素。如果你冒犯了別人的品味，那肯定會傷害到他們的情感。

對人來說，最為划算的投資之一就是擁有良好的品行，真誠的舉止與慷慨的情感，以及取悅別人的藝術。這要比金錢資本重要許多，因為所有大門都會向陽光與讓人愉悅的人敞開。這些人無論到哪裡都受歡迎，都受到貴賓的待遇。

很多年輕人將他們獲得提拔或賺到的第一桶金，歸功於他們友善、隨和的性情。林肯的性情也比較友善隨和，他有著幫助別人的熱情，能在任何場合都友善待人。他的法律事務所合夥人荷恩敦曾說：「林肯曾在拉特里奇的客棧入住，那裡人很多，所以他經常不睡床，直接睡在商店裡的櫃檯長桌上，卷起白洋布做枕頭。每當其他人遇到問題，都會找他幫忙。」林肯這種樂於助人的念頭與友善待人的做法，讓美國人民特別愛戴他。

懂得如何取悅別人，這是一筆巨大的資本。還有比一個人擁有吸引別人、從不排斥任何人更加珍貴的個性嗎？富於魅力的個性不僅在商業上發揮巨大的作用，而且在生活上的各個方面都極為重要。這能讓政客成為政治家，讓客戶主動去找律師，讓病人主動去找醫生。成為牧師是非常光榮

的。無論你想從事什麼事業，你都無法估量培養個人魅力的舉止與吸引人的個性所具有的價值。這種個性能替代資本與影響力，通常能讓人事半功倍。

一些人就是能招攬到生意、顧客、客人或是病人，他們就像一塊磁鐵，自然吸引著鐵屑。任何事情都似乎指向那個方向，正如鐵屑因為同樣的原因指向磁鐵──因為他們都被吸引住了。

富於魅力個性的人就是商界的「磁石」，生意會自然找上門的，即便他們看似沒有出一半的力氣，似乎就能取得成功了。朋友們稱他是「幸運的狗」。但如果我們能認真仔細分析這些人的特質，就會發現他們身上具有這些吸引人的特質。通常，這些人都具有一種個性的魅力，贏得所有人的心。

很多成功的商人與傑出的專家若是仔細分析他們取得成功的原因，都會驚訝發現，他們之所以成功，很大程度上是因為他們習慣性的有禮待人及其他受人歡迎的特質。若是沒有這些特質，他們的睿智、聰明與商業技能也許就無法像現在發揮的這麼淋漓盡致了。因為無論一個人多麼有能力，若他舉止粗魯，說話口無遮攔，都是會趕走客人、病人或是顧客的。若是他的個性讓人反感，肯定會處於劣勢的。

培養受人歡迎的特質有著巨大的回報，這能增強成功的機率，培養為人氣概，鍛造品格。要想受人歡迎，我們必須要遏制自私的念頭，克服他身上不良的傾向，待人一定要禮貌、大度與友善。若一個人正在為自己受人歡迎而去努力，那麼他就走在成功與快樂的路上。培養交友的能力是我們取得成功的一個重要幫助。朋友這種資本是我們在關鍵時刻可以依靠的。當銀行倒閉，企業走投無路時，都可以依靠你的朋友。不知有多少人

在因為火災、水災或是其他災難而失去一切時，憑藉之前培養的受人歡迎的性格，最後東山再起的。因為這些人已經掌握了友善待人的藝術，他們懂得如何交友，知道如何抓住朋友的心。很多人都因自身的喜好或是厭惡而獲得一些人的友情，從而發揮了巨大的影響力。受人歡迎的商人與專家相比於那些冷漠麻木之人，在這個世界有了太多的優勢，顧客、病人與客戶都會自然找上門的。

培養友善隨和的藝術，這有助於你的自我表達，除此之外，其他一切都無法做到這點。友善隨和能激發你的成功特質，拓展你的憐憫之心。在我們降臨到這個世界時，沒有比擁有先天的個人魅力更讓人覺得愉悅的了。但是，隨和友善的個性還是相對容易培養的，因為這是由許多其他個性特質構成的，而這些個性特質都是可以培養的。

我認識的每一位全然無私之人，無一不是富於魅力之人。那些總想著自己，想著如何從周圍每個人身上最大限度榨取好處的人，是不可能充滿魅力的。我們會對那些總想著自己，從不為別人著想的人產生天然的反感情緒。

愉悅的祕密在於愉悅自己，為人風趣。如果你為人隨和有趣，那麼你自然就富於魅力了。心靈狹隘、吝嗇摳門的人肯定是不可愛的。人們自然會逃避這些心靈狹隘的人。我們和藹的表情，燦爛的微笑，有力的握手，真誠的話語，都是受人歡迎的必要素養。即便是性情最冷漠的人也難以抵擋這些特質，正如我們無法抵擋太陽的光線。如果你能散發出甜美與陽光氣息，人們自然會向你靠近，因為我們都在找尋陽光，總想著遠離陰影。

但讓人遺憾的是，無論在家裡還是在學校，都沒有教育這些知識，但是我們的成功與幸福在很大程度上取決於這些。很多人與沒有接受過教育

的粗野一樣相比，其實沒有好多少。我們可能知道的很多，但為人卻過於吝嗇，過著狹隘與保守的生活，其實我們應該敞開胸懷，憐憫待人與大度友愛的。

受人歡迎的人與具有個性魅力的人耗費了巨大努力去培養這些優雅的特質，才成為受人歡迎的人。如果那些天生不愛社交的人能像熱衷社交活動的人一樣，花時間與精力去培養這些特質，那麼他們肯定能收穫頗豐，取得不俗的成績。

每個人自然會受可愛的特質所吸引，反感一切醜陋的事物。吸引人的個性的總體原則就在這句話中。良好的舉止讓人愉悅，而粗魯野蠻的舉止則讓人反感。願意向我們伸出援助之手的人，給予我們憐憫同情的人，讓我們感覺舒適的人，或儘自身最大努力去幫助我們的人，都能深深吸引我們。另一方面，總想占我們便宜的人，阻擋我們我們前進的人，只想到自己好處的人，只會拈輕怕重的人，或是凡事不顧及別人感受的人，無疑會讓我們反感。

在你試圖去接觸某人時，最大限度地發揮你的才能。在第一次見面就給別人留下良好的印象，這點十分重要。在與某位潛在顧客進行會面時，彷彿你們已經認識了多年，絕對不冒犯別人的想法，不讓別人產生成見，喚醒別人的憐憫心與善意，這是一種了不起的能力，這樣的人理所當然應獲得高薪。

優雅的個性具有一種魅力，讓人很難抗拒。我們一般不會去責備擁有這樣個性的人。這些人有一種能力，就是讓你放下成見。無論你多麼忙碌或是憂慮，無論你多麼討厭被打擾，都會認真聆聽具有愉悅個性的人所說的話。

當我們與具有個性魅力的人交往，就能感受到自己的能力有所成長，智力變得敏銳，身體的各個機能變得更強，能夠喚醒我們從未想過的潛能，能夠說一些平時說不出的話，做一些平時不敢做的事情。演說家具有一種神奇的力量，能夠隨時調動聽眾的情緒，他將這種力量傳遞給聽眾，又能將這種力量收回來，就好比化學家能在實驗室裡裝有藥劑的瓶子裡獲取最大的能量。不同的化學物質只有在相互接觸與溶解後，才能發生化學反應，產生全新的物質。

我們很少意識到，自身取得的大部分成就都是因為別人在幫助著我們，因為他們在不斷鍛鍊著我們的能力，給予我們希望、鼓勵與幫助，給予心靈的安慰與支持。

我們時常誇大了從書本接受教育的價值。大學教育的主要價值源於與學生、老師、朋友及與人交往培養的品格。每位學生在與其他人進行思想交流時，都能激揚情懷，激勵著我們要有抱負，明確理想，拓展全新的希望與可能。書本知識是有價值的，但源於思想交流的知識卻是無價的。

兩種完全不同的物質存在著相互吸引的屬性，可能會產生第三種更強大的物質，這種物質可能要比之前那兩種物質結合在一起都更加強大。兩個有共同喜好的人聚在一起，通常能激發出他們之前從未想過的能量。很多作家都將最傑出的作品歸功於他的某個睿智朋友所說的一句話，從而喚醒了沉睡的潛能，否則他可能一直想不到這點。藝術家在欣賞大家的傑作時能受到啟發，或某人發現了他們身上別人發現不到的優點——從而讓他們創造出了永恆的作品。

堅持與同伴交流的人處在不斷發現自我的道路上。要是他們不與別人交往，可能永遠都無法挖掘自身的潛能。他所遇到的每個人都能發現他自

身的一些祕密，只要他懂得如何去獲取。若是他能對自己有全面的了解，那麼這將有助於他的發展，讓他的人生更加豐富。每個人都不可能單憑自己找到真正的自我，旁人能幫助我們去發現自己。

在你懂得如何正確對待別人時，就會驚訝發現在社交活動中能夠從別人身上學到很多知識。而事實上，你只有首先付出巨大的努力，才能有所斬獲。你越能散發自身的優點，那麼就越顯得大度、慷慨，越能全身心投入到與人交往中去，越能收穫更多。

要想有所收穫，首先要付出。只有在你勇敢迎著海浪前進，浪潮才會向你撲過來。你越是慷慨大度地給予，就能收穫越多。如果你為人卑鄙、吝嗇或是目光狹隘，那麼你是不可能有所收穫的。你必須要全心全意地付出，否則在你可以成為奔騰的江河與翻滾的海浪時，卻只能在狹隘的小溪裡打轉。

一個人若能利用生活的每個機會，就有可能成為一個均衡與全面發展的人。要是我們不去培養社交能力，就會矮化自己，將自己局限在專業領域，在可以成為巨人的情況下，成為侏儒。

錯過與朋友交往的機會，特別是錯過與能力比我們強的人見面的機會，這幾乎就是一個錯誤，因為我們總能從別人身上學到一些有價值的知識。正是透過社交，我們的稜角被磨平，成為圓滑與富於魅力的人。

如果你在進入社交圈子時，就下決心要奉獻一些東西，將社交視為自我提升的一所「學校」，不斷激發最好的社交能力，喚醒沉睡的腦細胞，那麼你就不會覺得社交活動是無聊或是毫無收益的了。但是，你要記住一點，你一定要有所給予，否則將一無所獲。

在你遇見每個人時，都覺得這些人身上蘊藏著一座寶庫，有某些會豐

富你人生的思想，有某些能夠拓展你視野與經驗的事情，讓你更好一個更好的男人，那麼你就不會覺得自己在客廳與人交流是浪費時間了。

不斷向前的人會將每次閱歷視為一種教訓，就好比一把文化「錘子」，不斷將我們的人生雕刻的更有美感與吸引人。

無論對年輕人或老年人來說，坦率的品行都是最讓人愉悅的特質之一。所有人都讚賞心胸開闊的人，因為這些人沒什麼可隱瞞，不會去掩蓋自己的錯誤或不足。一般來說，這些人都是心胸開闊與大度之人，他們能憑藉著自身的坦誠、簡樸，激發我們的愛意與自信。

鬼鬼祟祟與坦誠剛好相反，坦誠能夠吸引多少人，鬼鬼祟祟就能驅趕多少人。掩蓋或是掩飾一些引人懷疑或是不信任的行為，是讓人反感的。我們不可能對這些人有多少信任，無論他們表面是多麼善良，都不可能與那些性情坦率、陽光的人相比。在與這些性情鬼祟之人交往時，就好比在黑夜裡乘坐驛馬車，總有一股不安的情感。我們有可能全身而退，但是內心總是恐懼前路上有幾個大坑等著我們。我們之所以感到不適，是因為充滿了不確定性。那些人可能沒有惡意，也能公正地對待我們，但我們卻對此不敢確定，也無法去相信他們。無論一個性情鬼祟之人表現的多麼有禮貌或是大度，我們始終會覺得，在他大度行為的背後肯定存在著一個不可告人的目的。從某個角度來說，這些人就是一個謎，因為他們的人生總是戴著一副面具。他們想努力掩蓋所有不利於自身的品格。如果他們偽裝的好，我們很難看到他們真實的面目。

那些為人開放，心中沒有祕密，向我們袒露心跡、為人坦誠、心胸寬廣與自由的人與鬼鬼祟祟之人多麼的不同啊！這些人能輕易贏得我們的信任，我們也會容易相信他們。我們會原諒他們犯的很多錯誤及缺點，因為

他們總是願意承認自己的錯誤，並努力去改正。如果他們有什麼不好的特質，那也會顯現出來，我們也會去原諒他們。他們的心要更加真誠與大度，他們的憐憫心會更加寬厚。他所擁有的特質 —— 坦誠與簡樸 —— 有助於每一位男女實現最高的發展。

在南達科他州的黑山上，住著一位謙卑與無知的礦工，但他贏得了每個人的善意與愛意。「你忍不住會喜歡他。」一位英國礦工說。在被問道為什麼鎮上的礦工及每個人都喜歡他時，這位礦工回答：「因為他沒有私心，他是一位真正的男人。在別人遇到麻煩時，他總是出手幫助。總之，與他交往，你肯定會有所收穫的。」

陽光與英俊的年輕人與東部大學的畢業生們正在找尋屬於自己的財富。很多有能力、精力充沛的年輕人因為淘金熱前往礦場，希望能一展身手。但是沒有一個人能像這位窮人那樣贏得大家的信任。他不會寫自己的名字，不知道文明社交的用語，但他心繫大眾，每一位接受過教育的人都對選舉他擔任長官沒有異議。

他當選為該鎮的鎮長，後來進入了立法機構，雖然他無法說出一句符合語法結構的話，但他憑藉自己真誠的心贏得了大家的信任，他是一個真正的男人。

第十七章
談話的技巧

查爾斯‧威廉‧艾略特擔任哈佛大學校長時曾說：「我以為，教育女士及紳士最為重要的一點，就是讓他們掌握一門心理機能，準確與嫻熟地使用母語。」

沃爾特‧斯科特也將「優秀的談話者」定義為「一個有想法的人，能夠閱讀、思考、聆聽與說些恰當話語的人」。

在與陌生人交談時，沒有比良好的談話技巧更能給人留下深刻的印象。

成為一名優秀的談話者，能吸引別人的注意，引起別人的興趣，讓人們自然走到你身邊來。深諳談話技巧的人其實就有了一種了不起的能力，我們有時甚至會將此稱為最為重要的能力。良好的談話技巧不僅能讓你給陌生人留下深刻的印象，更有助於你去結交朋友。良好的談話技巧能幫你敞開大門，軟化別人的心，能讓你吸引人們的注意力。良好的談話技巧有助於你更好地闖蕩這個世界，幫你帶來顧客、病人與客戶，更好地融入社交活動，即便你是一個窮人。

口才伶俐、懂得如何以吸引人的方式去說話的人，知道怎樣說話才能迅速吸引別人的注意。這些人要比那些能力在他們之上，但表達能力較差的人更有優勢。

即便你是某個領域或行業的專家，都無法在任何場合發揮你的專長，但是談話的技能卻可以在何時何地都必須用到。如果你是一位音樂家，無論你多麼有才華，或是花了多長時間去錘鍊自己的技術，也不管著耗費了多少精力，最後真正懂得欣賞你的人還是少數。

你可能是一位優秀的歌手，但在周遊世界後卻依然沒有找到展現自己才華的機會，也沒有任何人認可你的才能。但是，無論你到哪裡，與什麼

人交往，或是你人生的地位如何，你都必須說話。

　　你可能是一位畫家，跟傑出的大師學藝多年，但除非你擁有傑出能力，能讓你的畫作出現在畫廊或是藝術館裡，否則能見到的人也很少。但如果你是一位善於言談的藝術家，每個與你交談的人都能感受到你的才情，那麼你在與人交談時，其實就是在創作這一幅「畫」。每位與你交談的人都知道你是一位真正的藝術家，還是一位粗製濫造者。

　　事實上，你可能取得了偉大的成就，但很少人會知道。你可能有美麗的房子與巨大的財富，但幾乎沒人知道這些。但如果你是一位良好的談話者，每一位與你交談的人都能感覺到你的能力與魅力。

　　一位著名的社交家曾在他的首次社交活動取得了很大的成功，在他的門生建議時說：「記得要說話，你說什麼關係不大，但一定要語氣柔和，舉止讓人愉悅。沒有比一位不懂得說話的女生，更讓一般的男人感到尷尬或是覺得無聊的了。」

　　這個建議是很有教益的。學習說話的方法就是去說話。難以融入社交活動的冷漠之人存在著一種傾向，就是一句話都不說，只是光聽著別人說話。

　　優秀的談話者在社交活動總會受到歡迎。每個人都想邀請某某女士參加晚宴或是招待會，因為她是一位擅長說話的人。她能讓別人感到愉悅，她可能也有一些缺點，但人們還是希望能與她交流，因為她是一位出色的談話者。

　　談話若能被當成一種教育方式，對推動我們的能力有著巨大幫助。但是，說話時不經過大腦，不去想著以更加清晰、流暢的語言去表達，只是漫無目的地瞎侃或是談論八卦，是很難讓人有所收穫的，因為說話是一門

高深的學問，不是這麼膚淺的。

很多年輕人都羨慕同事的前進步伐要比他們更快，但他們還在將寶貴的夜晚時間及假日浪費在無聊的八卦或是毫無意義的事情上 —— 談論這些事情根本無法達到幽默的境界，但是這種愚蠢與缺乏營養的談話方式卻影響我們的目標，降低我們的理想與人生標準，因為這會讓我們培養膚淺與毫無價值的想法。無論是在大街、汽車或是在公共場合，到處都能聽到有人大聲地說著粗野的話，說著膚淺與沒有意義的大話，說著不堪入耳的俚語。

「你在吹牛！」、「我可不知道啊！」、「真的是這樣！」、「我受夠了！」、「我憎恨那個人，他總是讓人緊張！」除此之外，我們經常還能聽到許多庸俗的話。

沒有比談話更加迅速展現你的教育程度，說明你是否具有教養了。談話能展現你的人生故事。你說什麼，你說話的方式，都會展現你的祕密，讓這個世界真實地去衡量你。

沒有比談話這門技巧能讓你給朋友帶來那麼多的愉悅，能讓你獲得如此崇高的成就。毋庸置疑，人類創造的語言要比發明的絕大多數東西都更加偉大。

很多人都不懂得談話的技巧，因為我們從來沒有將談話視為一門藝術。我們不願意花時間與精力去學習說話的技巧，我們不願意去進行廣泛的閱讀，不願意去思考一些事情。絕大多數人都在用粗糙與生硬的英文與人交談，因為這要比他們說話前認真思考要更加容易，總的來說，他們就是不願意努力去優雅、從容與自信地表達自己。

缺乏談話技巧的人經常為自己不去提高說話水準找藉口說「優秀的談

話者都是天生的，後天學不來的。」按照這樣的邏輯，我們也可以說優秀的律師、醫術高明的醫生及著名的商人都是天生的，而不是透過後天的努力學習的。要想走得更遠，就要付出艱辛的努力，這也是任何富於價值的成就都要付出代價的原因。

很多人將自己能夠不斷進步的主要原因，歸於他們有良好的說話技能。透過談話吸引別人的注意，牢牢吸引他們的目光，這是一種極為重要的能力。那些懂得某方面知識，但說話語無倫次，無法以富於邏輯與有趣的方式表達出來的人，始終會處於劣勢。

我認識一位擁有傑出談話能力的商人，很多人都將與他交談視為一種榮耀。他的語言流暢明快，透出語言的美感，他在說話用詞時極為用心，特別準確到位。他的措詞很講究，讓每個聽他說話的人都能感受到他的魅力。他平時喜歡閱讀優美的散文與詩歌，並將談話視為一種精美的藝術去培養。

你可能覺得自己出身貧窮，人生沒什麼機會了。你可能處在一個別人需要依靠你的位置上，你可能沒錢上學讀書，沒有機會去學習音樂與藝術，你可能被一個無法改變的環境牢牢困住，你可能因為無法實現的夢想而感到失望，忍受著無法想像的折磨。但即便如此，你仍可以成為一名風趣的談話者，因為你說每句話時，都是在鍛鍊你的表達能力。你閱讀的每本書，與你交談的每個人，或是能用符合英文語法交談的人，都能夠給你幫助。

很少人有想過如何去更好地表達自己，他們只是想到什麼，就直接說出來了。他們從沒有想過說話前要認真斟酌話語的美感、簡潔、透明度及透出的力量。他們說出的話顯得雜亂無章，缺乏深度與不符合正常的表達

邏輯。

我們在日常的談話中偶爾會遇到真正的談話高手，能與他們進行交談真是一種樂趣與榮幸，讓我們不禁反思為什麼絕大多數人都沒有想過提高說話的水準，而是肆無忌憚地破壞著人與人之間交流的紐帶，無法將談話視為一種藝術呢？

我一生遇到過不少人，他們讓我窺見了談話所具有的無限潛能，讓我覺得說話藝術是世界上最偉大的藝術。

我曾到溫德爾‧菲力浦斯位於波斯頓的家裡做客。他的聲音就好像音樂，言語流暢，極富魅力，發音的準度，措詞的精度，知識的廣度、個性的張力乃至他說話的分寸感，都讓我永生難忘。他坐在我旁邊的沙發上跟我聊天，就好像他在一位老同學聊天一樣。我覺得自己彷彿從來沒有聽到過如此優雅與精美的英文了。我認識的那些掌握著「談話的靈魂，散發出魅力」的人不超過 10 個。

瑪麗‧A‧利弗莫爾（Mary A. Livermore）女士、朱莉亞‧沃德‧豪（Julia Ward Howe）女士與伊麗莎白‧S‧P‧沃德女士都擁有這種神奇的談話藝術，哈佛大學前任校長艾略特也一樣。

談話的品質才是最重要的。我們都知道一些人能使用最恰當的語言流暢地表達他們的思想，但也僅限於此了。他們無法憑藉自身的思想給我們留下深刻的印象，無法刺激我們去有所行動。在與這些人交談後，我們並沒有感到什麼決心，也沒有想要在這個世界出人頭地的想法。

我們知道一些人說的不多，但他們的話卻充滿著內涵，刺激著我們去思考。在與這些人談話後，似乎有一股能量注入了體內，讓我們的能量翻倍。

過去年代談話的藝術所處的水準要比當代高。談話藝術走下坡路的主要原因是現代文明給社會所帶來的全面改革。之前，人們除了說話之外，沒有其他表達自己想法的途徑，知識的傳播完全是依靠說話來完成的，當時沒有這麼多的日報、雜誌或是期刊。

　　在礦場裡發現的寶貴財富，發明與創新為這個世界開闢了全新的途徑，人類不斷向前的決心改變了這一切。在這個追求速度的時代，在這個充滿壓力的時代，每個人對財富與地位都有著狂熱的追求，我們再也不像之前有那麼多時間去思考，有那麼多心思去研究說話的藝術。在當今這個報紙與期刊盛行的時代，每個人只需花幾分錢就能獲得耗費數千美元收集起來的資訊資料，每個人都可以在吃早餐時透過看報紙、書籍或是雜誌來了解知識與資訊，不再需要像之前那樣單純靠說話來傳遞知識了。

　　演說的藝術也正因為相同的原因成為一門逐漸消失的藝術。印刷的成本越來越廉價，即便是最貧窮的家庭花上幾美元收集的書，也要比中世紀的國王或貴族看的書更多。

　　今天這個時代，要想找一位優秀的談話者真是太難了。要想聽到某人以純真的英文，準確的措詞去說話，簡直是一種奢侈。

　　廣泛的閱讀不僅能拓展我們的心智，為我們提供全新的思想，更能增加我們談話品質，這對談話也是很有幫助的。很多人都有不錯的思想與注意，但他們無法用語言去表達出來，就是因為他們詞彙貧乏。他們沒有足夠的詞彙可使用，無法選擇適合的詞語更好地表達他們的思想，讓別人聽起來更加有趣。他們在談話時總要兜一個大圈，不斷重複之前說過的話，因為他們不會選擇某一個特定詞語去指代某一個精確的含義。

　　如果你一心想成為優秀的談話者，你必須要多與有著良好教育的人交

往。如果你不與別人交流，即便是一名大學生，你依然會是一位很糟糕的談話者。

我們都特別同情羞澀與靦腆的人，這些人內心都會壓抑自己的情感，窒息著自己的思想，其實他們是應該努力表達出來的，但就是做不到。羞澀的年輕人經常想著在學校或是大學裡展現自己的觀點，但是就被壓制住了。但是很多著名演說家都經歷過這樣痛苦的遭遇，當他們第一次在公共場合下發表演說時，通常會因為自己的犯錯或失敗而感到無地自容。但是，要想成為優秀的演說家或是談話者，你只有不斷表達自己，不斷訓練自己，才能最終克服這些缺點，成為優秀的談話者。

如果你發覺在要表達想法時，這種想法似乎要離你遠去，你絞盡腦汁想要去找恰當的詞語去表達出來，但是又做不到，那你幾乎可以肯定，你所做的每一個誠實努力（即便你嘗試後失敗了），都會讓你下一次的嘗試變得更加容易。如果一個人能不斷嘗試表達自己，那麼他就能迅速克服羞澀與自我意識，最後在表達時顯得更加自若與淡定。

我們到處可見一些人處在明顯的劣勢，就是因為他們從未學會以有趣的語言去表達想法的藝術。我們能在公共集會上看見一些有智慧的人，在別人討論一些重要的問題時，他們卻緘默地坐在一旁，不知道該怎樣表達自己的想法，其實他們要比那些口齒伶俐與說話流暢之人懂得更多，但就是表達不出來。

很多能力甚強、懂許多知識的人在一群人中，就像是一個呆子，而那些膚淺、頭腦淺薄的人卻能抓住在場每個人的注意，因為他們能以有趣的方式講述所知的東西。一旦這些人遇到了有真才實學的人，就會感到尷尬與羞辱，因為他們無法在任何話題上發表自己有見地的觀點。我們國家有

很多這些沉默之人，他們有著真才實學，經過一段時間的訓練，突然成為政壇的風雲人物，讓所有人都大吃一驚。

很多人──特別是那些學者──似乎覺得人生最迫切的任務就是盡可能多地將寶貴的知識裝到大腦裡。但是，懂得如何以有趣的方式去表達自己懂得的知識也是同樣重要的。你可能是一位學富五車的學者，你可能對歷史或是政治學有著深厚的研究，你可能在科學、文學或是藝術方面有深入的了解，但如果你的知識都緊緊鎖在大腦裡，你始終會處在劣勢地位。

一些人可能覺得自己有知識，不肯去傳播出去，會帶給自己一種滿足感。但是，知識必須要被傳播出去，並以有趣的方法傳播出去，世人才會去欣賞或給予讚美。一塊璞玉可能具有很高的價值，但即便具有如此高價值的璞玉，如果不去雕琢，展現出最美好的一面，世人也是不會認可它的價值，只有在它被打磨之後，才能展現它的卓越的品質。談話之於人，就好比在石頭上打磨出鑽石一樣。打磨的過程並不會給鑽石增添任何東西，而只是彰顯出鑽石的價值。

為人父母的很少意識到，不注重在孩子成長過程中對談話這種神奇潛能的培養，將會對他們造成多麼大的傷害！在大多數家庭裡，孩子們都在使用著糟糕的英文去表達自己，讓人不忍卒聽。

沒有比時刻努力去鍛鍊說話的技術，讓自己能以有趣的語言就各類話題提出有見解的觀點，更能鍛鍊大腦與品格了。在我們不斷努力以清晰的語言及有趣的方式去表達思想時，這對我們也是一種極為重要的自律方式。我們知道，很多優秀的談話者其實都沒有接受過高等教育。很多大學畢業生在與這些從未上過大學的優秀談話者在一起時，都只能保持緘默，

覺得自己很羞愧。

學校與大學應該在日常課程裡教會學生談話的藝術。談話是需要在學校裡不斷學習的。很多人都能從這樣的訓練中得到最好的結果。

談話能大大促進我們的能力，讓我們發現自身的潛能與資源，有效地開發大腦。如果我們說話得體，激起別人的興趣，那麼我們就會感覺良好。這種能力會增強我們的自尊與自信。

某人只有在盡自己最大努力向別人表達自己時，別人才知道他的水準在哪裡。在談話的過程中，我們會放飛心靈，身體功能處在警覺狀態。每一位優秀談話者都能感受到來自聽眾傳遞出來的能量，這種能量通常會激發他以更大的努力前進。思想的碰撞，心靈的交會，能催生我們全新的能力，正如兩種化學藥物混在一起，通常能產生化學反應，生成第三種物質。

要想談話能夠順利進行，那麼我們還要學會聆聽 —— 讓自己處在一種接受別人觀點的狀態。

我們不僅是糟糕的談話者，更是糟糕的聆聽者。我們沒有耐心去聆聽別人所說的話。我們不是專注於聽別人說一些故事或是傳遞一些資訊，相反顯得煩躁不安，無法保持安靜，以顯示對說話者的尊重。我們以不耐煩的眼神盯著別人，也許你時刻瞄著手錶，手指玩弄著桌子或椅子上的雕刻物，或是翹起二郎腿，暗示自己厭煩或是想走開，抑或在對方說完前，魯莽地打斷對方。事實上，我們是一個如此缺乏耐心的民族，除了不斷向前趕之外，不願意為任何事情留下時間，總想著為名利而你爭我趕，爭先恐後。我們的人生時刻處在一種狂熱與不自然的狀態。我們沒有時間去鍛鍊富有魅力的舉止或優雅的措詞。「我們時間太趕了，沒心思去做什麼諷刺

短詩或進行機智詼諧的談話。我們沒時間啊！」

　　精神的不安是美國民族一個顯著的特點。其實所有困擾我們的事情並不能給我們帶來更多的生意，更多的金錢，更不能帶來我們夢寐以求的地位。我們不是去好好享受與朋友歡聚的時光，而是將朋友視為自己往上攀登的階梯，按照朋友是否能給我們帶來更多的讀者，更多的病人、客戶或是能否幫助我們獲得政治地位，去衡量一個朋友的價值。

　　在這個充滿匆忙與催趕的時代之前，在這個充滿躁動的時代之前，眾人圍著一位智者進行愉悅的談話，而你就是其中的聆聽者之一，這被視為是最大的一種奢侈。這種談話方式要比當代舉辦的大多數演說都更加有益，也要比我們所能找到的一本書更加讓人受益，因為你能感受到別人身上的一種個性魅力，能感受到一種風格的魅力，能感受到那種將你牢牢拴住的磁性魅力。對心靈飢渴，想要接受教育或是暢飲知識乳汁的人來說，聆聽智者的談話不啻於一頓饕餮大餐。

　　但是，當代的一切都是「你追我趕」的。我們走在大街上，沒有時間停下腳步，端正地給別人敬禮，而是敷衍地問道「怎樣？」、「早！」，最多是點點頭就算了，不再像之前那樣優雅地鞠躬了。我們沒有時間去顧及這些優雅與美好的東西。所有一切都在為物質財富讓路。

　　我們沒有時間培養這種良好的品行，騎士時代的魅力與休閒作風現在幾乎從當代文明中完全消失了。全新的一代人成長起來，過去的很多東西就再也不見了。我們就像勤勉的特洛伊人那樣白天忙著工作，晚上忙著去戲院看戲或是到其他娛樂場所消遣。我們沒有時間去製造樂趣，也不願意像過去的人那樣鍛鍊自身的幽默感。我們花錢去請別人說些讓我們開心大笑的事情。我們就像一些大學生一樣，依賴著導師督促複習考試 —— 我

們甚至希望能夠用錢買到畢業證呢。

　　生活變得越來越缺乏自然，似乎變成了一種強制性的東西，如此遠離大自然，我們將人這架機器逼得快要崩潰了。我們理想中更加精緻的生活不見了，失去了往日的自然與幽默，而要想遇到具有教養與極強個性魅力的人，則幾乎是不可能的，即便可能，也是極為罕有。

　　我們談話能力出現下降的一個重要原因，就是我們缺愛憐憫心。我們為人太自私了，過分忙於自己的利益，包裹在自己的小小世界，都想著如何升官發財，對別人的利益懶得去理。如果一個人缺乏憐憫心，他是不可能成為一名優秀的談話者。你必須要進入別人的生活，與那個人同呼吸共命運，才能成為一名優秀的談話者或是聆聽者。

　　沃爾特·賽賓特曾談到某個聰明女人擁有優秀談話者的名聲，雖然她的話不多。她為人真誠，富於憐憫心，她能鼓勵那些最為羞澀的人說出他們的想法，讓他們感覺舒適自然。她能消除羞澀之人的恐懼，讓他們隨心所欲地談論自己的想法，似乎他們沒有在跟別人說話一樣。人們之所以覺得她是一位有趣的談話者，是因為她有能力去讓別人說出最好的事情。

　　如果你想表現的更加隨和，那麼你就要深入與你交談之人的人生，你必須顧及他們的興趣愛好。無論你對某個主題了解多深，如果這個話題碰巧不是別人關心的，那麼你最好不要過分談論。

　　有時，看見一些人站在招待會或是俱樂部上，顯得呆滯、無助，根本沒有能力去與別人進行交談，只是因為他們受到自身主觀情緒的影響，這真是讓人覺得遺憾啊！他們在思考，不斷思考著工作、工作與工作，想著如何才能走的更快一些，如何才能贏得更多生意、顧客、病人或是讓更多讀者去買他們的書——又或想著怎樣才能有更大的房子住呢，如何才能

舉辦更多的演出呢。他們無法與別人進行真誠熱烈的交談，也放不開自己去與別人交談，努力讓自己成為優秀的談話者。他們為人冷漠、保守，有一種拒人於千里之外的感覺，因為他們的心都放在別處，他們的情感全部放在自己與自己的事情上。世界上只有兩樣東西能讓他們感興趣，一是他們的生意，二是他們自己小小的世界。如果你跟他們談論這些事情，他們立即兩眼放光，興趣來了，但即便如此，他們還是對你的事情毫不關心，不想了解你的現狀，你的目標或是如何能幫到你。要是談話雙方都抱著一種自私、狂熱或是冷漠的心態，那麼是永遠也不可能處在一種高水準的狀態。

優秀的談話一般都十分圓滑——能在不冒犯你前提下，激發你的談話興趣。如果你想要引起別人的興趣，不要去冒犯別人，也不要將別人的醜事抖出來。一些人有某種能力，就是可以將我們最好的一面激發出來；一些人則將我們最壞的一面啟動了，每次他們出現時，都會激怒我們。一些人則能平息所有讓人惱怒的事情，從不觸及我們的痛點，能將我們身上最為自然、美好與友好的東西激發出來。

林肯就是就有激發起他所遇到的每個人的興趣的能力。他說的故事與笑話能讓人們感到自在，讓他們覺得在他面前特別自在，而別人也能毫無保留地將心中的想法說給他聽。陌生人都喜歡與他交談，因為他總是那麼真誠與友好，總是想去幫助別人。

當然，林肯所擁有的幽默感讓人的談話能力如虎添翼。但並不是每個人都能做到有趣的。如果你缺乏幽默感，你就可以透過讓自己變得有趣去彌補這一缺陷。

然而，優秀的談話者也絕不能過於認真，他並不會過分糾結於事實不

放，無論這些事實多麼重要。事實、資料讓人覺得厭煩，活潑的語言是交談變得有趣所需的。主題沉重的談話讓人壓抑，主題過於輕浮就會讓人反感。

因此，要想成為一名優秀的談話者，你必須要自然、充滿活力、自然、富於憐憫心，同時還要有真誠的善意。你一定要有助人為樂的精神，必須要深入了解別人所感興趣的話題。你一定要照顧別人的感受，以有趣的方式去說話。你只能透過真誠的憐憫心去贏得別人的興趣 —— 記得是真誠與善良的憐憫心。如果你為人冷漠、麻木，那你是不可能贏得別人的尊重。

你必須要成為心胸寬廣與有寬容心的人。心靈狹隘與吝嗇之人是永遠不可能成為優秀的談話者。一位時刻違背你的品味、你對正義、公平理解的人，是不可能讓你感興趣的。你會緊緊關閉心房，不讓對方有靠近的機會。你的磁性魅力與助人為樂的精神就此被終止，談話也會變得敷衍、機械，缺乏生氣與情感。

你一定要讓聆聽者靠近你，你一定要敞開心扉，展現自由與寬大的本性與開放的心靈。你一定要及時給人回饋，讓別人也能夠敞開心扉，讓你們可以自由地進行心靈交流。

如果一個人想在任何地方取得成功，那麼他的個性就要富於魅力，他就應該以有力、有趣的語言去表達自己。他不應該向一位陌生者展示他所擁有的東西，以彰顯自己的富有。真正的財富從他的口中說出來，從他的舉止中得到展現。

如果你的談話技能很糟糕，那麼無論你多麼有天賦，接受過多高的教育，穿著多麼高檔的衣服或是有多少財富，你都不可能受到別人的尊重。

第十八章
良好舉止帶來的財富

讓一個男人學會優雅談吐與成就大事的能力，你就能讓他無論到哪裡，都能住上豪宅與擁有賺取財富的能力，他不會在賺錢或守錢方面遇到什麼問題，金錢自然會找上門。

—— 愛默生

你想追求什麼，就要以你的微笑去贏得，而不要靠你的劍去掠奪。

—— 莎士比亞

禮貌曾被比喻為氣墊，雖然裡面什麼都沒有，卻能緩衝激烈的碰撞。

—— 喬治・L・克萊（George L. Clay）

一位作戰勇敢的士兵希望恢復之前的職位，一位軍士長操著倫敦腔憤怒地對他說：「為什麼這位老兵低著頭啊？一名軍官就要有軍官的舉止。如果一名軍官不敢直面別人，那他當什麼兵？很多人都想當兵，但如果他們不懂得抬起下巴，挺直腰板，就只能任人嘲笑，讓人覺得他是一位衛理會教徒。」

上面的這段對話也許有點粗魯，但卻說明瞭一個顯然的事實，即良好的舉止對一名想要取得成功的士兵來說是必不可少的。無論從事任何行業，個人風采與舉止對我們能否成為一名有影響力與名氣的人，具有十分重要的作用。

「你想要我這麼強大的力量嗎？」東風對西風說，「因為我能在沿岸地區刮起狂風，我能輕易地讓海浪淹沒船隻，正如你可以讓薊草輕輕搖擺。只要我揮動一下翅膀，就能讓從拉布拉多半島到合恩島附近海岸的船隻變成一堆木材。我能讓大西洋泛起巨浪，我讓所有弱者感到恐懼，他們都想穿厚衣服來抵禦我刺骨的寒風，他們想著去探尋這片大陸的煤炭，燃燒取

暖。只要我稍稍打個噴嚏，許多國家都要顫抖一下。你真的不想像我一樣擁有如此強大的力量嗎？」

西風沒有回答，而是從天空的陰涼處吹過，河流、湖泊、大海、森林與原野，所有的野獸、鳥以及人類都以微笑迎接著它的到來。花園綻放出花朵，果園結出沉甸甸的果實，銀白的麥浪變成了金黃色，羊毛似的雲層飄向遠空，鳥展開翅膀翱翔，船隻揚起風帆，緩緩前行，到處洋溢著健康與快樂。植物、花朵、水果呈現出一派欣欣向榮的景象，天氣變得溫暖，到處都洋溢著生機與活力。這就是西風對自傲、缺乏憐憫心的東風提出的毫無意義問題的回答。

據說，維多利亞女王有一次以相當粗暴的口氣對丈夫說話，大傷親王的自尊心，於是就獨自跑回房間，鎖好房門。五分鐘後，有人過來敲門。

「你是誰？」親王問道。

「是我，大英帝國的女王。快開門。」女王陛下傲慢地回答，親王沒有反應。過了一段時間，有人輕聲敲著門，低聲說：「是我，你的妻子維多利亞。」此時，親王開門了，這場爭論才劃上了句號。有人說，禮貌對男人而言，恰似美貌之於女人，因為禮貌能讓給人留下好的印象。

有一個帶有神話色彩的故事是這樣的。一位名叫巴斯勒的修道士在被教皇驅逐出教會後去世了。去世後，一位天使負責幫他在冥界找屬於他的位置。但他真誠的性情與優秀的談話能力讓他無論到哪裡都受到別人的歡迎。這位墮落天使也跟著他學習良好的舉止。結果，後來即便是優雅的天使也從大老遠飛過來與他共同生活。他被放置到冥府最深處的地方，但他依然保持著愉悅的性情。他天生的禮貌與友善的心靈讓他無論到哪，都受人歡迎。他似乎將地獄變成了天堂。最後天使帶著巴斯勒回到凡間，稱地

獄沒有任何地方能夠懲罰他。他依然還是原來的巴斯勒。於是，他的刑期被取消了，回到了天堂，被封為聖徒。

瑪律伯勒公爵「英文寫的很爛，說的更糟糕」，但就是這樣一個人影響著大英帝國的命運。他的行為舉止散發出的魅力讓人難以抵擋，在全歐洲都有一定的影響力。他那迷人的微笑與霸氣的演說能夠化解仇恨，讓死敵成為朋友。

某位紳士帶他 16 歲的女兒到里士滿參加一場審判，被審判的人是他最憎恨的敵人 —— 亞倫・布林，他覺得布林是最大的賣國賊。但他的女兒卻被布林富於魅力的舉止所打動，就與布林的朋友坐在一起。紳士立即將女兒帶離法庭，將她關起來，但她還是覺得那位被指控的人是無辜的，並祈禱他能無罪釋放。「直到今天，」她在 50 年後回憶起來說：「我依然能感覺到他的舉止所散發出的神奇力量。」

雷卡米耶夫人（Madame Récamier）是一位極具魅力的女性，在她來到巴黎聖・羅切大教堂的包廂時，教堂外面聚集了超過 20,000 名法國人。此時，拿破崙剛從義大利凱旋，但法國人的注意力都被這位充滿魅力的女人所吸引，完全忽視那位偉大的戰爭英雄。

「女士，」一位僕人在晚餐桌上對曼特儂女士說，「請您再給我們說一個故事吧！因為今天沒有烤肉了。」曼特儂女士的舉止與演說讓人著迷，她的客人似乎都忘記了生活中的一些不足。

據聖・伯夫所說，從香百麗探險回來的人乘坐兩輛四輪馬車回到了科比特，人們都想一睹他們的風采。首先回到的一隊人講述了一個讓人悲傷的故事 —— 途中遭遇暴風雨，崎嶇的道路與一隊人面臨的危險與困境。第二隊人聽到第一隊人說的故事後感到十分驚訝，他們不知道有暴風雨、

不知道有陡峭的懸崖、崎嶇的道路與危險，他們在旅途中忘記了這些東西，專注於呼吸清新的空氣。斯塔爾夫人、雷卡米耶夫人、本傑明－康斯坦女士與施萊格爾女士等人的談話都會給人這樣清新的感覺。她們會讓人感到自在，覺得十分高興。一路上有趣的談話讓她們忘記了糟糕的天氣與崎嶇的道路。「如果我是女王，」泰塞女士說，「我一定會讓德·斯塔爾夫人每天陪我聊天的。」朗費羅在文章中提到伊萬傑琳時說：「在她離開的時候，就好像一曲美妙的樂音停了下來。」

斯塔爾夫人長得並不漂亮，但她擁有某種特殊的氣質，讓那些俗麗的女人在她面前顯得不起眼，讓那些低俗之人在她面前感到慚愧。她在掌握男人心緒方面有著出色的能力，男人會成為她氣質的俘虜，她創造了非凡的事業，在外人看來，她就是一位無所不能的女人。即便是拿破崙皇帝都害怕她對國民的影響力超越自己，於是下令燒掉她的作品，禁止她進入法國。

惠蒂爾曾為斯塔爾夫人發表過一首詩歌，這首詩歌也可以適用於所有女人：

我們的家因為她而變得更加愉悅，

門庭似乎都熠熠生輝，

她的到來，帶來了一種非凡的氣質，

讓人覺得自在怡然。

一位客人在亞瑟·M·卡諾瓦的家裡住了兩個星期，他因為事故失去了手和腳，不知道日後該怎麼才能養活自己，但是卡諾瓦是一位極富魅力的人，他從來不會讓這位客人覺得自己是一位有缺陷的人。

「在狄更斯走進房間時，」某位對狄更斯深有了解的人說，「整個房間

似乎突然點燃了一把火，房間裡的每個人都能感受到一股溫暖。」

據說，當歌德走進一間酒店時，正在就餐的客人都會放下刀叉，以表示對這位文豪的尊重。

馬其頓國王菲力浦在聽到德謨斯提尼發表的著名演說後說：「要是我在場聽的話，他肯定能說服我，讓我拿起武器去傷害自己。」

亨利‧克萊是一位舉止極為優雅與富於感染力的人。賓夕法尼亞州一間酒館的主人曾想要說服克萊從馬車上走下來，向他與他妻子發表演說。

「我認為喬特的話是很有深意的，」一位純樸的陪審團成員在聆聽了喬特伍場法庭辯論後說，「但我還是想說，他是一位很幸運的律師，因為他所接手的五單案子裡，他都碰巧處在正義的一方。」喬特的舉止與他說話的邏輯讓人無法抵擋。

愛德華‧艾瑞特在歐洲學習五年後，回到哈佛大學擔任教授，受到了學生的一致崇拜。他的舉止似乎有某種極為優雅的氣質，這種氣質即便在接受過高等教育的女性身上也很難見到。他之所以廣受歡迎，是因為他強大的氣場，讓他身邊的每個人都能感受到，但卻無法去形容。

紐約一位女士乘坐火車前往費城，坐在她前面的一位身材魁梧的男人抽起了雪茄。她咳嗽了幾聲，不安挪動了一下，但這樣的暗示還是沒有引起對方的注意，於是就大聲斥責那位抽雪茄的人：「你可能是一位外國人，難道你不知道火車有專門抽菸的地方嗎？這裡是不允許抽菸的。」那人沒有回答，立即將雪茄扔到窗外去。沒過多久，列車員告訴她，其實她剛才走進了格蘭特將軍的一等車廂。她內心有點遲疑，但格蘭特將雪茄菸迅速扔掉的行為讓她免於憂慮，雖然他的身體顯得笨重，但卻是一位善解人意的人。

據朱利安‧拉爾夫在一份描述亞瑟總統前往千島釣魚的報告，他與另外兩位回到酒店時已經是凌晨 2 點，發現所有的房門都被鎖緊了，其中一位朋友用力敲門，想讓僕人從睡夢中醒來開門，但讓這位朋友感到懊悔的是，出來開門的竟然是美國總統！

「沒事的，進來吧！」在拉爾夫請求原諒時，亞瑟總統安慰道。「如果我們不在的話，你們在天亮前都不可能進來。凌晨這個點數誰都不願意起來開門。我可以叫那位黑人僕人去開門，但我見他睡得很香，不忍心去打擾他。」

已故的愛德華國王在還是威爾士王子時，曾被稱為歐洲第一紳士。他經常邀請著名人士共進晚餐。在僕人上咖啡的時候，其中一位客人的行為讓其他客人都大感錯愕，因為他直接端起茶碟喝咖啡。桌上的客人紛紛議論起來，威爾士王子迅速發現了大家議論的笑話，也莊重地提起茶碟，按照那位失禮的客人的做法喝咖啡。桌上的其他人都安靜下來了，感到羞愧，感覺到了這是王子對他們的一種責備，於是紛紛效仿。

維多利亞女王在邀請卡萊爾這位蘇格蘭農民到皇宮，授予他貴族的稱號，但是卡萊爾拒絕了，覺得自己本來就是一名貴族，不需要授予。他對宮廷的規矩知之甚少，在與女王見面幾分鐘後，他就覺得厭煩了，就說「女王陛下，我們坐下來談吧！」當時的廷臣聽到卡萊爾這樣說差點暈死。但是，女王陛下足夠大度，作出一個讓大家都坐下來的手勢，廷臣紛紛像木偶那樣坐下來了。女王陛下暫時違背宮廷的禮儀，不想讓卡萊爾感到尷尬。一位對卡萊爾有所了解的人在談到第一次見卡萊爾時的印象時說：「第一次見到他時，我覺得自己見到一個稀有品種，我離開他的時候，覺得自己似乎喝了一杯變質的酒，有一種暈船的感覺。」

一些人擁有一種力量，能讓別人心甘情願地服從於他們的統治。但是，這些人到底是從哪裡獲得這種神奇力量的呢？他們對人們這種近乎催眠式的影響，到底有什麼祕密呢？

禮貌並不是身處高位之人才有的。即便出生高貴的人都有不少舉止惡劣的例子。多年前，愛德華王子與威爾士王妃共同舉辦過一場招待會，參加的人都是社會菁英中的菁英，但是這些菁英爭先恐後想一睹日王妃的風采。在王妃走進宴會廳時，一尊王妃的半身像從基架上被扔下來打爛了。而很多女士也想一睹王妃的魅力，都踩在基座上。

俄國的凱薩琳女王開宴會招待貴族時，曾公布了下列禮儀規則「先生在聚餐結束前不能喝酒，貴族不能在大庭廣眾前對妻子無禮。宮廷的女士在喝酒時不能在酒杯留下唇印，也不能用緞子來擦臉，或是用叉子來剔牙。」但是，今天俄國的貴族們在行為舉止上已經沒有任何優勢可言了。

禮儀原本的意思是「票據」或是一個包上面貼著的標籤，用以說明包裡面裝的東西。如果一個包貼著標籤，就不需要檢查了。後來，這個詞引用到卡片上，用來印刷一些客人必須遵守的規則。這些規則就是「票據」或是禮儀。有時，我們會說「又有票據」，就要按照卡片上說的去做，就能成為上流社會的一分子。

拿破崙在成為征服義大利的軍事統帥之前，有幸娶了約瑟芬為妻。約瑟芬富於魅力的教養與與生俱來的說服力，讓追隨拿破崙的支持者死心塌地地實現拿破崙的志向。約瑟芬在客廳或沙龍裡與各類名流打交道，而拿破崙則在戰場上摧城拔寨。她的人格魅力，不僅贏得了法國人民的心，也贏得了被他丈夫征服土地的人們的心。關於她如何做到這點的，她曾這樣對閨蜜說：「只有在一個場合，我會情不自禁使用『我要』——也就是說，

在我說『我要讓身邊的人都感到快樂』的時候。」

「只是在早晨路過時，
道了一聲『早安』，
就能將早晨的榮光，
延續到漫長的一天。」

良好的舉止能夠彌補品格的缺陷。一個最具魅力的人總是具有某些勝利者的特質，而不單純只是擁有身體的美感。希臘人認為美感就是神對某些人顯示偏愛的證據，並認為美感是唯一值得去讚美與傳誦的東西，不會因為冷漠或傲慢的情感而有所影響。據古希臘人的觀念，美感源於內心某些富於魅力特質的展現 —— 諸如愉悅、仁慈、滿足、慈善與愛意。

米拉布烏曾是法國相貌最醜陋的男人。據說，他有著「一張老虎臉，臉上全是麻疹」，但他的舉止魅力卻是讓人難以抵擋。

人生與品格的美感，正如藝術一樣，沒有過分尖刻的稜角。它的線條很流暢，曲線呈波浪形。正是尖刻的稜角讓很多人的心靈無法去感受美感。我們的善意在舉止粗野、唐突或是表現的不合時宜時，顯得不夠善意。很多男女要是能友善待人，肯定能大大增強他們的影響力與成功的深度。

傳統故事告訴我們，在阿佩利斯描繪出那幅讓所有希臘人如痴如醉的〈美麗的神〉圖畫前，他耗費了數年時間去旅行，認真觀察美麗的女人，將每個女人最美麗的部分結合起來，創造出無與倫比的維納斯女神。所以，要想擁有富於魅力的舉止，就要認真觀察舉止良好之人的行為，並模仿每一位遇到的有教養之人最有魅力的行為。

一位頗具洞察力的人說，扔一塊骨頭給一隻狗，這隻狗會用嘴叼回這

塊骨頭，但不會搖一下尾巴。要是你呼喚小狗來到你身旁，拍著牠的頭，
然後用手將骨頭的遞給牠，那麼小狗就會感激地搖搖尾巴。小狗能察覺到
別人的善意與友善的方式。那些不關心別人感受，只按照自己的方式去行
善的人，不能期望別人報以感恩的笑容。

「到羅馬向人問路，別人總會給你指路。」愛丁堡葛德利博士說，「他
一定會很有禮貌地回答你的問題。但如果你在這個國家（蘇格蘭）向人問
路，那些人會說：『隨著你的感覺走，你肯定能找到的。』但是，這個過
錯應該怪處於上流社會的人，原因很簡單，下層的人之所以不懂禮貌，是
因為上層人士也不懂禮貌。我還記得第一次到巴黎時所感受到的震撼。來
到巴黎的第一天晚上，我與一位銀行家交談，他帶我到一間小飯店，我們
稱之為寄宿旅館。在我們到那裡後，一位女僕來到門前，銀行家立即脫下
帽子，向這位女僕致意，稱她為尊敬的女士，似乎這位女僕就像女士一樣
高貴。巴黎的下層人士之所以那麼講禮貌，是因為上層人士都極為注重禮
貌。」

良好的舉止本身就是一筆財富。良好的舉止能讓人在身無分文的情況
下有所作為，因為這能讓我們無論身處任何地方，都能受人歡迎。所有的
大門都會對他們開放，即便他們在缺乏金錢與資本的情況，也能白手起
家。他們能享受生活中的樂趣，不需要為買賣這些事情感到煩惱。他們受
到每家每戶的歡迎，別人就像歡迎陽光一樣歡迎他們，無論他們走到哪
裡，都能給那裡的人們帶來快樂。他們能讓人放下嫉妒與羨慕，因為他們
的善意能感染所有人。蜜蜂不會叮一個身上塗著蜂蜜的人。

「一個人良好的教養，」切斯特菲爾德伯爵（Earl of Chesterfield）說，
「就是他抵禦別人不友好行為的最好武器。良好教養的人身上散發出一種
自尊，即便是最暴躁的人都會予以尊重。缺乏教養的人容易與性情最為羞

澀的人為伍。沒人會對瑪律伯勒公爵說些無禮的話，或對羅伯特·沃爾普勒爵士說些不文明的話。」

真正的紳士身上不會有引起別人惱怒的特質，諸如報復、仇恨、怨恨、嫉妒、羨慕等特質，因為這會毒害生活的泉源，讓靈魂枯萎。大度的心靈與真誠的善意是紳士所需具備的特質。有這樣一個人，他為人冷漠、十分情緒化，為人摳門，無論是對待家人還是僕人，都從來不給好臉色看。他不願意給妻子一些錢去買需要的衣服，相反還指責妻子花錢大手大腳，能讓百萬富翁都陷入破產的境地。要是此時，他家的門鈴響了，接著他就像變了一個人似的！之前那個像熊一樣的人一下子溫順的像一隻綿羊。他似乎被施與了魔法一樣，突然變得健談、禮貌與大度。在客人離開後，他的小女孩懇求父親能保持之前客人在時的那種狀態，但是她父親陰鬱的性情又回來了，禮貌又消失不見了。他又變成了客人來之前的那位讓人討厭、憎恨的人。

詹森博士的每一位朋友在見到他像愛斯基摩人那樣大口吃東西，在別人不同意他的觀點時大聲斥責別人是「騙子」時，無不替他感到難過與可悲。他被稱為「大熊座」或是笨重的熊。

本傑明·魯奇曾說過一件事，當戈德史密斯在倫敦一場宴會上提出有關「美國印第安人的問題」時，詹森博士大聲說：「北美沒有哪個印第安人會提出這樣愚蠢的問題。」「先生，」戈德史密斯回答說，「美國沒有哪一個人野蠻到對另一位紳士說出這樣粗野的話。」

當史蒂芬·A·道格拉斯在國會上被人羞辱時，他站起來說：「不是紳士提出的問題，紳士不需要作答。」

亞里斯多德在 2,000 多年前曾對真正的紳士所應有的內涵做出如下的

概括：他應該是一位寬宏大量之人，無論面對順境或逆境，都舉止得體。他不會允許別人將自己拔高，也不會自暴自棄。他不會因為成功而沾沾自喜，也不會因為失敗而垂頭喪氣。他永遠不會選擇危險的事情，也不會自找苦吃。他不在乎別人是否稱讚自己，也不會去責備別人。

紳士首先要成為一位溫和的人：嚴於律己，寬於待人。打磨後的鑽石依然還是原先那顆未被打磨前的鑽石。紳士應該要待人有禮，溫和友善，不去冒犯別人，絕不耍性子，他不會覺得人性本惡，也不會以惡意去揣度別人。他會控制欲望，提高品味，不過分張揚自己的情感，控制說話的分寸，待人如待己。紳士就像瓷器，在上釉時就要描好畫面。一旦被火烘了之後，就很難改變了，烘完後再想添加色彩就容易被抹去。那些能永遠保持勇氣、樂觀、希望、美德與自尊的人，是一個真正的紳士，即便失去一切外在財富，依然是一個富有之人。

「我聽說，你取代了富蘭克林先生的位置，」法國部長考特‧德‧弗金斯對剛剛接替富蘭克林成為美國駐巴黎大使的傑弗遜說。「我是來替代他的位置，但是誰也無法取代他。」這位被視為當時歐洲最為紳士風度的人回答說。

「你不需要回敬他們的致意。」在教宗克萊孟十四世（Clemens PP. XIV）向他鞠躬，祝賀他當選教皇的大使致意時，主持典禮儀式的司儀對克拉門特說。「哦，請你原諒，」克拉門特說，「我剛當選為教皇，還沒有忘記之前的禮節。」

考博爾曾說：「一位性情溫和、富於理智與教養的人

絕對不會侮辱我，別人也無法做到這點。」

「我從來不會在意別人的誹謗，」孟德斯鳩說：「因為如果別人說的是

錯誤的，那我就有可能被他們欺騙；如果他們說的是真實的，就會怪別人沒有好好去思考這些事情。」

「我覺得，」愛默生說，「漢斯・安德森講述的關於蜘蛛網編織衣服的故事很有趣。用蜘蛛網來為國王編織衣服 —— 這一定意味著禮貌 —— 這的確符合皇室成員的品格。」

誰也無法完全去估量良好的舉止對人的一生產生多麼大的影響，也無法去估計富於憐憫心的關愛別人對我們有多麼大的幫助。這些都是高尚品格結出的友愛果實，通常能讓我們更好地與優秀人士進行交流。我們的行為習慣一旦形成，就可能讓別人感到煩惱或舒適，可能提升或貶低我們的地位，可能讓我們變得高雅或低俗，這就如我們呼吸空氣一樣自然。即便力量本身也沒有溫和這麼強大，溫和的力量就好比潤滑油，讓我們與別人的關係變得順暢，讓我們在社會交往中更自如地面對各種人際摩擦。

「晚秋時分，到森林走一圈，」愛默生說，「你就會發現各種蘑菇或菌類植物，這些植物顯得特別柔弱，似乎沒有任何頑強生命力，就像軟綿綿的稀粥或類似於果凍的東西 —— 但就是這種看似柔弱的植物，憑藉一種柔和的力量，不斷向上衝，最後破土而出，露出了自己的『頭顱』。這就是柔和力量的一種象徵。」

「沒有比禮貌更好的行為方式了，」麥貢說，「因為良好的舉止通常能在最好的口才失敗後，依然能讓你取得成功。」取悅別人的藝術就是讓你在這個世界上出人頭地的藝術。

據說，這個世界最有禮貌的民族非猶太民族莫屬了。在過去的歷史，猶太民族遭受著迫害與非人的遭遇，無法享受普通公民所有的權利與社會地位，但是無論他們遷移到哪個地方，都顯得那麼友善與可親。他們從來

不會指責別人，忠於傳統教義，對別人的偏見持寬容態度，他們不像一般人那樣世俗，只顧著賺錢。從各個方面來看，猶太民族在禮貌、友善與節制方面都超過世界上的其他民族。

「人就像子彈，」里奇特說，「在最圓滑的時候，射的路程越遠。」

拿破崙在聽到約瑟芬讓洛奇斯將軍 —— 這位年輕英俊的將軍與她同坐在一張沙發上 —— 覺得很生氣。約瑟芬解釋說，洛奇斯不僅僅是一位將軍，而且也是跟隨拿破崙時間最長的一位將軍，他對宮廷的規則不是很了解，而她又不想傷害這位忠誠將軍的感情，所以就允許他坐在沙發上。拿破崙對約瑟芬的大度舉止給予了高度的讚揚。

一天，傑弗遜總統與孫子一起乘車出行。他們在路上遇見一位黑奴，這位黑奴脫帽向他們鞠躬致意，傑弗遜立即拿起帽子回敬。但是他的孫子卻無視這位黑奴的敬意。「湯瑪斯，」傑弗遜說，「你能允許一位黑奴比自己更有禮貌、更加紳士嗎？」

「林肯是我在美國第一個可以自由交流的偉人，」弗雷德‧道格拉斯說，「他絕對不會讓我覺得他跟我之間存在任何差異，也不會讓我注意自身的膚色。」

孔子曾說過一句話，大意是：「你在桌上吃飯時，就好比你是在國王的桌上吃飯一樣。」如果為人父母在家裡注重為孩子做出良好舉止的榜樣，那麼孩子在外面就不會感到那麼尷尬或震驚了。

詹姆斯‧羅素‧羅威爾無論對乞丐或爵士都一樣彬彬有禮。有人曾看到羅威爾在義大利與一位街頭風琴師進行長時間的交談，他們談論了彼此對義大利一些熟悉風景的見解。

一位年輕女士快步走過倫敦一條狹隘的街道，不小心撞到了一位乞

丐，差點將他撞到了。這位女士立即停下腳步，回過身友善地說：「對不起，我的小朋友，真的很抱歉將你撞倒了。」那個男孩一臉驚訝地看著她，站起來，然後微微提了一下帽子，微微鞠了一躬，說：「女士，我接受你的道歉。下次你再撞倒我也沒事，我也不會說一聲的。」在這位女士走開了以後，他對一位同伴說：「吉姆，我跟你說，我今天終於遇到了一個向我道歉的人了，這真的讓我高興死了。」

「女士，你背著沉重的東西，你先過吧！」拿破崙在被流放到聖·赫拉那島後，為一位背著沉重物品的女士讓路，而他的手下似乎還想著讓這位女士讓路。

華盛頓一位政治家想到麻薩諸塞州馬斯菲爾德拜訪丹尼爾·韋伯斯特，為了儘快到達，他抄了近路，結果遇到了一條他無法淌過的小溪。他見附近有一位相貌粗獷的農民，就立即叫過來，承諾要是背他過去小溪對面，就給這位農民 25 美分。這位農民背這位政治家過了小溪，但是不收他的錢。幾分鐘後，這位面相粗獷的農民就在自家見到了這位政治家。讓這位政治家大感驚訝的是，這位農民正是丹尼爾·韋伯斯特。

加里森對那些從後背撕扯他衣服，並將他帶到大街巡遊的憤怒暴徒始終保持禮貌，他就像對待國王那樣對待暴徒。他是歷史上心靈最為沉靜的一個人。基督耶穌待人很有禮貌，即便對待迫害祂的人也是如此。在祂被釘上十字架時，祂大聲疾呼：「天父，原諒他們吧！他們不知道自己在做什麼。」聖·保羅在阿古利巴的演說彰顯自己富於禮貌的尊嚴，讓人信服。

通常來說，良好的舉止對年輕人來說是一筆財富。巴特勒在羅德島的普羅維登斯教區做商人時，一次，他關了商店大門，準備回家時，遇到了一位小女孩要過來買一軸線。他立即回頭，打開商店大門，給小女孩她要

的商品。這件小事在這座城市傳為佳話，為他帶來了數以百計的顧客。他後來成為富有的商人，很大程度上是因為他的禮貌。

巴爾第摩的羅斯·懷南斯將自己偉大的成功與財富歸功於他對兩位外國陌生人的禮貌。雖然他當時經營著一間快要倒閉的工廠，但他對拜訪者極為熱情，詳細解釋商品的細節，這與很多大企業對這些拜訪者不冷不熱形成了鮮明的對比，最後他贏得了這些拜訪者的信任。這些陌生的拜訪者就是俄國沙皇派來美國視察的人，他們邀請懷南斯到俄國幫助建造火車引擎。他如約前往，很快就因為自身的禮貌獲得了年薪 100,000 美金的待遇。

一位貧窮的助理牧師看到一群無禮的小孩與男人在嘲笑兩位穿著舊衣服的老處女，弄得這兩位女士不敢走近教堂。他立即叫這群人走到一邊，親自護送她們來到教堂中央，不管別人的嘲笑，為她們選擇了一個好的位置。這兩名女士雖然與他素未相識，但在她們臨死前卻給這位富於禮貌的年輕人留下了一筆巨大的遺產。所以說，禮貌始終是有回報的。

不久前，一位女士與安姆赫斯特學院的院長亨弗里（現已去世）會面，她對亨弗里院長表現出的禮貌深感榮幸，決定為這所學院捐贈一大筆錢。

「為什麼我們的朋友無法在商業上取得成功呢？」一位遠走他鄉的人在回答紐約後問到。「他有充足的資本，對業務知識也十分精通，為人還足夠精明，很有智慧。」「他這個人性格太陰沉了，讓人不敢靠近。」有人回答說，「他總是懷疑員工在欺騙他，對待顧客缺乏禮貌。因此，員工都不願意全身心地為他服務，顧客也會去他們能夠感受到禮貌的商店購物。」一些人為了取得成功，一刻不停忙上忙下，犧牲了生活中許多美好

的時光，但他們卻因為自身不友善的行為無法取得成功。他們的性情會驅趕顧客，很自然地，原本光顧他們商店的顧客跑到別的商店去了，雖然這樣做可能讓顧客有點麻煩，但他們能享受到購物的樂趣。

不良的舉止通常會抵消誠實、勤奮與旺盛的精力所帶來的積極作用，而讓人愉悅的舉止則通常能抵消你身上的很多缺點。以兩名在其他方面相當的年輕人為例，其中一人待人有禮，友善與富於責任心；另一人則待客粗魯，經常冒犯顧客。無疑，前者會成為富人，而後者則可能為一日三餐的溫飽則掙扎。

關於良好舉止所具有的商業價值，最好的例子莫過於班·馬切在巴黎創立的一間員工超過 2,000 名的連鎖商店，商店幾乎有任何可以銷售的商品。這間商店有二個最為顯著的特點，一是商品價格低廉，而是待客極為有禮。在這間商店裡，員工單純有禮待客是不夠的，員工必須要想盡一切辦法去取悅顧客，讓顧客在購物的時候有一種賓至如歸的感覺。這間商店一定要做的比其他商店更好一些，吸引更多顧客懷著愉悅的心情到班·馬切商店購物。這間商店就是憑藉有禮待客，發展成為世界上最龐大的企業之一。

「親愛的，謝謝你，歡迎下次光臨！」一位商店員工對只購買了一分錢商品的貧窮女孩說。這樣的待客之道讓這間商店廣受歡迎，讓倫迪·福特成為了百萬富翁。

不少真正高雅的人經常會被人覺得驕傲、保守、傲慢，但其實他們只是冷漠與羞澀而已。

有趣的是，冷漠經常會展現出我們不良的舉止，而這些不良舉止也是我們內心所厭惡的，這反過來會讓我們感到緊張與尷尬。過度的羞澀一定

要被克服，否則人不可能擁有良好的舉止。特別是對盎格魯－撒克遜人及條頓人來說，羞澀已經成為這兩個民族在走向更高修養的一個障礙。羞澀是那些修養較高與具有品格的人經常會「染上」的一種「疾病」，粗魯或庸俗的人從來不會感到羞澀。

伊薩克·牛頓爵士是他所處那個時代最為羞澀的人。多年來，他都不敢承認是他作出了偉大的發明，因為他害怕吸引別人的目光。他不想讓自己的名字與他關於月亮運轉的理論連繫在一起，因為他害怕這會讓自己要與很多人見面。喬治·華盛頓為人也比較羞澀，舉止笨拙，有著農村人的鄉野氣息。維特利主教為人羞澀，他會想盡一切辦法避免引起別人的注意。最後他下決心要戒掉自己的羞澀。他說：「為什麼我要忍受羞澀給我人生帶來的折磨呢？」讓他大感意外的是，這種羞澀性情後來完全消失了。艾利胡·布里特也曾是羞澀之人，在父母接待客人的時候，他總是躲到地下室裡。

在舞臺或演講臺上進行訓練並不總能克服羞澀性情。大衛·加雷克（David Garrick），這名著名演員曾被傳喚到法庭作證，雖然他在舞臺上已經演出了 30 年，早已駕輕就熟了，但他還是對出庭感到困惑與尷尬，結果法官讓他離開了。約翰·B·高斯曾說，每當身處公共場合，他就無法擺脫早年冷漠與羞澀心態所帶來的影響。他說自己每次站在講臺上，都會手腳發抖，渾身冒冷汗。

很多人有勇氣走在抗議人群的前方，有勇氣面對加農炮的炮火，但卻不敢在客廳裡與人侃侃而談，不敢在社交場合發表自己的觀點。他們時刻注意到社交禮儀帶來的壓抑，始終無法打開話匣子。艾迪森曾是最為純粹的英文作家，是一位創作大師，但他每次與人交談時總會覺得尷尬，不敢當眾表達自己的觀點。莎士比亞也是羞澀之人，他 40 歲離開倫敦，從未

想過要出版或保存自己的戲劇手稿，他將此歸結於自己羞澀的性情。

一般來說，羞澀性情源於一個人過分關注自己了 —— 這本身就與良好的教養相違背的 —— 因為他們總是在想別人怎麼看自己。

「我曾經很羞澀，」西德尼・史密斯說，「但沒過多久，我就發現了兩條非常有用的解決之道。首先，並不是所有人都在專心關注我的，第二，羞澀是毫無意義的。世人的眼光都是非常準的，他們肯定會發現一個人真正的價值。正是這樣的想法讓我克服了羞澀的性情。」

對一個人來說，外表一副冷冰冰的樣子，內心卻燃燒著對旁人友善與真摯情感，這是多大的一種不幸啊！羞澀之人對自己的能力總是持懷疑態度，並將缺乏自信視為自身的軟弱與缺乏能力，而實際上，事情可能與此完全相反。我們在孩子早年就要教育他們社交藝術，讓他們參加拳擊比賽、騎馬、跳舞、演說或其他活動，就可能幫助他們克服羞澀性情。

羞澀之人通常注重衣著。良好的衣著帶給人一種自在感，有助於我們打開話匣子。意識到自己穿著得體能讓我們的舉止更加優雅與自在，這是宗教都無法給予我們的感覺，而劣質的衣服則會讓我們感覺拘束。正如奇裝異服肯定會吸引路人的眼光，我們最好避免穿一些顏色過分花俏的衣服，要穿樸素、質地優良的衣服，同時也要按照自己的經濟實力去選擇。

注重衣著的美感是一件好事，無論誰對此有所抱怨，你都應該堅持。但是，我們不能為了低俗而犧牲可以追求的高雅。過分注重衣著的人會投入過多的時間、金錢到衣服上，卻忽視了心靈的培養與品格的修煉，忽視了別人的審美或自身的責任，時常因為穿著不合時宜的衣服而遇到麻煩，忽視了應該履行的職責。

在伊齊基爾・惠特曼，這位從哈佛大學畢業的著名律師當選為麻薩諸

塞州議員時，他穿著農民的服裝，從農場出發前往波士頓。他走進休息室，坐了下來，聽到了一些男女在說話。「啊！來了一位穿著簡樸衣服的農村人，真有趣。」他們向他提出了各種古怪的問題，想著以此羞辱他。他站起來說：「女士們，先生們，請允許我祝願你們健康快樂，並祝願你們隨著年齡的成長，越來越成熟與睿智。記住，人不可貌相。你們根據我的衣著去判斷我是一位來自鄉村的傻子，那我同樣可以用膚淺的原因去評價你們這些女士與先生。這種誤解是相互的。」此時，州長凱勒・斯特朗走進來，向懷特曼致意，讓那群女士先生們目瞪口呆，最後懷特曼說：「我祝願你們有一個美好的晚上。」

「在一個文明的社會，」詹森說，「良好的外在形象能讓我們更受人歡迎。一位穿著優質外套的人在招待會上所受到的待遇要比你穿著劣質的皮衣好很多。」

我們會感受到一點，即上帝是熱愛美感的。祂所創造的每樣東西都充滿了美感與榮光。每朵花都蘊藏著豐富的美感，每片原野都似乎披著一層輕紗，每只小鳥的羽毛都顯得鮮豔奪目。

一些人將富於教養的行為視為一種情感的表達。他們讚美具有堅毅、頑強與樸素品格的人，他們更喜歡方圓、簡樸與不加裝修的房子，不喜歡圓石壘成的房子。聖・彼特大教堂之所以堅固與牢靠，不僅因為它優雅的圓柱與宏偉的拱門，還有光白無暇的大理石上的精美雕刻。

我們的舉止，就像我們的品格，時刻受到檢驗。每當我們與人互動一次，就會在別人想法的天平上加重一次印象，我們的重量是沉了或是輕了，都會有仔細的計量。每個人在心中都會問：「這個人的分量是重了一點，還是輕了一點呢？他現在處在哪個位置了？」比方說，年輕的布朗走

進客廳，在場的所有人都會審視他，並在內心對他進行評價，暗地裡說：「這個年輕人形象不錯，為人細心、周到、有禮、坦率與勤勉。」在他身邊站在一名名叫鐘斯的年輕人，顯然，鐘斯在迅速失去人們對他的好評，他不夠細心、待人冷漠，舉止粗野，不敢直視你的眼睛，顯得卑鄙，粗暴地對待侍者，卻對陌生人過分熱情。

我們活在世上，每個認識的人都會給我們貼上無形的標籤。有時，我覺得如果某人能夠閱讀別人對他評價，那麼他肯定會有很大的優勢。我們不可能長時間去欺騙這個世界，因為別人總站在暗處，手持著公正的天平。我們的靈魂會自然顯示出本來的面目，我們的眼神與舉止上有所流露。

舉止好比紳士的「裝束」，並不能完全說明或決定一個人的品格。單純的禮貌也不能完全替代道德的優越感，正如狗吠聲不能替代橡樹的心靈。舉止可能顯示出心靈一部分的面貌，但卻無法判斷這顆心靈到底是健康或墮落的。禮儀不過是良好舉止的替代品，通常不過是良好舉止的仿製品。

真誠是良好舉止的最高表現形式。

下面這段話獻給那些希望獲得真誠、友好舉止的人 ——

無私的重量：3 個德拉克馬[05]，

愉悅性情的重量：1 盎司，

心靈自在的重量：3 個德拉克馬，

木槿的精汁的重量：4 盎司，

慈善的油的重量：3 個德拉克馬，不能少了，

---

05 古希臘銀幣。

常識與圓滑的重量：1 盎司，

愛的精神的重量：2 盎司，

每當你覺得自己流露出自私、排斥他人、卑鄙等行為或是「我比你們優越」這些想法時，你要記住這上面這條藥方。

追隨祂所創造的黃金法則，那麼你將成為史上第一位純粹意義上的紳士。

第十九章
自我意識與靦腆是成功的敵人

羞澀與靦腆之人都有過於病態的自我意識，他們心中總把自己想太多了；他們思想是內向的，時刻在分析與審視自己，想著自己在別人眼中是什麼形象，想著別人對自己會有怎樣的想法。如果這些人能夠少點關注自己，多點關注別人，就會驚訝地發現，原來自己可以過得這麼自在舒適，可以取得這麼偉大的成就。

　　羞澀、靦腆與自我意識都同屬一個家族。我們到處可以發現很多人都有羞澀與靦腆的性情，這種性情是他們獲得心靈平靜、快樂與成功的天敵。在人的心思過分專注於自己時，沒人能夠成就大事。在我們真正發現自我之前，必須要先將自我放下。自我的分析只有在以發現自身力量為目的時才有價值，如果我們過分沉湎於自身的軟弱，這是致命的。

　　成千上萬的年輕人之所以無法一展抱負，無法實現人生的夢想，是因為他們害怕直面這個世界。他們不敢暴露自己的痛處，生怕別人會觸碰到自己的痛點。超級敏感的性情讓他們成為懦夫。

　　無論男女，過度敏感的性情都不過是自我意識的誇張表現形式，這與自負或自尊有著很大的區別，但這三者都會讓人過分關注自己，忽視了其他事情。敏感之人會覺得，無論他做什麼，到哪裡，或說什麼，他都是別人目光的中心。他想像著別人在評論著他的舉止，嘲笑著他們或分析他們的品格，而其實別人根本沒有將他們放在眼裡。他沒有意識到別人是很忙的，總在忙於自己的事情，根本沒有時間去關注與自己無關的事情。在性情敏感之人覺得別人在針對自己，輕視自己或嘲笑他時，別人可能根本沒有意識到他的存在。

　　病態的敏感需要英勇的治療。想要擺脫這種敏感性情的人必須要狠下決心，就如他要努力控制自己的壞脾氣，擺脫自己撒謊、偷竊、喝酒或是

其他阻礙他成為一名真正男人的壞習慣。

「我該怎麼做才能擺脫這種性情呢？」一位深受敏感性情困擾的人問道。

少想點自己，多去了解別人。自然地與人交流，要對自身之外的事情感興趣。不要為別人對自己的評價感到煩惱，也不要沉湎於分析別人對自己的看法，直到你將之渲染成最重要的事情。不要對別人有如此低俗與不公平的看法，認為別人只會傷害你的情感，只會貶低你的每一個動作或行為。一個能正視自身價值，相信鄰居與自己一樣善良的人，是不會成為過度敏感的受害者。

對性情敏感的人來說，要想改變這種性情，就要讓自己置身於陌生人中，讓他好好去學會如何正確面對別人。置身於這樣的環境，他很快就會發現，每個人都有自己的事情要忙，根本沒時間去管他。他很快會意識到，他一定要成為一個真正的男人，做到不過分為自己的事情煩心。他會為自己每次受傷後「暗地哭泣」感到羞恥，下定決心一定要堅強地忍受。與別人相互競爭，看到別人像自己一樣遭受上司的責備，卻沒有將此放在心上。他開始會發現，這個世界實在太忙碌了，別人根本沒有時間去管他的事情。即便別人真的看到他，也通常沒有什麼想法。

大學生活對高敏感人格的男女將產生難以估計的價值。通常來說，當男生剛進入大學時，他們都比較敏感，害怕自己的榮譽感遭受傷害，生怕自尊心無意中受到同學的傷害。但當他們在大學讀完一個學期後，他們就會逐漸適應各種調侃，各種幽默的說法，他們會發現，在這個世界展現出自己的憤懣，這是最為愚蠢的做法。如果某人的行為展現他受到了傷害，他就會被稱為娘們，被其他同學無情地嘲笑。所以，這樣的環境逼迫他要

擺脫這種愚蠢的敏感性情。

　　成千上萬的人之所以處在錯位，在獲得某個工作機會卻無法把握，都是因為他們自身的軟弱。很多原本有機會成為傑出商人的人之所以停滯不前甚至被擊垮，就是因為他們太容易覺得自己受到冒犯了，或是幻想別人傷害自己的情景。很多牧師都接受過高等教育，能力很強，但他們就是太敏感了，感覺太容易受到別人的冒犯，結果都無法做的很久。其實，他們的觀念受到了扭曲，認為教堂的很多兄弟姐妹總是在傷害他的情感，說一些不友善的話，總想方設法去大眾面前傷害他的情感，讓他下不了臺。

　　很多學校老師都是高敏感人格的受害者。家長的評價、學校主管的談話或同學間的八卦都會讓他們的心感到錐心的痛，當然，這是比喻的說法。通常，作家、學者或其他藝術氣質比較強的人，都比較敏感。我記得一位身強體壯、精力旺盛的編輯就過度敏感，經常覺得自己受到別人傷害了，所以他無法在某間雜誌社或是其他日報社做很長時間。每當別人說了幾句抱怨的話，他就覺得自己受傷了，覺得別人向他提出要改進工作要求，都是在冒犯他。他身上總是帶著別人傷害了他的怨氣，這嚴重影響了他讓人愉悅的性情。

　　很多人雖然舉止有點粗野，但他們都是善良之人，會在別人遇到困難時伸出援助之手，但他們的精力主要還是專注於自己的事情上，根本沒有時間去理會別人的事情，分析別人的所說的每句話。在這個忙碌的世界，每個人都處在匆忙的狀態，每個人都很有必要擺脫這種病態的敏感性情。如果他們做不到，就會覺得自己是不幸與失敗的。

　　無論從事任何行業，自我意識都是成就偉大的敵人。如果一個人無法感覺自己正在做一件超越於自身的工作，無法為一個更偉大的目標而獻身

的話，他是不可能成就偉大的。

最傑出的作家只有在忽視了創作的結構、語法、修辭，完全沉浸在創作的主題時，才能找到真正的自我，找到自己的潛能，才能找到自己的寫作風格。

只有當一名作家深陷於某個創作思想之中，讓他情不自禁地去創作，才能妙筆生花，才能真正展現他的創作風格。

每一名演說家在想著自己的演說風格、所用的辭藻或運用普遍使用的演說風格時，他是不可能讓臺下的聽眾如痴如醉的。只有當演說家的靈魂融入到演說的主題，他才能忘記聽眾，忘記除了主題之外的一切事情，才能真正作一篇有價值的演說。

一位畫家墨守所有繪畫規則、繪畫的筆法或是色彩運用的法則，是無法創作出真正的傑作。關於繪畫的一切知識必須要有熱情去點燃，然後運用他的天才去創作，這時他才能在創造出真正的傑作。

只有當一名歌手在臺上演出時真正做到忘我，沉浸在這首歌的演繹之中，才能讓聽眾如痴如醉。

沒有比讓病態的敏感性情阻擋你的人生不斷前進，更讓人覺得愚蠢與短視的了。

我認識一位天賦超群、富於教養的年輕女士，她完全有機會在某個高位上就職，但她這些年來一直處在普通的位置，不上不下，就是因為她病態的敏感性情阻擋著她前進。

她理所當然地認為，如果有人對她所工作的部門進行責備，那就是針對她的。她對別人「小小的責備」都會生悶氣，扭曲了自己對整件事本應的看法。

第十九章　自我意識與覷覦是成功的敵人

結果是，她讓自己的老闆很不滿，遲遲得不到提拔，而她還不明白為什麼自己無法得到提拔。

沒有老闆會聘用過度敏感員工，因為他不想時刻注意員工的想法，不想在跟員工說話時還要小心翼翼不去觸碰他的痛點。身為老闆，肯定不想自己手下的員工大部分時間都處在一種「受傷」的狀態，而他也不知道手下的員工有沒有在生自己的氣。如果生意出現了問題讓他感到心煩，他就覺得自己可能已經傷害了那些性情敏感的員工，雖然他根本是無意的。

老闆希望員工能理解他，不要經常為工作或生活中難以計數的瑣事而感到煩惱、窩火。如果他碰巧在見到員工時，臉上沒有露出笑容，說話不夠友善，也希望員工不要放在心上。他希望員工能幫助他解決問題，而不是時刻專注於自己的問題。如果員工足夠明智，就會在工作中忘掉自我，拿出熱情，為一個更加遠大的目標奮鬥。

第二十章
圓滑與常識

「誰還比你更強大呢？」布雷厄姆問。力量回答道：「禮貌。」

—— 雨果

禮貌創造機會，缺乏禮貌失去機會。

—— 博維

「無論是大笑、聆聽、學習或教育別人，
他都會穿著得體，適合自己扮演的每個角色。」

—— 艾麗婭‧庫克

一個了解世界的人不僅能最大程度利用他所掌握的知識，而且還能利用一些他所不知道的東西。他有技巧地掩飾自己的無知，去贏得別人的信任，也要比空談家試圖展現自身的博學，結果落得被人笑話的下場要好得多。

—— 克爾頓

懂得適度運用自身能力，可贏得別人的讚揚，這通常要比真才實作更重要。

—— 羅斯柴爾德

「我絕對不會向黑奴投降的。」一位南方聯盟的軍官在被一位黑人士兵追上後說。「主人，對不起啊！」黑奴一邊說一邊舉起步槍，「那我只有把你殺了，沒時間去抓另一個白人了。」那位軍官投降了。

「上帝賜予人類大腦時，」孟德斯鳩說，「祂並沒有保證人類一定要用到它。」

在林肯第一次競選議員時，他來到散加盟河邊，因為他想贏得 30 名

正在麥地收割小麥的農民的支持。這些農民沒有提出有關政治方面的問題，而想知道林肯有沒有強大的肌肉去代表他們到立法院。林肯拿起鐮刀，與農民一起收割小麥，最後他贏得了這 30 名農民的選票。

「我不知道你是怎麼做到的，」拿破崙驚訝對廚師說，「無論我什麼時候想吃早餐，你總能保證我有美味新鮮的早餐。」拿破崙之所以會感到奇怪，是因為他早餐的時間沒有規律，有時候在早上 8 點，有時候則在上午 11 點。「陛下，」廚師回答說，「這是因為每隔 15 分鐘，我都會拿新鮮的雞肉去烤，所以陛下您能隨時吃到最新鮮的雞肉。」

在這個時代，智力是不可以與圓滑相比的。我們到處都能看到失敗的人，就是因為他們缺乏圓滑。圓滑通常能讓只有一方面能力的人，通常比智慧更高、但缺乏圓滑的人取得更大的成就。「智慧之人睡到中午，而圓滑之人在早上 6 點鐘就起來了。」智慧是力量，圓滑是能力。圓滑之人知道該做什麼，知道該怎麼做。

「有智慧固然不錯，但擁有圓滑才是最為重要的。圓滑並不是第六感，更像是人類五種感官的生命所在。圓滑能讓我們睜開雙眼，讓雙耳更加靈敏，讓你更有品味，讓味覺變得敏銳，讓我們充滿活力。圓滑能解開所有的謎團，幫助我們克服所有困難，排除所有障礙。」

這個世界充斥著滿口理論、單向發展與不切實際的人，這些人將他們所有的能量都專注到某一方面上，無法成為全面均衡的人，最後他們的其他功能都枯萎死去了。我們經常將這些某方面能力出眾的人稱為天才，世人會為他們某些不可理喻或愚蠢的行為找藉口，因為他們能將某些事情做的比其他人都更好。一位商人要是在商界裡取得傑出成就，即便他在客廳裡顯得很痴呆，別人也會予以原諒。亞當斯密在他的《國富論》一書闡述

了世界經濟，但他卻無法控制好自家的經濟狀況。

很多偉人在處理日常生活的事情上都顯得很沒頭腦。牛頓能夠讀懂造物主創造的祕密，但是他卻不願意從椅子站起來，為大貓與小貓咪開門。他在木板上鑽了兩個孔，讓這兩隻貓可以自由進出，大孔是給大貓的，小孔是為小貓準備的。貝多芬是一名偉大的音樂家，但他花了 300 枚弗羅林幣去買 6 件襯衫與半打手帕。他提前為裁縫師支付了一筆錢，但他卻沒時間吃飯，通常只是吃一點餅乾，再喝點水就算是晚餐了。在他需要錢的時候，不懂得可以透過抵押獲得一些價格的優惠，而是將整架鋼琴賣掉了。迪恩‧史威夫特幾乎在貧窮的教區裡餓死，而他的那位更務實的同學斯塔福德則賺了大錢。拿破崙手下的一名元帥與拿破崙一樣懂戰術，但他不了解人性，缺乏別人的能力與圓滑。拿破崙可能會失敗，但他就像一隻貓，每次總能安穩地度過失敗。

丹尼爾‧韋伯斯特因為在佛羅里達州進行辯護而賺到了 1,000 美元。他坐在自家圖書館裡看書時，身旁就放著這 1,000 美元的全新鈔票。第二天，他想拿些錢去花，但卻始終找不到這些錢。多年後，他在翻看某本書時，發現了一張沒有折痕的鈔票，他接著翻看第二頁，又發現了一張，最後他翻了幾本書，找回了自己的 1,000 美元。在他得知財政部要發行一些黃金債券時，他派自己的祕書查爾斯‧拉曼去購買幾百美金。幾天後，他把手伸入袋口想找一些錢，卻發現口袋裡一分錢都沒有。韋伯斯特一開始感到不解，但是稍微思考了一下，就發現原來自己將錢夾在那些能夠理解他的那些「書籍朋友」上。

新英格蘭一所學院的一位數學教授是「書蟲」，他的妻子曾請他買一些咖啡回家。「你要多少啊？」售貨員問。「嗯，這個我的妻子沒有說。

但我想 1 蒲式耳 [06] 應該夠了吧！」

很多偉人都會出現心不在焉的情況，有時候甚至會顯得缺乏常識。

「教授並不在家。」教授的僕人透過窗戶向房間裡望去，發現一片黑暗，沒有看到萊辛。其實，敲門的正是萊辛本人。萊辛回答說：「沒關係，那我有空再過來找他吧！」

路易士‧菲力浦曾說，他是歐洲唯一一位有能力統治國家的國王，因為他是唯一一位會為自己擦鞋的國王。這個世界有很多天賦秉異、接受過高等教育的人，但這些人要是沒有其他人的幫助，恐怕連生活自理都是一個問題。

不久前，三名大學畢業生到澳大利亞一個牧場裡工作。在這三名大學畢業生中，一名從牛津大學畢業，一名從劍橋大學畢業，另一名從德國某所著名學府畢業 —— 這三名接受過高等教育的人竟然來這裡牧羊！他們本來應該帶領人們前進的，卻在這裡驅趕羊群！這所農場的主人是一位目不識丁、為人粗野的人，一生都在放羊。他對任何書本知識或理論一無所知，但他懂得羊群。他聘請的這三名大學畢業生都懂得外語，會討論政治經濟與哲學方面的理論，但只有他才懂得如何賺錢。他只懂得羊群與農場方面的知識，但只有他能賺到錢，而這三名大學生卻剛好能吃飽飯。可見，即便大學教育也不能保證學生就一定有常識。這就好比是一場「知識分子面對無知農場主，大學面對農場」的遊戲，而最後勝利的，卻是農場與農場主。

不要對書本知識有過高的期望。培根曾這樣談論過學習：知識必須要為己用，才是自己的，即便沒有書本，你也能從觀察生活中學到實用的

06　蒲式耳是容量單位，相當於 8 加侖。

知識。只有在我們空談知識後，依然能找到自己發揮潛能的地方，那麼你的書才沒有白讀。有人曾這樣評價一位法國學者「他被他的才華所淹沒了」。過分追求文憑，缺乏實用的生活經驗，會讓人變得脆弱，無法適應真正的生活。書本的知識只能讓人變得過於挑剔，讓性情變得過度敏感，讓你對自己的能力不夠自信。接受了過多教育的你，不願意去做日常生活中機械與沉重的活，不願意去做一些卑微的工作。

　　書本與大學教育能讓人變得脫俗，但這不過是一種倫理上的修養，通常是以犧牲我們的活力與精力為代價的。單純的書本知識讓我們無法發揮實用技能。那些「書蟲」會失去自身的個性，他們的大腦充斥著各種別人的思想與理論。很多學生在農場工作時感受到的活力與力量在大學生活中逐漸消失。在他們畢業時會驚訝地發現，自己已經失去了與人事打交道的能力，漸漸地被那些沒有接受過大學教育、卻在社會這所大學裡苦苦掙扎的人拋下很遠了，因為後者從生活中感受到了各種冷暖，培養了更加實用的常識。大學畢業生通常覺得自己的文憑就是他們力量的泉源，他們沉湎於某些理想的幻想，而這是常識很少會「光顧」到的。這個世界並不關心你的理論或是百科全書般的知識，需要的是務實的人。

　　「我們已經相處幾個星期了。」哥倫布對印第安人酋長說，「雖然你們一開始像朋友那樣對待我們，但是現在你們開始嫉妒我們，想將我們趕走。你們之前每天給我們帶來很多食物，但現在帶來的食物越來越少了。上帝對你們未能履行承諾提供食物感到憤怒。祂為了表達憤怒，會讓太陽陷入黑暗。」哥倫布知道天空即將出現日蝕，就跟印第安人酋長說某天某時太陽會變黑暗，但是印第安人並不相信他，繼續減少提供食物。

　　到了哥倫布所說的那一天，太陽照常升起。印第安人不禁搖頭，開始對哥倫布表現出公開的敵意。過了幾個小時，太陽依然高高掛在天邊，沒

有絲毫出現黑暗。但是，太陽的邊上漸漸出現了黑點，印第安人開始覺得恐懼，紛紛趴在地上祈求哥倫布去救他們。哥倫布回到帳篷，承諾會救他們。此時，日蝕漸漸過去了，他走出帳篷，告訴印第安人，上帝已經原諒他們了，很快就會趕走這個惡魔了，前提是印第安人要友好地對待他們。印第安人立即答應。最後，太陽上的黑點消失了，印第安人載歌載舞地歡慶。哥倫布一行人得到了印第安人提供的補給。

「常識，」溫德爾·菲力浦斯說，「讓人必定能取得成功。」

凱撒在英國海灘上登陸時，抓起一把沙子，高高舉起，宣誓自己的勝利，讓他的追隨者無法看到他這一次致命的跌倒。

歌德在談到一些人就他與莎士比亞之間進行比較時說：「莎士比亞總能一箭穿心，但我經常要好好瞄準，然後才能擊中。」

據說，大衛曾到小溪裡找來一塊鵝卵石，再用投石器進行反擊。雖然歌利亞[07] 手上有利矛，力氣更大，但比較笨拙，最後還是被大衛殺死了。

「準備迎擊印第安人！」多年前，一位男子一邊跑到莫爾位於俄亥俄州的家，一邊大聲地說。「給我一匹強健的馬。昨晚印第安人殺死了住在下游的一家人，沒人知道他們接下來會殺死誰。」

「我們該怎麼辦呢？」莫爾的妻子一臉慘白問道。「我的丈夫昨天出去購買冬季補給食物了，明天早上才能回來。」

「你的丈夫走了？啊！這太糟糕了。現在，你盡量躲起來，熄掉火種，晚上不要點燈。」然後，他迅速騎上了男孩牽來的馬，跑去告知其他人。

莫爾女士帶著年幼的孩子到木屋的頂樓上，讓奧貝德與喬去觀察印

07　被牧羊人大衛殺死的非利士巨人。

第安人的動向，雖然她很不願意這樣做，但是他們都主動要求這樣做。「喬，他們來了！」奧貝德在天剛黑時說，他看見幾個黑影穿過田野。「拿著斧頭站在窗邊，我拿起步槍準備開槍。」他打開子彈盒，拿出子彈，當他看到子彈時，差點要暈過去了，因為這些子彈太大了，不適合步槍。他的父親拿錯了子彈。奧貝德立即到櫥櫃裡找，看看有沒有大小適合的子彈，碰巧被一個大南瓜絆住。他與喬曾經還用南瓜做面具，去嚇唬別人。他立即脫下外套，拿起一盞燈籠，試著做一個咧嘴的面具，在面具上為眼睛、鼻子與嘴巴留下空位，然後用尚在燃燒的煤炭點燃了裡面的燈。「如果我再給他們時間的話，他們肯定就殺過來了。」他低聲說，一邊將用衣服掩蓋住的燈拿到窗前。「現在將外套拉下來！」他邊說邊將外套拉下來，露出了一個咧嘴笑的恐怖面具，淒厲地叫了一笑。印第安人迅速往樹林裡逃跑。「喬，快點，點燃第二張面具！難道你沒有看到他們嚇得躲到森林了嗎？」奧貝德說。當印第安人看到第二張恐怖的面具時，大叫了一聲，迅速跑回了森林。莫爾第二天天未亮就趕回家，但發現印第安人並沒有前來。

特爾羅·韋德第一次賺到 25 美分的工作，是幫人從紐約碼頭的單桅帆船上將一塊大木頭背到一間位於主街的酒店。他當時擁有的機會根本不能與現在出身最卑微的人相比，但他擁有圓滑與直覺。他能像閱讀一本打開的書那樣去閱讀別人的想法，並按照自己的意願去影響別人的想法。他是一位無私之人，憑藉著圓滑與精明，幫助 3 位總統候選人成功當選美國總統。當選後的總統都派給他一些任務，或想委任他擔任一些重要職務，但他都一一拒絕了。

林肯交給韋德一個任務，就是讓他與《紐約先鋒報》進行和解，因為當時這份報紙在歐洲有很大的發行量，而這份報紙的立場是支持南方聯盟

的，所以在國外造成了不良的輿論。雖然韋德與本內特[08]已經30年來沒有說過話了，但在他們30年來第一次交談後的第二天，該報成為聯邦政府堅定的支持者。韋德後來被派到歐洲壓制南部分裂主義勢力的影響。當時法國國王支持南部聯盟，他之所以感到憤怒，是因為查爾斯頓港口被封鎖了，讓法國的製造商無法獲得大批棉花。但是，韋德憑藉著罕見的圓滑改變了法王的立場，讓他改變準備到國會發表演說的強硬措詞，使之更加傾向聯盟政府。在韋德抵達英國時，英國正時刻準備著武裝干涉，但韋德的到來迅速改變了當時英國輿論的風向。在他回到美國時，紐約市為他做出的不可估量的貢獻給予了表彰。韋德不僅有強大的外交斡旋能力，還是一位成功的商人，一生賺到了 1,000,000 美元。

「告訴我這河的寬度，」拿破崙率領軍隊來到了一條河，河上沒有橋，就找來首席工程師問話。「陛下，我做不到。我的科學儀器都在大部隊那裡，我們現處在大部隊前方 5 公里的地方。」

「立即測量這條河的寬度。」「陛下，講點道理吧！」「立即測量這條河的寬度，不然你就被免職了。」

這位工程師立即脫下防護帽，拿出帽木，然後平躺著身子，直到他的雙眼與對面河岸成一條直線，然後他緩緩地站起來，測量他所在位置到河岸的距離，進行對比計算。計算一番後，他對拿破崙說：「這就是這條河大概的寬度。」結果，他獲得了拿破崙的提拔。

「韋伯斯特先生，」美國西部一座城市的市長在得知他因為長時間的旅行感到疲憊，可能要晚一個小時才能會面時說，「請允許我向您介紹詹姆斯先生，這座城市最著名的公民。」「你好，詹姆斯先生。」韋伯斯特在

08　時任《紐約先鋒報》主編。

看見數千人正等著與他握手時，略帶機械地問候。「事實上，韋伯斯特先生，」詹姆斯以極為可憐的語氣說，「我不是很好。」「我希望你沒什麼煩心事。」韋伯斯特以關切的口吻問道。「韋伯斯特先生，我也不知道。我覺得可能是風溼病的影響吧！但我的妻子……」。「韋伯斯特先生，這是史密斯先生，」市長插話進來，讓可憐的詹姆斯在人群中獨自為自己的不良的健康煩心。市長缺乏圓滑的技巧讓他顯得荒唐可笑。

「先生，到時候直接跟陪審團說吧！」法官對一位堅持要以祕密方式向法庭講出證據的證人說。這位證人對此不理解，接著說希望能祕密做出證詞。「先生，直接跟陪審團說吧！跟坐在你後面一排人的人說。」這位證人尷尬而溫順地微微鞠躬說：「早安，先生們。」

「這些是什麼？」拿破崙指著一座教堂的 12 尊銀製雕像說。「這是 12 尊門徒的雕像。」教士說。「把這些雕像拿下來吧！」拿破崙說，「把它們熔了，做成銀幣，讓他們能像他們的主人去做點好事吧！」

「我不認為所羅門的箴言顯示出什麼智慧，」布朗大學一名學生說，「我也能說出跟他一樣的話。」「很好，」大學校長魏爾蘭說，「明天早上記得帶兩條箴言過來。」結果，這名學生無法做到。

「你過來向我們演說時為了追求名氣[09]嗎？」年輕的亨利・沃德・比徹收到了西部美國青年基督協會發出這樣的電報。「是的，是為了 F・A・M・E，不過是我自費 50 美金（Fifty and my expenses）。」聰明的比徹回覆道。

蒙田講過一個有關國王的故事。這個國王因為自己唯一的兒子的突然去世，在兩個星期內在他統治的國家廢除了基督教，以表示他對神的不信任。

09　名氣的英文是：Fame

圓滑與常識在人生要扮演比智慧與天賦更加重要，這樣的例子我們到處都可見到。沃爾普勒是一位無知之人，查爾馬格甚至連自己的名字都不會寫，但他們都知道有關人性與事物發展的規律，擁有能轉動世界的圓滑與常識。

　　圓滑就像亞歷山大大帝快刀斬亂麻，率領軍隊不斷取得輝煌的勝利。務實之人不僅能夠洞察事物的發展，而且還能把握機會。圓滑之人身上有某種可以克服困難的特質，讓他們成為人生的贏家。拿破崙在戰爭的藝術上無法單靠自己的雙手，因為他甚至都不會使用火炮。保羅毫無保留地奉獻給世人，這樣他總能挽救一些人。棕櫚樹是叢林的樹木中最堅固與頑強的樹木，但在南美洲茂密的叢林裡，依然無法盡情吸收太陽的光線。據說那裡的棕櫚樹發展了攀爬的「技能」，附在更為高大的樹木上吸收陽光。

　　一位農民因為無法繼續經營農場，於是將農場的一半產權賣給了一位剛好有錢購買農場一半產權的年輕人。在農民問年輕人是如何在他所有的那一半農場取得成功，而他卻只能失敗時，年輕人回答說：「你做人不夠圓滑。」

　　有一個古老的習俗是這樣的：一位來自科德角的牧師在 4 月份來到某個地方，為這個地方祈禱。當這位牧師來到這個地方後，說：「不，這個地方不需要祈禱，需要的是肥料。」

　　要想真正了解一個人，你必須要全方位審視一個人，再選擇一個正確的角度去觀察他，把他放在明處，這樣你才能對他整個人的輪廓有充分了解。如果你能以正確的角度去審視一個人，那麼就能看到他身上的優點與缺點。我們過去的老同學在現實生活中不斷改變著他們原先的位置！那些曾經在班上名列前茅、受到其他同學羨慕的同學已經被那些曾被稱為傻瓜

的同學拋下很遠了。因為這些同學有一股「傻勁」，但正是這股動力讓他們在這個世界上出人頭地。那些學習名列前茅的學生只是學到了理論上的知識，缺乏面對現實社會的正確知識。即便是天賦秉異的天才都不能忽視一個細節，也一定要像一匹勤奮的馬那樣工作。

莎士比亞擁有讓世人嘆為觀止的文學才華，但他每天都全身心投入到創作戲劇中去。他將遇到的國王與諸侯、蠢人與花花公子、王子與農民、黑人與白人、純潔之人與惡毒之人、簡樸之人與深邃之人，充滿熱情之人與富於品格之人、尊貴之人與卑賤之人 —— 所有這些進入到他視野的人都被他寫入了戲劇中，得到了完美的展現。

一些人缺乏圓滑的技能，對別人稍微的冒犯或侮辱就表現出怨恨，不管這些冒犯是多麼的不起眼。有些人則會將唐吉坷德與風車作鬥爭的錯誤行為去比喻公共演說家與編輯的錯誤，圓滑的做法肯定能讓他們有些優勢。華盛頓身上品格力量最重要的一個元素，就是在受到別人不公正攻擊時，依然能保持節制與容忍。

奧特姆斯·沃德能用畫筆來讓色彩展現的淋漓盡致。

「在維吉尼亞州的某些城鎮，可能是某個與美國歷史上的總統有關的地方，我發現了一位空有人樣，但缺乏人性的人。這個人剛見到我時極為客氣，說我是來自城市的紳士。但在我說明了來意後，希望他能幫我印刷一些傳單時，他立即改變了說話的口氣，開始像對待印第安人那樣對待我，說我的是一個騙子，一個不知所謂的混混。我當時感到很氣憤，但一想到他可能在報紙上對我進行報復，我放棄憤怒。我建議其他人不要去看他們出的報紙。最重要的是，不要去惹這樣的編輯。因為你對他的攻擊，只能帶給他名聲，而這正是他所希望的。總之，這樣做對你沒有任何好

處，因為你會陷入一個泥潭裡面，無法動彈。一般來說，能當編輯的都是好人，但世上無絕對，總會有害群之馬的。」

約翰‧雅各‧阿斯特擁有強大的圓滑能力。他駕駛輪船前往美國的途中，遇到了風浪，船上很多顧客都絕望地跑到了甲板上，隨時等待著船隻可能傾覆。但是年輕的阿斯特則往船下面走，冷靜地穿上他最好的服裝。他說，如果這船沉沒了或是他們遇救了，他至少也能船上自己最好的衣服。

「正是猶太人的經商天賦讓他們不僅在歐洲出類拔萃，也讓他們在美洲一展雄風。」一位旅者這樣評價猶太人。「猶太人的經商天賦讓他們獲得了很高的社會地位，至少在某些商業領域是如此。總之，在這方面上，沒人能夠取代猶太人的地位。」

「他們的確在這方面走在前列，」他的同伴說，「但你覺得他們的這種能力是天賦嗎？」

「難道你認為這不是一種天賦嗎？」

「天賦？不是的！這是天才！我會告訴你天賦與天才之間的區別。當某人進入你的商店，你讓顧客購買他想要的商品，這就是你的天賦，如果你能讓別人在你的商店裡買了他並不需要的東西，那麼這就是你的天才。猶太民族就有這樣的天才。」

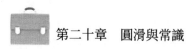第二十章 圓滑與常識

第二十一章
追求精確

精確是誠實的孿生兄弟。

—— 卡萊爾

我討厭做事只做一半。如果這件事是對的，就勇敢地去做；如果這件事是錯誤的，就絕對不要去做。

—— 羅伯特・吉爾平（Robert Gilpin）

如果我是一名皮匠，我會以此為傲，

因為我要當最優秀的皮匠。

如果我是一名修補匠，那麼我不會讓任何一名修補匠比我更厲害。

—— 古老的民謠

如果一個人能夠創作出更加優秀的書，能發表更優秀的布道演說或比他的鄰居做出更好的捕鼠器，即便他住在深山，還是有人會找到他的家。

—— 愛默生

「先生，這是我製造的手錶，用來對時的。」倫敦的喬治・格雷厄姆（George Graham）在回答一位對手錶能否正確報時的問題時這樣說。「要是你願意的話，你可以拿走這個手錶，要是以後這個手錶的誤差超過 5 分鐘的話，我返還你的錢。」7 年後，那位買手錶的紳士從印度回來對格雷厄姆說：「我來退掉你的手錶。」

格雷厄姆說：「我記得你的情況，讓我看看這個手錶。恩，那你覺得哪裡出現問題了？」「哪裡？」那人回答說。「我戴了 7 年，發現手錶的時間誤差超過了 5 分鐘。」

「的確如此！如果這樣的話，我返還你的錢。」那人說：「我還要留著

這個手錶，因為我為此曾損失的金錢要比這個手錶的價格多 10 倍。」格雷厄姆回答說：「無論如何，我都不會違反自己的承諾的。」於是，他把錢還給那位紳士，拿回了那隻手錶，用來做調時器。

他師從坦皮安 —— 這位倫敦最為細緻的機械師 —— 從坦皮安學到這門手藝的。坦皮安這個名字在鐘錶界被認為是傑作的代名詞。當某人讓坦皮安去修一隻刻著他的名字的手錶，他立即用錘子將這塊手錶砸的粉碎，然後將自己製造的手錶遞給那位驚訝的顧客，說：「先生，這塊手錶才是我製造的。」

喬治·格雷厄姆發明了「水銀修正擺」、「無幌擒縱器」及「太陽系儀」，從那以後，後人就幾乎沒有做任何改進了。他為格林威治觀測臺製造的時鐘已經運行了 150 年，現在每隔 15 個月才需要調校一下。坦皮安與格雷厄姆之所以能葬在西敏寺，就是對他們精確作品的表彰。

為了保證航海安全，領航員必須要知道他們所處的位置與赤道的距離，要知道是在赤道的南面還是北面，也要知道是在某些特定參考點 —— 比如格林威治、巴黎或華盛頓 —— 的西邊還是東邊。如果他有精確計時器，再加上天空出現太陽，就能知道自己所處的方位。16 世紀時，西班牙對能夠發明相對準確測出經線的儀器的人予以重賞。200 年後，英國政府為鼓勵發明航海精密計時器也予以獎勵，具體的獎勵法則是這樣的：要是一艘航行了半年的船可在 60 海里距離內測出經線，就獎勵發明者 5,000 英鎊；要是能在 40 海里之內測出經線，就獎勵 7,500 英鎊；要是能在 30 海里內測出經線，就獎勵 10,000 英鎊；要是能在 30 海里內測出經線及其他方位的資料，那就獎勵 20,000 英鎊。世界各地的製錶者都為這筆獎金而努力。但在西元 1761 年之前，沒有人獲得這個獎勵。當年，約翰·哈里森準備測試他發明的精密計時器。在一次往返於朴茲茅斯與牙

買加、時間長達 147 天的航行裡，誤差只有 4 秒而已。在環繞巴貝多進行的 156 天的航行裡，誤差也不過是 15 秒而已。最終，這 20,000 英鎊的獎金授予了這位耗費 40 年時間努力研究的人。可見，哈里森有著一雙精巧的手，就如他所製造的精密計時器一樣精確。

在第一條鐵路開通之前，一位木匠對紐約一個村莊的鐵匠說：「為我打造一把最好的錘子，我們 6 個人都要到新的教堂工作，我把自己的錘子忘在家裡了。」「最好的錘子？」大衛・馬多爾（David Mardore）問道。「也許，你沒有錢付得起最好的錘子啊！」「我有錢，」木匠說。「我只要一把最好的錘子。」

後來，木匠果然收到了一把品質優良的錘子，這把錘子也許是當時最好的。木匠向他的同伴吹噓這把錘子的價值。第二天，他的同伴都過來鐵匠那裡，每個人預訂一把錘子。當承包商看到了他們使用的工具後，他也預訂了兩把，要求鐵匠做得要比他的手下更好。馬多爾回答說：「我無法做得更好了。當我做每把錘子時，都會盡最大能力去做，無論是為誰而做。」

很快，商家也預訂了 24 把錘子，這在之前是從來沒有過的。一位來自紐約的承銷商來到這個村莊銷售自己的五金器具，將商家的所有錘子都買下了，並且與鐵匠立下了長期合作的約定。馬多爾原本可以透過品質已非常優良的產品成為富人，但在他漫長而又成功的一生裡，從未停止追求更為完美的錘子，更注重產品的每個細節。他所製造的錘子通常都極為暢銷。「馬多爾」的名字就是一個響噹噹的牌子，是品質的一種保證，也代表著最好的東西。

品格就是力量，也是這個世界上最好的廣告。

「我們沒有祕密，」一間擁有數千名員工的鋼鐵企業的經理說，「我們總想著製造出品質最好的鐵軌，這就是我們成功的祕密，我們並不介意別人知道這個祕密。」

「我絕對不會製造廉價的機械，而只會製造品質優良的機械。」麻薩諸塞州北橋機械公司已故的機械師約翰‧C‧懷廷對一位抱怨棉花機械的價格過高的人說。真正的商人會立即明白他說的這句話的意思。在為機械進行廣告推銷時，不少新英格蘭地區的棉花製造商通常會誇耀，他們製造的棉花機多麼的耐用。但是，北橋機械公司使用的廣告語則是「這是懷廷製造的」。

雕刻家 H‧K‧布朗在欣賞一尊由某位年輕藝術家雕刻的大理石雕像時說：「女士，這個年輕人很有水準！」雕像的作者是一位愛爾蘭人，多年前曾在布魯克林為沃德家族服務。這尊雕像極為細緻地雕刻了一位愛爾蘭人的面貌與表情，甚至連他衣服上的補丁、外套上的裂縫及他戴的那頂煙囪帽的窄簷都雕刻出來了。布朗是在哈德遜河邊的紐伯格的這位女士家中看到這尊雕像的。6 年後，他邀請這位女士的弟弟 J‧Q‧A‧沃德到他的畫室裡當徒弟。今天，沃德是當代美國雕刻家中最富盛名的。

「按照我的本來的樣子去畫吧！」奧立佛‧克倫威爾對一位想要取悅的他藝術家說，因為這位藝術家在繪畫時沒有畫他的一塊胎記。

「我依然記得你曾為我的父親擦過鞋啊！」在下院進行的一場激烈辯論時，一位議員說。「是的，」另一位議員說，「難道我擦得不好嗎？」

「想要分辨出真正的靛藍色，其實很簡單，」一位年老的女士說，「只要拿一塊靛青放到水中。如果這是真的，就可能會沉下去，也可能會浮上來，但這個我不敢確定。但是這關係不大，你自己可以去試試看。」

約翰·B·高斯曾講過一個有關黑人牧師的故事。這位牧師希望他所在的教堂能在講臺背後雕刻一些壁畫。突然，他闔上《聖經》說：「我的兄弟，只有在這個教堂四周有了足夠多的壁畫，福音才會來到這個講臺上。」

威靈頓在遭受雙耳失聰時，曾找到一名醫術精湛的醫生治療。該醫生將一些具有腐蝕性的藥物放進他的耳朵，造成耳朵發炎，差點威脅到威靈頓的生命。這位醫生急忙表示歉意與愧疚，說這個失誤可能會要了他的命。「你放心，」威靈頓說，「我不會說出去的。」「但你會繼續找我幫你治療嗎？這樣別人就不會對我失去信心啊？」「會，」這位堅強的公爵說，「我剛才是騙你的。」

「爸爸，」一個男孩說，「昨晚，我在這條街上看見 500 條狗，我敢肯定。」「肯定沒有那麼多。」男孩的父親說。「我肯定有 100 條狗在這條街上。」「我覺得我們村都沒有 100 條狗。」「爸爸，那至少也有 10 條狗。這點我敢打包票。」「我也不相信你看到了 10 條狗。」父親說，「因為你剛才說你看到了 500 條狗時的臉色與你說 10 條狗時是一樣的。你已經再次違背了自己說法。」「是的，爸爸，」這位悶悶不樂的男孩說，「我只看到了我們的小狗達奇與另一條狗。」

我們會指責這個男孩為了說一個有趣的故事而誇大數字，但不知有多少人是如此「一再撒謊」或是稱明天才是夏天最熱的一天或是冬天最冷的一天。

人們最尊重與讚賞簡單的事實，鄙視虛假、人為虛構或是設計的東西。每一個光明正大的目標都能讓我們感受到品格的力量與堅定的目標。

說些有趣的話，只為避免冒犯別人；不願說出事實真相，只是保持沉默；含糊其辭，躲避中心，說些權宜之話，而不是真實的話；左右迎合，

誇大事實；在你不贊同別人的觀點時予以默認；或是透過點點頭、眨眨眼、露出微笑與一個手勢去掩蓋你缺乏真誠的事實；假裝表現出你沒有的情感——所有這些只不過是因為缺乏精確而引起的空洞與錯誤而呈現的各種表現形式罷了。

我們從大自然裡找不到任何謊言、不精確或馬虎的「作品」。今天，綻放的玫瑰花瓣與水晶形狀在其色彩與角度上都與造物主在伊甸園創造萬物時是一樣的。女王的花園的玫瑰並不比路邊沒人理睬的花朵或樹叢更加美麗、芳香與完美。置身於空谷的幽蘭也一樣芳香怡人。地下深處埋藏的水晶與地上發現的水晶有著一樣的質地。即便是一片片小雪花飄在沒人注視的河岸邊，其形狀與外在美感與為某些重要場景準備的雪花都是一樣的。宇宙間的地球以一種我們難以想像的速度運行，穿行於無垠的太空，準時回到了晝夜分界點與至日點，它們的運行是「上帝意志的統一表現形式」。

美國富饒的自然資源與激烈的競爭，讓人逐漸培養了一種過分誇大、渲染的不良習慣。讓人無法理解的是，美國人竟然有如此強烈的誇張衝動。實際上，事實要遠比誇張更讓人激動。正面積極的描述要比過分渲染的話語更加有力，但我們在說話時經常忽視事實。誠然，在美國要想找到嚴謹的事實已經很難了。那些把財富建立在故意誤導別人上的人是不會長久的，因為世上沒有比事實真相更加強大的了。

「惡魔會說撒謊嗎？」有人問湯瑪斯‧布朗爵士。「不會的，因為他們根本無法生存。」尊重事實是獲得永恆的必要條件。

一位旅者在西伯利亞旅行時，發現那裡的人肉眼可看見木星的衛星。這些人在推動文明進步方面一直沒有取得什麼進步，但他們卻有著極強的

視野精確度。有趣的是，單靠某一架天文望遠鏡沒有做出過任何重要的天文發現。推動科學進步的人基本都是使用普通工具，再依靠個人訓練已久的精確心靈與雙眼，去做出天文發現。

阿爾文‧卡拉克說，直徑 3 英尺的雙層凸透鏡的價格高達 60,000 英鎊，在對凸透鏡進行調試時必須極其謹慎。到目前為止，只有人的雙手才能勝任擦拭工作，因為要是稍有不慎，就會影響鏡片的精確度。在他為俄國製造的凸透鏡進行測試時，見到工人用雙手微微轉動一下，他立即說：「孩子，等等，在你弄第二次前，先讓它涼一些。鏡片處於平衡狀態時是極為微妙，手上散發出的熱量會影響到精確度。」

卡拉克對精確的追求讓他的名字聞名世界，成為了嚴謹的代名詞。

「不，我做不到。這是不可能的。」在別人要求韋伯斯特在國會閉會時，就某個提出的議題發表演說時說，「我還有其他工作要做，沒有時間就這個主題進行準備。」「但是，韋伯斯特先生，你有能力就任何主題發表演說，你的演說總能發人深省。」「就是因為這個原因，」韋伯斯特說，「我從來不會就某個不了解的主題發表演說。我沒有時間了解這個主題，所以我必須要拒絕。」

魯弗斯‧喬特在與補鞋匠就某些小事進行關於公平正義的講解時，保持著高度的熱情與認真的心態，彷彿他在美國最高法院作陳述一樣。

「凡是正確的事情，」一位著名作家說，「都應該以認真的心態去做，投入力量，抱著堅定的目標。我們沒有天平去衡量對職責的忠誠度或決定這些目標在上帝眼中的重要性。在我們看來瑣碎的事情，可能就是事關生與死的祕密。」

「那是一個剛到地獄裡走過一趟的人，」佛羅倫斯人在看到但丁走過時

說，只見但丁一臉的滄桑，彷彿真的到地獄世界裡走過一遭。

「人生只有一種真正的失敗，」加農・法瑞爾說，「就是不忠於自己的內心。」

「讓人覺得不可思議的是，」格魯夫在談到貝多芬時說，「一些最優美的旋律依然在他腦海裡，沒有譜寫下來。在他一開始譜下來的曲子顯得粗糙與模糊。一旦曲子經過加工後，就變得更加優美動聽了。」

達文西走遍整個米蘭城，只為修改他那幅著名的〈最後的晚餐〉的色彩。出版人多德斯利在拿蒲柏的手稿去印刷時說：「手稿上的每一行文字都是蒲柏修改過兩遍的。」吉本寫了 9 個版本的備忘錄，他的巨著《羅馬帝國衰亡史》的第一章就修改了 18 次。孟德斯鳩曾對他的朋友談論他寫的某本書時說：「你可能花幾個小時就讀完這本書，但這本書耗費了我極大的心血，讓我的頭髮都白了。」孟德斯鳩為了寫這本書，研究相關主題的所有細節。「那些不能在任何場合下寫出好文章的人，」喬治・里普利（George Ripley）說，「很快會養成在任何情況下都無法寫好文章的習慣。」

一位著名昆蟲學家覺得自己從阿加西教授那裡上了幾節課，就已經掌握了所有的相關知識。阿加西遞給他一條死魚，讓他認真觀察。兩個小時後，他詢問這位新來的學生後說：「你還沒有真正觀察這條魚呢。你再試一下。」在這位學生說出自己第兩次觀察結果時，阿加西搖搖頭說：「你還沒有真正認真觀察呢。」這句話讓這位學生全神貫注觀察這條魚，發現自己竟然看到了前兩次都沒有看到的東西。「這次不錯。」阿加西說，「現在你才是真正利用了自己的眼睛。」

雷諾德斯曾說，他永遠可以對一副畫進行潤色，因為他覺得必須要追求完美。

南塔吉特捕鯨船的船長跟船員說要按照北極星指引的方位前進，但在第二天早上時，他卻發現船員沿著另一顆星星前進，結果走錯了方向。

史蒂芬・吉拉德做任何事情都要求精確。他絕對不允許員工在做鐵製的機械時出現一點偏差。他覺得，無論做任何事情，要想取得成功，就必須要做到最精緻。他做事絕不允許自己偏離原先的目標一絲一毫。人們覺得他說話的是「不是很好」，但是他卻是一個絕對靠得住的人。他做什麼事都沒有心存一絲僥倖。他對工作上每個細節都進行了仔細的研究，以求做到最好。他為人嚴謹，做事精確，正如拿破崙對士兵們所持步槍的每個部件都有嚴格要求。但是，吉拉德的哥哥卻將他的成功歸功於運氣。

西元 1805 年，拿破崙改變了他之前駐紮在英吉利海峽沿岸的軍隊陣型，下令軍隊以縱隊的方式向多瑙河進發。他腦海裡想著數個作戰方案，但他卻沒有停留在下達命令這個層面上，而是向中尉級別的軍官詳細安排了作戰細節。即便對這些級別較低的軍官來說，拿破崙的作戰計畫也顯得過於仔細了。但拿破崙還是不厭其煩地進行戰術部署，然後鳴鼓，按照既定的路線前進。他要求每個分隊都要按時到達既定地點。拿破崙事先安排的這些細節得到了軍官們徹底的執行，結果在奧茲獲得了讓人印象深刻的大捷，為拿破崙接下來 10 年的統治打下了基礎。

當法國一位著名牧師在巴黎聖母院發表布道演說時，巴黎的學者都蜂擁來到這座教堂聆聽他的演講。這名牧師的演說讓人著迷，話語流暢，極富感染力。他如此富於魅力的演說是耐心努力的結果，因為他一年只進行 5 ～ 6 場的布道演說。

沃爾特・斯科特在創作時需要提到某座教堂，於是就去參觀這所教堂。他在筆記本上記錄下了教堂附近的青草與野花，他說只有這樣才能讓

他更自然地進行創作。

　　歷史學家麥考利絕不允許自己隨便寫一個句子，一定要盡最大努力將每一段都寫好。

　　加菲爾除了一個隨時記錄想法的剪貼簿，還有一個龐大的資料夾，每個資料夾上分別標著類別，有「軼事」、「選舉法律與委員會」、「法國的掠奪」、「普通政治」、「日內瓦獎章」、「議會決策」、「公眾人物」、「國家政治」、「關稅」、「新聞媒體」、「美國歷史」等等。他極為嚴謹地對每個主題進行了分類，就像分清黑白一樣。在他準備就某個主題發表演說時，沒人能像他那麼有條理地說清事實。做事精確之人一般都是有條理的人，而做事有條理就意味著品格。

　　「商家可提供 10,000 蒲式耳的小麥，每蒲式耳的價格是 1 美元。我是應該採購呢？還是這個價錢太高了呢？」一位身在舊金山的商人向一位在薩克拉門多的商人發去電報。「這個價格不算高。」薩克拉門多的商人回電報說，其實這位商人的本意是「不行，價格太高了。」但是這位商人少點了一個標點，結果造成了 1,000 美元的損失。不知有多少人因為在發電報時因為粗心大意而造成財富及生命的損失。

　　「做事精確之人總是受到歡迎的，」塔特爾校長說，「因為做老闆的不想時刻監視著手下的員工，似乎自己的員工是流氓或是傻瓜一樣。這就好比木匠要站在學徒身邊督促著他將工作做好，或是出納員要重新翻看帳目，彷彿自己沒有雇傭會計一樣。顯然，老闆絕對不會容忍手下有做事這麼粗心的員工。」

　　「如果你能做出好的大頭針，」一位成功的製造商說，「你肯定要比製造品質低劣的引擎更加賺錢。」

菲爾茲說：「有些女人縫的衣服總是會冒線，稍微碰一下，就會掉扣子。但是另一些女人用同樣的針線卻能縫出品質優良的衣服，讓你可以不需要顧慮外套或背心的品質。這些衣服即便一代人穿過了，也不會掉扣子。」

「粗心」、「冷漠」、「懶散」、「敷衍馬虎」這些字眼都是成千上萬失敗之人的墓誌銘。不知有多少職員、出納員、牧師、編輯或是大學教授就因為粗心大意與做事不精確而失去了位置。

「特拉坦，你將成為這個時代最偉大的人。」科倫說，「前提是你做事要井井有條，整理好自己的檔。」科倫明白有條理的人做事都很精確，一般來說也能取得成功。

伯格說過，有一個人每天按時營業與關門，雖然幾週下來他沒有賺到什麼錢，但他始終堅持這樣的做法贏得了別人的關注，最終為他獲得財富鋪平了道路。

Ａ・Ｔ・斯圖瓦特無論做什麼買賣都極有系統與精確。他要求商店的每個部門都要做到按規律做事，絕不允許犯錯，因為一旦犯錯，必然會招致懲罰。他全身心專注於自己的工作，努力掌握工作的每個細節。

在約拿斯・奇克林開始製造鋼琴時，就以做任何事情都極為耐心與細緻而聞名。對他來說，製造鋼琴的過程沒有哪一個細節是可以忽視的。對他來說，運用知識將鋼琴做到最好，不管耗費多少時間與體力。沒過多久，他就成立了自己的鋼琴廠，決心製造旋律最為美妙的鋼琴，讓演奏者省心，不需要為氣候的問題而煩心，始終保持鋼琴音色的準度。他決心製造的每一架鋼琴都要比前一架更好，他追求的目標是完美。為了達到這個目標，他每架鋼琴都要調試音色，從不將這項工作交給別人。他絕不允許

為了金錢而批量化生產，始終保持著簡樸、清明與坦率的為人性格。

他將其他競爭對手都拋離了。奇克林的名字就是巨大的商機，甚至讓一位鋼琴製造商特地改名字，然後將改過後的名字烙在鋼琴上。約拿斯‧奇克林知道此事後，立即向法院提出訴訟，最後這個以名字做商標的製造商敗訴了。品格與道德價值一樣，都具有商業價值。

約瑟夫‧M‧W‧特納的父親想讓他當一名理髮師，但特納對繪畫展現出了極強的天賦，最後父親不得不勉強同意兒子以繪畫為職業。特納很快就熟練了繪畫技巧，但他缺乏經濟收入，所以只有先做其他的工作，利用閒置時間在指引書與年曆上繪畫。雖然薪水很低，但他工作時卻從不馬虎。他工作所帶來的價值是他薪水的好幾倍。後來他的薪水越來越高，別人對他的評價也越來越好，因為人們要找做事認真負責的人。後來，他開始嘗試擺攤，他的作品開始有人買了。因為人們逐漸欣賞他的作品，所以他的畫作價格越來越高。雖然有些畫作直到今天不是完全被人們所理解，但他在風景畫方面成為一絕，開創了風景畫的先河，超越了同時代的其他畫家。莎士比亞在文學上是什麼地位，特納在他風景畫領域就是什麼地位。

溫德爾‧菲力浦斯天生具有追求完美的強烈本性。他說的每句話都要能完全表達他心中的想法。他說的每句話都要規定在一定的長度，還要注重音調，他說的每句話都要經過細心揣摩，然後再說出來。追求嚴謹是他的為人風格。他是美國歷史上第一位辯護律師。他說話的節奏與措詞，讓人印象深刻。

大仲馬在準備手稿時極為用心。他的一位朋友跟他說，自己的手稿被多名出版商退回來了。大仲馬建議朋友請一位專業的抄寫人將手稿重新抄

寫一遍，然後改一下書名。朋友採納了他的建議，結果之前那幾位拒絕他的出版商都爭著要出版他之前被退的書。很多不錯的文稿之所以被退，就是因為書寫方面出現了問題。我們必須要像追求智慧那樣去追求精確，否則隱藏的財富是不會向我們招手的。你要下決心養成做事精確的習慣，像躲避瘟疫一樣遠離敷衍馬虎的習慣。粗心與冷漠的習慣很快就能摧毀一位百萬富翁。幾乎每一位成功人士做事都是不辭勞苦，做事精確的。做事精確意味著品格，而品格就是力量。

用機遇，談成功的機率：

精準追求 × 適性場域 × 圓滑社交，年輕人最致命的並非不願努力，是不知道自己輸在哪裡！

作　　者：[美] 奧里森・馬登（Orison Marden）

翻　　譯：佘卓桓

發 行 人：黃振庭

出 版 者：財經錢線文化事業有限公司

發 行 者：財經錢線文化事業有限公司

E-mail：sonbookservice@gmail.com

粉 絲 頁：https://www.facebook.com/sonbookss/

網　　址：https://sonbook.net/

地　　址：台北市中正區重慶南路一段六十一號八樓
　　　　　815 室

Rm. 815, 8F., No.61, Sec. 1, Chongqing S. Rd., Zhongzheng Dist., Taipei City 100, Taiwan

電　　話：(02)2370-3310

傳　　真：(02)2388-1990

印　　刷：京峯數位服務有限公司

律師顧問：廣華律師事務所 張珮琦律師

國家圖書館出版品預行編目資料

用機遇，談成功的機率：精準追求 × 適性場域 × 圓滑社交，年輕人最致命的並非不願努力，是不知道自己輸在哪裡！/ [美] 奧里森・馬登 (Orison Marden) 著，佘卓桓譯 . -- 第一版 . -- 臺北市：財經錢線文化事業有限公司，2023.08
面；　公分
POD 版
譯自：Opportunity
ISBN 978-957-680-664-3(平裝)
1.CST: 成功法 2.CST: 自我實現
177.2　　112010326

定　　價：375 元

發行日期：2023 年 08 月第一版

◎本書以 POD 印製
Design Assets from Freepik.com

電子書購買

臉書